这样读左传

龙镇 著

4

河南文艺出版社
·郑州·

图书在版编目（CIP）数据

这样读《左传》. 4 / 龙镇著. —郑州 : 河南文艺出版社, 2024.7

ISBN 978-7-5559-1623-9

Ⅰ. ①这⋯　　Ⅱ. ①龙⋯　　Ⅲ. ①《左传》-通俗读物　　Ⅳ. ①K225.04-49

中国国家版本馆 CIP 数据核字（2024）第 094264 号

策划编辑　杨彦玲　梁素娟
责任编辑　梁素娟
责任校对　殷现堂
书籍设计　Ⓜ 书籍/设计/工坊　刘运来工作室
责任印制　陈少强

出版发行　河南文艺出版社
本社地址　郑州市郑东新区祥盛街 27 号 C 座 5 楼
邮政编码　450018
承印单位　郑州印之星印务有限公司
经销单位　新华书店
纸张规格　700 毫米×1000 毫米　1/16
印　　张　22.5
字　　数　312 000
版　　次　2024 年 7 月第 1 版
印　　次　2024 年 7 月第 1 次印刷
定　　价　68.00 元

序

今日痛饮庆功酒，

壮志未酬誓不休。

来日方长显身手，

甘洒热血写春秋。

这是现代京剧《智取威虎山》中的著名唱段，上了年纪的人应该能哼上一两句。杨子荣来到土匪窝，获得了座山雕的信任，荣升老九，土匪参谋长下令拿酒庆贺，杨子荣袍子一撩，眉角一挑，就来了这么一段。

这里有个问题：为什么是写春秋呢？

字面上解释，春秋是季节。春华秋实，春花秋月，春种秋收，中国人给这两个季节赋予了很多美好的意愿。

引申的含义，春秋是历史。

写春秋，即是写历史。

穿林海，跨雪原，智取威虎山，为党为人民立奇功，正是杨子荣甘洒热血去谱写的历史。

于是又有问题来了：为什么写春秋即是写历史？

其一，春秋是古代史书的通名。

这里的古代，是指秦始皇统一中国之前。据唐朝史学家刘知幾推论，夏、商、周三代，官方的史书都叫作《春秋》——当然，也有些诸侯国的史书另有其名。比如在周朝，晋国的史书为《乘》，楚国的史书为《梼杌》，但是笼统地称为《春秋》，是不至于错的。

由于长达数百年的战乱，夏、商、周三代各国的"春秋"，基本上都失传了。流传于世的,唯有周朝鲁国的《春秋》。

而这本《春秋》也不完整,仅仅是记载了自鲁隐公至鲁哀公年间发生的事情,历经十二代君主,时间跨度约为二百四十年。

后人所说的"春秋时期",即因此而得名。

其二,(据说)孔子是《春秋》的修订者。

后人看到的《春秋》,并不是原版,而是孔子修订过的。

关于孔子修订《春秋》这件事的真实性,史上争论颇多。正方反方的论述,皆有可取之处,在此不作讨论。

姑且站在正方的立场上来理解这件事——

首先,《春秋》经手的史官众多,文风不一。孔子作为鲁国的文化达人,对《春秋》进行修订,使之一气贯通,不足为奇。

其次,孔子曾以《春秋》为教材,讲授他的政治哲学。在授课的过程中,他可能觉得原始的记载并不完全符合他的政治理念,于是加以修正。

既然有至圣先师加持,《春秋》便不是一本简单的史书,而成为儒家的经典著作了。它被列入五经之中,供奉在太学和国子监里,成为后世读书人考取功名的必读书目。

孔子本人对《春秋》极其重视,甚至说:"知我者,其惟《春秋》乎!罪我者,其惟《春秋》乎!"

意思是,只要《春秋》传世,我便得偿所愿。理解我也罢,不理解我也罢,都无所谓了!

大有将一生学说都寄托于《春秋》之意。

其三,《春秋》是有态度的历史。

没有所谓客观的历史。

孔子生活的年代,正值春秋乱世,礼崩乐坏,战乱频仍。他强烈地希望改造社会,恢复秩序,并由此而建立了一整套理论体系。

修订《春秋》,便是将自己的政治立场移植于历史事件中,借事说理,惩恶扬善。

由此而形成的"春秋笔法",即每一句话,甚至每一个字,都有其特定的价值判断。

貌似客观的陈述,其实包含了深刻的道理。

然而,一万六千多字的《春秋》,竟然记载了约二百四十年的历史。平均算来,每年不到七十个字,可谓言简意赅。"微言大义"之说,由此产生。

以如此之少的文字,承载如此之重的道理,对读者的理解能力提出了极高的要求。事实上,如果没有专人传授,读者基本上不可能明白《春秋》究竟说了些啥。

于是,为了诠释《春秋》这本难懂的"经",又出现了所谓的"传",也就是《春秋》的解读本。

其中流传于世的有三本:《左传》《公羊传》和《穀梁传》,合称"春秋三传"。

其四,《左传》是解读《春秋》的权威版本。

《左传》的作者,一般认为是春秋晚期鲁国的史官左丘明。关于这件事,后世史学界众说纷纭,很多人认为老左不可能是《左传》的作者,在此不作讨论。

不可否认的是,二十余万字的《左传》,史料翔实,文字优美,逻辑通顺,立场鲜明,既有史学价值,又有文学价值,也有政治价值。

后人学习《春秋》,首选《左传》。

据《三国志》注引《江表传》:"(关)羽好左氏传,讽诵略皆上口。"连一介武夫都爱读《左传》,可见《左传》在汉朝有多流行。

相比之下,成书于西汉的《公羊传》《穀梁传》,当然也有其价值,但是缺少《左传》的鲜活和厚重。

东汉儒学大师郑玄总结："左氏善于礼，公羊善于谶，穀梁善于经。"

先秦儒家，强调以礼治天下，礼即各种规范的总和。在《左传》中，随处可以看到"礼也"或者"非礼也"的评论。合不合"礼"，是《左传》评判历史最重要的标准。

自秦始皇统一天下，建立皇权，儒家便逐渐蜕变为专制统治的官方学说。"礼"的精神被淡化了，取而代之的是对皇权的极度维护和对思想的严格控制。如谭嗣同所言："二千年来之政，秦政也，皆大盗也；二千年来之学，荀学也，皆乡愿也。"内法而外儒，既是中国传统政治的特色，也是自秦以后中国传统儒学的嬗变与宿命。在这种大环境下对《春秋》进行解读的《公羊传》和《穀梁传》，自然与《左传》是完全不同的味道。

在后世某些学者看来，《左传》的观点已经不合时宜，甚至是有问题的。朱熹便曾经说过："左氏之病，是以成败论是非，而不本于义理之正。"言下之意，《左传》不讲皇权政治！

然而，正因为《左传》不讲皇权政治，少了许多迎合统治者的虚与委蛇，它才原汁原味地保留了儒家最初的思想和本来面目，称之为"儒家的初心"，也未尝不可。

其五，《左传》也在不断地被解释。

你站在桥上看风景，看风景的人在楼上看你。

左丘明解读《春秋》，自成一家；后人研读《左传》，又读出许多心得。千百年来，注解《左传》的专著层出不穷，汗牛充栋。

西晋杜预的《春秋左传集解》、唐朝孔颖达的《春秋左传正义》、清朝高士奇的《左传纪事本末》、现代杨伯峻的《春秋左传注》、日本竹添光鸿的《左氏会笺》等，为世人阅读《左传》，提供了很好的指引与帮助。

一千位读者便有一千个哈姆雷特。注解多了，很难区分这些作品究竟是"我注左传"，还是"左传注我"，抑或兼而有之。

但这并不重要。

重要的是,阅读即浇灌。《春秋》的原义和《左传》的思想,在注解与碰撞中,被延续与深化了。一粒精神的种子,历经千百年来的培育,逐渐成长为参天大树。

它甚至成为中国人精神气质中不可磨灭的印记,就算是外族入侵、大神震怒、基因重组,也不能将它化为无形。

即便在那个史无前例的年代,人们横扫一切牛鬼蛇神,孔子被戴上"头号大混蛋"的帽子,连塑像都被拉出来游街批斗。可是您看,样板戏开演了,革命演员一开腔,还是"甘洒热血写春秋"。一不留神,又回到孔子那里去了。

是为序。

目　录

第十二章

鲁昭公（下）

鲁昭公十四年

公元前 528 年，鲁昭公十四年。

十四年春，意如至自晋，尊晋、罪己也。尊晋、罪己，礼也。

鲁昭公十四年春天，意如从晋国回来了。之所以舍弃族名，只书"意如"，是为了对晋国表示尊重，承认鲁国有罪责，这是合于礼的。

南蒯之将叛也，盟费人。司徒老祁、虑癸伪废疾，使请于南蒯曰："臣愿受盟而疾兴，若以君灵不死，请待间而盟。"许之。二子因民之欲叛也，请朝众而盟。遂劫南蒯曰："群臣不忘其君，畏子以及今，三年听命矣。子若弗图，费人不忍其君，将不能畏子矣。子何所不逞欲？请送子。"请期五日。遂奔齐。侍饮酒于景公。公曰："叛夫！"对曰："臣欲张公室也。"子韩晳曰："家臣而欲张公室，罪莫大焉。"司徒老祁、虑癸来归费，齐侯使鲍文子致之。

南蒯发动叛乱之前，与费地军民盟誓，同心反季。司徒（季氏家族的司徒，非鲁国的司徒）老祁、虑癸伪装发病，派人请求南蒯："下臣愿意接受盟约，无奈疾病发作。如果托您的福而不死，请等病好一点再与您结盟。"这明摆着是缓兵之计，南蒯竟然答应了。等到南蒯发动叛乱，叔弓带兵前来讨伐,费地人都不想背上叛国的罪名。老祁和虑癸顺应民心,打算背叛南蒯,请求他出来和大伙见面而结盟,趁机劫持了南蒯,说:"下臣们没有忘记他的君主,是因为害怕您才走到今天这个地步,服从您的命令已经三年了。您如果不自作打算,费地人不忍心背弃君主,将不会再害怕您了。您在哪里不能满足愿望?请让我们把你送走吧!"话说得很客气,正是君子绝交,不出恶声。南蒯也很识相,请求给他五天时间,五天之后就逃到了齐国。

南蒯在齐国,有一天陪同齐景公饮酒。齐景公开玩笑,叫了他一声:"叛徒。"南蒯争辩道:"下臣不过是为了加强公室罢了。"大夫子韩皙马上反驳他:"身为家臣而想加强公室,没有比这更大的罪了。"齐景公听了这样的话,大概是百感交集吧。封建体制下,天下不是统一的天下,国家不是统一的国家。理论上讲,卿大夫必须忠于国君。可是卿大夫的家臣只能忠于卿大夫,不能站在国君的立场上考虑问题,否则就是罪大恶极。所谓国家,国是国君的国,家却是各自的家,公室大权旁落也就不足为奇了。话说回来,如果齐国的卿大夫越过国君去为天子做打算,估计齐景公也受不了吧。

历时三年的南蒯之乱,终于宣告结束。老祁和虑癸代表费地军民,将城池交还国家。齐景公也摆出一副高姿态,命鲍国前往鲁国,将费城原璧奉还(南蒯作乱的时候,将费城献给了齐国)。

夏,楚子使然丹简上国之兵于宗丘,且抚其民。分贫,振穷,长孤幼,养老疾,收介特,救灾患,宥孤寡,赦罪戾,诘奸慝,举淹滞。礼新叙旧,禄勋合亲,任良物官。使屈罢简东国之兵于召陵,亦如之。好于边疆,息民五年,而后用师,礼也。

楚平王继续推行新政,于这一年夏天派郑丹在宗丘选练上国的部队。楚国以郢都为界划分东西,西部领土位于江汉上游,称为"上国";东部领土位于江汉下游,称为"东国"。练兵的同时,还要安抚当地的百姓,救济穷人,抚养年幼的孤儿,赡养生病的老人,收容单身汉,赈济灾民,宽免孤儿寡妇的赋税,赦免有罪之人;禁止奸邪,选拔埋没的人才;礼遇新人,不忘旧人,奖赏功勋,团结亲族,任用贤良,物色官吏。又派大夫屈罢在召陵选练东国的部队,如同郑丹的做法。对外则睦邻友好,让百姓得以休养生息五年,然后才用兵,这是合于礼的。

秋八月,莒著丘公卒,郊公不戚。国人弗顺,欲立著丘公之弟庚舆。蒲余侯恶公子意恢而善于庚舆,郊公恶公子铎而善于意恢。公子铎因蒲余侯而与之谋,曰:"尔杀意恢,我出君而纳庚舆。"许之。

八月,莒国的国君著丘公去世,其子郊公没有悲伤之情,国人看他不顺眼,打算立著丘公的弟弟庚舆为君。大夫蒲余侯(名兹夫)讨厌公子意恢而与庚舆交好,郊公则讨厌公子铎而与意恢交好。公子铎便与蒲余侯商量:"你杀意恢,我赶走国君,让庚舆上台。"蒲余侯答应了。

楚令尹子旗有德于王,不知度,与养氏比,而求无厌。王患之。九月甲午,楚子杀斗成然,而灭养氏之族。使斗辛居郧,以无忘旧勋。

楚国令尹蔓成然对楚平王有恩惠(帮助楚平王上台),因此而不知道分寸,与养氏勾结,而且索求无度。楚平王为之而烦恼。九月三日,楚平王杀蔓成然,消灭养氏一族,但是又网开一面,让蔓成然的儿子斗辛当了郧县的县公,以表示他不会忘记过去的功勋。

冬十二月,蒲余侯兹夫杀莒公子意恢,郊公奔齐。公子铎逆庚舆于齐。齐隰党、公子鉏送之,有赂田。

十二月，莒国大夫蒲余侯发动政变，杀公子意恢。郊公逃奔齐国。公子铎从齐国迎回庚舆。齐国则派隰党、公子鉏护送，这是因为齐国收了莒国贿赂的土地。

晋邢侯与雍子争鄐田，久而无成。士景伯如楚，叔鱼摄理，韩宣子命断旧狱，罪在雍子。雍子纳其女于叔鱼，叔鱼蔽罪邢侯。邢侯怒，杀叔鱼与雍子于朝。宣子问其罪于叔向。叔向曰：“三人同罪，施生戮死可也。雍子自知其罪而赂以买直，鲋也鬻狱，刑侯专杀，其罪一也。已恶而掠美为昏，贪以败官为墨，杀人不忌为贼。《夏书》曰：‘昏、墨、贼，杀。’皋陶之刑也。请从之。”乃施邢侯而尸雍子与叔鱼于市。

仲尼曰：“叔向，古之遗直也。治国制刑，不隐于亲，三数叔鱼之恶，不为末减。曰义也夫，可谓直矣！平丘之会，数其贿也，以宽卫国，晋不为暴。归鲁季孙，称其诈也，以宽鲁国，晋不为虐。邢侯之狱，言其贪也，以正刑书，晋不为颇。三言而除三恶，加三利，杀亲益荣，犹义也夫！”

邢侯是申公巫臣的儿子，原籍楚国。雍子也是楚国人。两个楚国人在晋国做官，为了争夺赂地而闹得不可开交，多年来没有一个结果。士弥牟是晋国的司法官，奉命到楚国办事，于是羊舌鲋代理他的职务。韩起下令清理积年陈案，审理邢侯与雍子的官司，案情清晰，罪在雍子。雍子将自己的女儿献给羊舌鲋。羊舌鲋历来是拿钱办事，来者不拒，便昧着良心判定邢侯有罪。邢侯大怒，在朝堂上动刀，杀死了羊舌鲋和雍子。

羊舌鲋的下场应验了那句话：出来混，总是要还的。可是无论如何，他是羊舌肸的弟弟啊！韩起觉得这件事情挺棘手的，只能把球踢给羊舌肸，问他怎么来给这几个人定罪？

羊舌肸回答：“三个人罪责相同，杀了活着的人，把死了的人拉去示众就可以了。"他解释:雍子知道自己有罪,所以通过贿赂买来胜诉;羊舌鲋出卖司法公正;邢侯擅自动刀杀人。这三个人的罪责是一样的。嫌弃自己的不好而掠夺别人的叫作"昏",因为贪婪而渎职叫作"墨",杀人而没有顾忌叫作"贼",夏书上说,昏、墨、贼都要杀掉,这是皋陶制定的刑法,请遵照执行。

于是处死邢侯,将三个人的尸体都拖到大街上示众。

孔子以为,羊舌肸公道正直,可以称得上是有古人遗风了。治理国家,制定刑法,不包庇隐藏亲人。三次指出羊舌鲋的罪恶,不为之减免。这就是义啊,可以说是正直了!平丘之会上,指出羊舌鲋贪财,宽免卫国,让晋国免于暴戾之名。让鲁国的季孙意如回去,那是说羊舌鲋善于欺诈,宽免鲁国,让晋国免于凌虐之名。断邢侯这件官司,说明羊舌鲋贪婪,公正执法,让晋国免于偏颇之名。三次发声而除掉三次罪恶,得到三种利益。杀了亲人而增加荣誉,这就是做事合于道义啊!

鲁昭公十五年

公元前 527 年,鲁昭公十五年。

十五年春,将禘于武公,戒百官。梓慎曰:"禘之日,其有咎乎! 吾见赤黑之祲,非祭祥也,丧氛也。其在莅事乎!"二月癸酉,禘,叔弓莅事,篇入而卒。去乐,卒事,礼也。

十五年春,鲁国将要为鲁武公举行禘祭,为此而提前通知百官做好准备，斋戒沐浴。梓慎看了日子，说："祭祀那天恐怕会有灾祸吧！我看到了红黑色的妖气，这可不是祭祀的祥瑞，是丧事的氛围，恐怕会应验在主持者的身上吧？"二月十五日，叔弓主持祭祀，在奏籥的人进到宗庙时突然发病死了。于是撤去音乐，把祭祀办完，这是合于礼的。

楚费无极害朝吴之在蔡也，欲去之，乃谓之曰："王唯信子，故处子于蔡。子亦长矣，而在下位，辱，**必求之，吾助子请**。"又谓其上之人曰："王唯信吴，故处诸蔡，二三子莫之如也，而在其上，不亦难乎？弗图，**必及于难**。"夏，蔡人逐朝吴，朝吴出奔郑。王怒，曰："余唯信吴，故置诸蔡。且微吴，吾不及此。女何故去之？"无极对曰："臣岂不欲吴？然而前知其为人之异也。吴在蔡，蔡必速飞。去吴，所以翦其翼也。"

楚平王能够上位，蔡国的朝吴功不可没。蔡国复国后，朝吴自然留在了蔡国。楚国大夫费无极为此感到不安，想将他赶走，就对他说："大王相信您，所以把您安置在蔡国。您年纪也不小了，还处在下等官位，这是耻辱，一定要求个上等官位，请让我来帮助您。"又跑去对蔡国的几位重臣说："大王只相信朝吴，所以将他安置在蔡国。你们几位都不如他，官位却在他之上，这不也很难堪吗？不好好考虑一下，必然遭到祸难。"夏天，蔡国人驱逐朝吴，朝吴逃到了郑国。楚平王知道这件事后大怒，对费无极说："我相信朝吴，所以将他安置在蔡国。而且如果没有他，我就没有今天。你为什么要赶走他？"费无极说："下臣难道不想朝吴好？然而早知道他有别的想法。朝吴在蔡国，蔡国必然像只鸟儿一样，很快飞走。我去掉朝吴，就是要剪掉蔡国的羽翼啊！"

然后，这件事就不了了之。

六月乙丑，王大子寿卒。

秋八月戊寅，王穆后崩。

王室流年不利。六月九日，周景王的太子寿去世。八月二十二日，太子寿的母亲穆后也去世了。

晋荀吴帅师伐鲜虞，围鼓。鼓人或请以城叛，穆子弗许。左右曰："师徒不勤，而可以获城，何故不为？"穆子曰："吾闻诸叔向曰：'好恶不愆，民知所适，事无不济。'或以吾城叛，吾所甚恶也。人以城来，吾独何好焉？赏所甚恶，若所好何？若其弗赏，是失信也，何以庇民？力能则进，否则退，量力而行。吾不可以欲城而迩奸，所丧滋多。"使鼓人杀叛人而缮守备。围鼓三月，鼓人或请降，使其民见，曰："犹有食色，姑修而城。"军吏曰："获城而弗取，勤民而顿兵，何以事君？"穆子曰："吾以事君也。获一邑而教民怠，将焉用邑？邑以贾怠，不如完旧，贾怠无卒，弃旧不祥。鼓人能事其君，我亦能事吾君。率义不爽，好恶不愆，城可获而民知义所，有死命而无二心，不亦可乎？"鼓人告食竭力尽，而后取之。克鼓而反，不戮一人，以鼓子鸢鞮归。

晋国继续对鲜虞用兵，荀吴（穆子）带兵包围鼓城。鼓城中有人暗中送信，表示愿意献出城池，遭到荀吴拒绝。手下人不理解：不用劳师动众就可以获得城池，这种好事为什么不做？荀吴说："我听叔向说，喜欢和厌恶不要搞混，老百姓就知道该怎么做，没有什么事是办不成的。如果有人拿我的城池叛变敌人，我是恨之入骨的；现在人家拿着城池来投降，我为什么偏偏会喜欢呢？奖赏我们极其讨厌的行为，那又怎么对待我们喜欢的行为？如果不赏赐他吧，那就是失信了，拿什么庇护百姓？有能力就进攻，没能力就退兵，量力而行。我不可以因为想得到这座城而接近奸邪，这样只会失去更多。"言下之意，为了得到一座城而失去做人的原则和信用,那就太不划算了。

荀吴还告诉鼓人是谁想叛变,让他们杀了他,修缮守备,继续抵抗晋军。这样包围了三个月,鼓城中有人提出要投降。荀吴让鼓城的代表进来,见面之后就说:"看你们的脸色还能吃饱嘛,姑且修缮你们的城墙再战。"这一次,军吏们都不干了,说:"明明可以获得城池却不要,一定要劳民伤财,损毁兵器,这是什么侍君之道?"荀吴说:"我用这样的方法来侍奉国君:得到一个城池而让百姓懈怠,又哪里用得着这个城池?得到城池却买来懈怠,不如保持一贯的勤快。买来懈怠,没有好结果;抛弃原有的好作风,不吉祥。鼓国人能够侍奉他们的国君,我们也能够侍奉我们的国君。遵循道义办事而不出差错,喜好和厌恶不互相搞混,城池可以获得,百姓也将知道道义所在,肯拼命而不会三心二意,不也是可以的吗?"

等到鼓城人报告粮食吃完,力气用尽,荀吴才占领了它。荀吴攻克鼓城回国,没有杀戮一人,将鼓子鸢鞮带回了绛都。

冬,公如晋,平丘之会故也。

冬天,鲁昭公再度来到晋国,这是因为平丘之会坐了冷板凳,而且季孙意如被扣留。后来晋国释放了季孙意如,鲁昭公觉得有必要前去感谢,所以厚着脸皮又来了。

十二月,晋荀跞如周,葬穆后,籍谈为介。既葬,除丧,以文伯宴,樽以鲁壶。王曰:"伯氏,诸侯皆有以镇抚王室,晋独无有,何也?"文伯揖籍谈,对曰:"诸侯之封也,皆受明器于王室,以镇抚其社稷,故能荐彝器于王。晋居深山,戎狄之与邻,而远于王室。王灵不及,拜戎不暇,其何以献器?"王曰:"叔氏,而忘诸乎? 叔父唐叔,成王之母弟也,其反无分乎? 密须之鼓,与其大路,文所以大蒐也。阙巩之甲,武所以克商也。唐叔受之以处参虚，匡有戎狄。其后襄之二路，镎钺、秬鬯、彤弓、虎贲，文公受之，以有南阳之田，抚征东夏，非分而何？夫有勋而不废，有绩而载，奉之以土田，抚之以彝器，旌之以车服，明之以文章，子孙不忘，所谓福也。福祚之不登，叔父焉在？且昔而高祖孙伯黡，司晋之典籍，以为大政，故曰籍氏。及辛有之二子董之晋，于是乎有董史。女，司典之后也，何故忘之？"籍谈不能对。宾出，王曰："籍父其无后乎！数典而忘其祖。"

籍谈归，以告叔向。叔向曰："王其不终乎！吾闻之，所乐必卒焉。今王乐忧，若卒以忧，不可谓终。王一岁而有三年之丧二焉，于是乎以丧宾宴，又求彝器，乐忧甚矣，且非礼也。彝器之来，嘉功之由，非由丧也。三年之丧，虽贵遂服，礼也。王虽弗遂，宴乐以早，亦非礼也。礼，王之大经也。一动而失二礼，无大经矣。言以考典，典以志经，忘经而多言举典，将焉用之？"

十二月，晋国派下军副帅荀跞（谥文）前往雒邑参加穆后的葬礼，籍谈担任副使。葬礼过后，减除丧服，周景王设宴款待荀跞，将鲁国进贡的壶作为盛酒之器，可谓相当隆重。周景王还尊称荀跞为"伯父"，尊称籍谈为"叔父"，提出的问题却有些火药味："诸侯都有礼器进贡给王室，唯独晋国没有，这是为什么呢？"

荀跞无言以对，只能朝籍谈拱拱手，请他来回答。籍谈说："诸侯受封于天子的时候，都会从王室接受明器（仪仗），作为赋予权力的象征，好让他们镇抚社稷，所以能够进献彝器（祭祀用的礼器）给天子。只不过晋国地处穷乡僻壤，与戎狄之人杂居而远离王室。王室的福气我们享受不到，倒是为了与戎狄周旋而忙个不停，实在不知道拿什么向王室进献啊！"言下之意，王室与诸侯礼尚往来，王室没有授予晋国明器，晋国也没有理由给王室进献彝器。

周景王说："叔父，你忘了吗？晋国的先祖唐叔，乃是周成王的胞弟，如此亲近的关系，怎么可能没有授予明器呢？密须之鼓和大辂之车，是周文王用来检阅军队的；阙巩的皮甲，是周武王穿着讨伐商朝的。唐叔接受了它们，镇守参、虚之地（按照分野学说，晋国正当参宿与虚宿分野），统帅戎狄之人。后来周襄王又赏赐给晋文公大辂和戎辂之服，还有弓箭、斧钺、御酒和虎贲之士。晋文公接受了这些礼器，所以拥有南阳的土地，镇抚东土诸国，这不是颁赏是什么？晋国有功勋就重赏，有成绩就记录在案，用土地来作为奖赏，用彝器来作为安抚，用车服来作为表彰，用旌旗来显示荣耀，子子孙孙都记得这些事，这就是所谓的福分。这种福分都记不住，叔父认为怎么样才算？当年叔父的先祖孙伯黡掌管晋国的文献典籍，位高权重，因此以'籍'为氏。等到辛有的次子董来到晋国，那时候才有董氏的史官。你是籍氏后人，怎么会对这些事实视而不见？"

一番话说得籍谈哑口无言。宴会结束后，荀跞和籍谈离席，周景王说："籍谈恐怕要绝后了，高谈阔论历史典籍，却忘了自己祖先的职责！"所谓"数典忘祖"，出处便在这里。值得一提的是，三十年后，籍谈的儿子籍秦死于晋国内乱，籍氏一族从此灭亡，倒是应了周景王的话。

籍谈回国后，向羊舌肸汇报情况，羊舌肸说："天子恐怕不得善终了！我听说，因为什么事情高兴，就会为什么事而死。现在天子把忧虑当作欢乐，如果因为忧虑而死，就不能说是善终。天子今年遇到两次丧事，而且都是三年之丧，这个时候和吊丧的宾客喝酒，又跟人家要彝器，这是拿伤心的事作乐到了极限啊！而且这是非礼的。彝器的到来，是为了嘉奖功勋，不是由于丧事。三年的丧期，虽然贵为天子，也得服完，这就是礼。现在天子就算不能服丧期满，宴饮作乐也未免太早了，这是不合于礼的。礼是天子奉行的重要规范，一次举动而失去两种礼仪，那就是没有大原则了。言语用来考察典籍，典籍用来记载原则，忘掉原则而喋喋不休，就算是举出了典故，又有什么用呢？"

鲁昭公十六年

公元前 526 年，鲁昭公十六年。

十六年春，王正月，公在晋，晋人止公，不书，讳之也。

十六年正月，鲁昭公不在朝而在晋国。鲁昭公于去年冬天赴晋，之所以留在晋国过年，是因为晋国人将他扣留了。《春秋》不记载这件事，当然是为了避讳。

齐侯伐徐。

齐景公讨伐徐国。

楚子闻蛮氏之乱也，与蛮子之无质也，使然丹诱戎蛮子嘉杀之，遂取蛮氏。既而复立其子焉，礼也。

楚平王听说戎蛮部落发生内乱，而且其首领毫无信义，派郑丹诱杀戎蛮子嘉，于是攻占蛮氏。不久又立戎蛮子嘉的儿子为戎蛮首领，这是合于礼的。

二月丙申，齐师至于蒲隧。徐人行成。徐子及郯人、莒人会齐侯，盟

于蒲隧,赂以甲父之鼎。叔孙昭子曰:"诸侯之无伯,害哉! 齐君之无道也,兴师而伐远方,会之有成而还,莫之亢也,无伯也夫。《诗》曰:'宗周既灭,靡所止戾。正大夫离居,莫知我肄。'其是之谓乎!"

二月十四日,齐军抵达蒲隧,徐国提出求和。徐子和郯国、莒国的大夫拜见齐景公,在蒲隧会盟,用古代甲父国的大鼎贿赂齐景公。叔孙婼说:"诸侯没有了领袖,对小国来说真是祸害! 齐侯不讲道义,起兵攻打远方的国家,会见了他们,结了盟再回来,没有人能够抵御他,这就是因为没有领袖啊!《诗》上说:'宗周已经衰败,没有谁能够安定天下。执政大臣们四处离散,没有人知道我的劳苦。'说的就是现在这种情况。"话说回来,这些年鲁国欺凌周边弱小的国家还少吗? 鲁昭公之所以屡次遭到晋国冷遇,还是因为没把晋国放在眼里,肆意妄为? 现在鲁昭公还在晋国关押着呢,鲁国人有什么资格指责齐景公不讲道义?

三月,晋韩起聘于郑,郑伯享之。子产戒曰:"苟有位于朝,无有不共恪。"孔张后至,立于客间。执政御之,适客后。又御之,适县间。客从而笑之。事毕,富子谏曰:"夫大国之人,不可不慎也,几为之笑而不陵我? 我皆有礼,夫犹鄙我。国而无礼,何以求荣? 孔张失位,吾子之耻也。"子产怒曰:"发命之不衷,出令之不信,刑之颇类,狱之放纷,会朝之不敬,使命之不听,取陵于大国,罢民而无功,罪及而弗知,侨之耻也。孔张,君之昆孙、子孔之后也,执政之嗣也。为嗣大夫,承命以使,周于诸侯,国人所尊,诸侯所知。立于朝而祀于家,有禄于国,有赋于军,丧祭有职,受脤归脤,其祭在庙,已有著位,在位数世,世守其业,而忘其所,侨焉得耻之? 辟邪之人而皆及执政,是先王无刑罚也。子宁以他规我。"

三月,晋国的中军元帅韩起访问郑国。对于郑国来说,这当然是一件大事。郑定公设享礼招待韩起,子产告诫众臣:只要在朝堂上有一席之地,千万不要发生不恭敬的行为。也就是要大家严守礼仪,不要丢郑国的脸。偏偏有位大夫——论身份也是"七穆"的后人,因其祖父公子嘉字子孔,遂以孔为氏,名申,字子张,可以称为公孙申,或称为孔张——对于如此重要的外交活动毫不在意,翩然后至。迟到也就罢了,偷偷找个不起眼的地方站着,也不至于影响大局。孔张不知出于什么原因,竟然站到客人中间。司礼之臣赶他走,他便站在客人身后;再赶,又退到了悬挂的编钟之间。本来无比庄重的享礼,被他搞出了喜剧效果,客人都忍不住笑起来。

事后,大夫富子对子产说:"对待大国来的人,不可以不谨慎。岂有笑话我们而不欺负我们之理? 就算我们做得再有礼,晋国人尚且看不起我们。现在却是国家失礼,拿什么去追求荣耀? 孔张找不到自己的位置,实在是您的耻辱。"

富子说得不算过分,罕虎死后,子产便是郑国的首席执政大臣。享礼上发生这样丢人的事,首先是打子产的脸。没想到,一贯从善如流的子产勃然大怒,说:"政令不当,令而无信,刑罚不公,诉论混乱,失礼于人,有令不从,招致大国欺凌,让百姓疲于奔命而一事无成,祸乱降临而不能预知,这都是我的耻辱。但是孔张,他是先君兄长的孙子,子孔的后代,执政的继承人(公子嘉曾任郑国执政),做了世袭的大夫。他奉命出使各国,受到国人的尊敬,为诸侯所熟悉。他在朝中有官职,在家里有资格祭祀先君穆公,接受国家的俸禄和封邑,分担国家的军赋。他在国家的祭祀中担任了一定的职务,接受和奉献祭肉,辅助国君在宗庙里祭祀,并有固定的位置。他家世代相传,保守家业,现在竟然忘记自己该处于什么位置,为什么要我来为他感到耻辱呢? 邪恶之人把一切罪过都归于我这个执政,真是没有王法了! 你还是用别的事情来规劝我吧。"

后人认为,子产这样做,其实是在演戏——演给晋国人看的戏。一方面,孔张失位,仅仅是个人行为,并非郑国不尊重韩起,请晋国人不要拿这件事做文章,对郑国有什么不好的想法;另一方面,晋国人公然调笑孔张,摆明了是欺负郑国,但我子产一点都不怕。

宣子有环,其一在郑商。宣子谒诸郑伯,子产弗与,曰:"非官府之守器也,寡君不知。"子大叔、子羽谓子产曰:"韩子亦无几求,晋国亦未可以贰。晋国、韩子,不可偷也。若属有谗人交斗其间,鬼神而助之,以兴其凶怒,悔之何及? 吾子何爱于一环,其以取憎于大国也,盍求而与之?"子产曰:"吾非偷晋而有二心,将终事之,是以弗与,忠信故也。侨闻君子非无贿之难,立而无令名之患。侨闻为国非不能事大字小之难,无礼以定其位之患。夫大国之人,令于小国,而皆获其求,将何以给之? 一共一否,为罪滋大。大国之求,无礼以斥之,何餍之有? 吾且为鄙邑,则失位矣。若韩子奉命以使,而求玉焉,贪淫甚矣,独非罪乎? 出一玉以起二罪,吾又失位,韩子成贪,将焉用之? 且吾以玉贾罪,不亦锐乎?"

韩子买诸贾人,既成贾矣,商人曰:"必告君大夫。"韩子请诸子产曰:"日起请夫环,执政弗义,弗敢复也。今买诸商人,商人曰,必以闻,敢以为请。"子产对曰:"昔我先君桓公,与商人皆出自周。庸次比耦,以艾杀此地,斩之蓬蒿藜藋,而共处之。世有盟誓,以相信也,曰:'尔无我叛,我无强贾,毋或丐夺。尔有利市宝贿,我勿与知。'恃此质誓,故能相保,以至于今。今吾子以好来辱,而谓敝邑强夺商人,是教敝邑背盟誓也,毋乃不可乎! 吾子得玉而失诸侯,必不为也。若大国令,而共无艺,郑,鄙邑也,亦弗为也。侨若献玉,不知所成,敢私布之。"韩子辞玉,曰:"起不敏,敢求玉以徼二罪? 敢辞之。"

韩起访问郑国,公私兼顾。他有一名贵的玉环,但是只有其中的一片(古代的玉环由两片组成),另外一片在郑国商人手上,多年来求而不得。趁着这次访问郑国的机会,韩起请求郑定公帮忙将那片玉环搞到手。

在后人看来,这是多大个事?可是子产代表郑定公答复韩起,态度十分干脆:"这不是官府保管的器物,寡君不知道。"游吉和公孙挥听了很紧张,劝子产说:"韩起对我们也没提太多要求,我们对晋国也不能三心二意。晋国和韩起,我们都开罪不起。如果有坏人在两国中间挑拨离间,鬼神如果再帮着坏人,兴起他们的凶心怒气,后悔还来得及吗?您为何那么吝惜一块玉环,而以此去惹大国讨厌?何不派人去把它找来送给他?"子产说:"正是因为我不敢轻慢晋国而有二心,打算自始至终侍奉他们,所以才不给他,这是为了恪守忠信啊!我听说,君子不怕没有财物,而怕没有好名声。我还听说治国不怕不能侍奉大国、安定小国,而是怕无礼而导致秩序混乱。如果大国的人来到小国,有求必应,我们拿什么来满足源源不断的需求?这次给了,下次没有,更加得罪他。对于大国的要求,如果不依礼驳斥,他们哪里会有什么满足?一而再、再而三,郑国就沦为晋国的边境城邑了,国将不国。如果韩起奉命出使而求取玉环,那未免也太贪婪了,难道不是罪过吗?给他一个环,开启了两种罪过,郑国失去独立,韩起也得个贪婪之名,这又何必呢?"

子产不给,韩起只好自己花钱去向商人买。当然,所谓花钱,也就是自己定个认为合适的价格,不管商人同不同意,马上就要一手交钱一手交货。这倒不是韩起欺负河南人,因为他在山西也是这么干的——那个年代,商人位居"士、农、工、商"的最后一位,没有资格跟晋国一等一的贵族讲价钱。郑国商人交出了玉环,但是强调:"这件事必须告诉寡君的大夫。"也就是要报告子产。韩起多少有些恼怒,跑去对子产说:"前些日子我请求得到这片玉环,您认为不义,我不敢反驳。今天我到商人那里买,商人说必须告诉您,请问这是怎么回事?"

子产便给韩起讲了一段历史:"当年先君郑桓公和商人都从畿内东迁到这里,互相合作清除这片土地,砍去野草杂木,一起居住在这里,世世代代都有盟誓,用以互相取信。发誓说:'你不要背叛我,我也不会强买你的东西,你不用乞求我,我也不会掠夺你,你有赚钱的买卖和宝贵的货物,我也不加干涉。'双方都信守誓言,所以能够互相支持直到今天。"

郑桓公即周幽王的司徒郑伯友。西周末年,郑桓公未雨绸缪,以重金贿赂雒邑以东的虢、郐等国,将自己的妻儿、家臣、财产全部迁到那里。周平王东迁的时候,郑桓公的儿子郑武公反客为主,消灭了虢、郐等国,由此建立了郑国。所谓郑桓公与商人互相合作,大概就是商人为郑桓公提供贿赂资金,而郑桓公为商人提供政治保护吧。郑国公室与商人之间这种世代延续的同盟关系,当时罕见后世稀有。鲁僖公三十三年,秦军偷袭郑国,就是因为被郑国商人弦高撞破而失败,也从侧面说明郑国官商关系之密切。基于这种背景,子产对韩起说:"现在您带着良好的愿望屈尊来到敝国,而要求敝国强夺商人的货物,这是让敝国违背盟誓,恐怕不能这样做吧? 您得到了玉环,却失去了诸侯,这种事情您肯定是不干的。如果大国要我们没完没了地贡献财物,把郑国当成附庸来对待,那我们也是不干的。我如果献上玉环,真不知道有什么理由,谨此私下向您倾诉。"

韩起听了,大为惭愧,立马派人将玉环送回给商人,说:"我虽然不聪明,岂敢为了玉环而获得两项大罪,谨将它退还给您。"

夏四月,郑六卿饯宣子于郊。宣子曰:"二三君子请皆赋,起亦以知郑志。"子齹赋《野有蔓草》。宣子曰:"孺子善哉,吾有望矣。"子产赋郑之《羔裘》。宣子曰:"起不堪也。"子大叔赋《褰裳》。宣子曰:"起在此,敢勤子至于他人乎?"子大叔拜。宣子曰:"善哉,子之言是。不有是事,其能终乎?"子游赋《风雨》,子旗赋《有女同车》,子柳赋《萚兮》。宣子喜曰:"郑其庶乎! 二三君子以君命贶起,赋不出郑志,皆昵燕好也。二三君子数世之主也,可以无惧矣。"宣子皆献马焉,而赋《我将》。子产拜,使五卿皆拜，曰："吾子靖乱，敢不拜德？"宣子私觐于子产以玉与马，曰："子命起舍夫玉，是赐我玉而免吾死也，敢不藉手以拜？"

　　四月，韩起结束在郑国的访问，启程回国。郑国六卿在新郑郊外设宴为他送行。韩起提议：请诸位君子即席赋诗，我也就知道郑伯的心志了。

　　前任当国罕虎的儿子婴齐赋了一首《野有蔓草》，这是郑国本地的一首著名情诗，写的是情人偶遇的惊喜之情：

　　"野有蔓草，零露漙兮。有美一人，清扬婉兮。邂逅相遇，适我愿兮。野有蔓草，零露瀼瀼。有美一人，宛如清扬。邂逅相遇，与子偕臧。"

　　韩起说："孺子真是个好人，我有希望了。"罕虎死于鲁昭公十三年冬，至此不满三年。按当时规矩，婴齐父丧未满三年，不论年龄多大，都可被称为孺子。

　　子产赋了一首《羔裘》：

　　"羔裘如濡，洵直且侯。彼其之子，舍命不渝。羔裘豹饰，孔武有力。彼其之子，邦之司直。羔裘晏兮，三英粲兮。彼其之子，邦之彦兮。"

　　《诗经》中收录的《羔裘》有三，这一首是郑风，大意是：小羊皮袍子舒服又漂亮，勤勤勉勉的君子啊，为国操劳，矢志不渝。这是当面拍韩起的马屁。韩起连忙表示："我愧不敢当。"

　　游吉赋了一首《褰裳》：

　　"子惠思我，褰裳涉溱。子不我思，岂无他人？狂童之狂也且！子惠思我，褰裳涉洧。子不我思，岂无他士？狂童之狂也且！"

　　这是一首女子嗔怨情郎爽约的爱情诗，大意是：你如果心里想着我，就提起衣角渡河来看我；你如果心里没有我，难道我就不会找别的男人？你这狂妄的小子！韩起当然知道游吉是什么意思，也开玩笑地说："只要有我在，怎么会让您心里想着别人？"言下之意，只要他在位一天，就不至于让郑国失望。游吉下拜致谢。韩起感慨："您这首诗赋得太好了！如果不是常常警惕着自己的女人也有可能投入别人的怀抱，男人们是不会一直都对女人那么好吧？那样的话，也就很难善始善终吧！"

接下来驷偃(驷带之子，字子游)赋《风雨》，丰施(公孙段之子，字子旗)赋《有女同车》，印癸(印段之子，字子柳)赋《萚兮》，都是表达女子对心上人的喜悦之情。韩起大为感动，说："郑国将要强大吧！你们几位代表国君表扬韩起，所赋之诗都是郑国的名句，而且表达了友好的愿望。几位都是传承几代的世家，可以因此而无所畏惧了。"于是将晋国出产的名马送给他们，又回赠了一首《我将》：

"我将我享，维羊维牛，维天其右之。仪式刑文王之典，日靖四方。伊嘏文王，既右飨之。我其夙夜，畏天之威，于时保之。"

韩起的意思：我畏惧天命，将夙兴夜寐，致力于维护四方的平安。子产拜谢，而且示意其他五卿都下拜，说："我们怎敢不拜谢您安定四方平息战乱的大恩大德？"

韩起又私下以名玉和宝马作为礼物送给子产，诚恳地说："您要我放弃玉环，是赐给我金玉良言使我免于罪责，我又怎敢不借此薄礼来拜谢大恩大德？"

公至自晋。子服昭伯语季平子曰："晋之公室，其将遂卑矣。君幼弱，六卿强而奢傲，将因是以习。习实为常，能无卑乎？"平子曰："尔幼，恶识国？"

韩起和郑国诸卿诗歌应酬的时候，鲁昭公终于从晋国回来了。子服昭伯(孟椒之子，谥昭)对季孙意如说："晋国的公室恐怕要衰败了。国君年幼而懦弱，六卿强横而狂傲，将要因此成为习惯，习惯成常态，能够不衰败吗？"

季孙意如说："你个小孩子，哪里知道什么国家大事？"

秋八月,晋昭公卒。

八月,晋昭公去世了。

九月,大雩,旱也。

郑大旱,使屠击、祝款、竖柎有事于桑山。斩其木,不雨。子产曰:"有事于山,蓺山林也,而斩其木,其罪大矣。"夺之官邑。

九月,鲁国举行盛大雩祭,是因为出现了旱情。

郑国的旱情比鲁国还严重,派大夫屠击、祝款、竖柎到桑山祭祀求雨。祭祀的过程中砍了一些树,雨还是没下来。子产说:"到山上祭祀,应当保护山林,反而砍了树木,这个罪过可大了。"下令剥夺他们的官位和封地。

冬十月,季平子如晋葬昭公。平子曰:"子服回之言犹信,子服氏有子哉!"

十月,季孙意如到晋国会葬晋昭公,实地感受了一番晋的政治气候,说:"子服回的话还是可以相信的,子服氏有个好儿子啊!"

其实,看看鲁国,就知道晋国,季孙意如难道还不知道公室衰微、政出卿门在当世各国都已经习以为常了吗?

鲁昭公十七年

公元前 525 年,鲁昭公十七年。

十七年春,小邾穆公来朝,公与之燕。季平子赋《采菽》,穆公赋《菁菁者莪》。昭子曰:"不有以国,其能久乎?"

十七年春,小邾穆公前来朝见,鲁昭公和他一起宴饮。席间季孙意如赋《诗经·小雅·采菽》一诗,其中有"君子来朝,何锡予之"之句,赞扬小邾穆公为君子。小邾穆公则回赠《菁菁者莪》,其中有"既见君子,乐且有仪"之句,将高帽子又送了回去。叔孙婼说:"假如没有治国之才,能够长久吗?"乍一看,还以为叔孙婼是在讽刺小邾穆公没有治国之才。其实这是一个反问式的肯定句,意思是小邾穆公有治国之才,所以才能够如此长久地坐在君位上。现代人读古文,往往难以理解古人的脑回路,其实是语言习惯大不一样使然。

夏六月甲戌朔,日有食之。祝史请所用币。昭子曰:"日有食之,天子不举,伐鼓于社;诸侯用币于社,伐鼓于朝,礼也。"平子御之,曰:"止也。唯正月朔,慝未作,日有食之,于是乎有伐鼓用币,礼也。其余则否。"大史曰:"在此月也。日过分而未至,三辰有灾。于是乎百官降物,君不举,辟移时,乐奏鼓,祝用币,史用辞。故《夏书》曰'辰不集于房,瞽奏鼓,啬夫驰,庶人走。'此月朔之谓也。当夏四月,是谓孟夏。"平子弗从。昭子退曰:"夫子将有异志,不君君矣。"

六月初一日,发生日食。负责祭祀的祝史请示用何种祭品来祈祷消灾。叔孙婼说:"发生日食,天子不吃丰盛的菜肴,在土地庙里击鼓;诸侯则在土地庙里祭祀,在朝堂上击鼓。这是礼规定的。"季孙意如却不同意,说:"不能这么办。只有正阳之月的初一日,阴气没有形成,发生了日食,才击鼓用祭品,这是礼所规定的,其余的日子就不用了。"

两位卿发生了矛盾,焦点在于这个月是不是正阳之月。由于谁也说服不了谁,只能由权威的专业人士,也就是太史来裁定。太史说:"正阳之月就是这个月。太阳过了春分,还没有到夏至,如果日、月、星有了灾难,百官就要穿上素服,国君不吃丰盛的菜肴,离开正寝等到日食过了,乐工击鼓,祝史奉上祭品,史官宣读自责书。所以《夏书》上说,日月交会不在正常的位置上,瞽师击鼓,啬夫驾车,庶人奔跑。说的就是这个月初一的情况。正当夏历四月,所以叫作孟夏。"

有必要解释一下:古人观察天象与气候,用阴阳理论来命名每个月份。夏历十月,周历十二月,太阳直射南回归线,北半球冬至,阳气消沉,阴气充盈,称为纯阴之月。夏历四月,周历六月,太阳直射北回归线,北半球迎来夏至,阴气消散,阳气最旺,称为正阳之月。这个月的初一日,夏至还未到来,如果发生日食,按礼是应该"伐鼓用币"的。但是季孙意如还是坚持自己的意见,不肯按叔孙婼说的来办。叔孙婼退出来之后就说:"这个人将有其他的想法,不把国君当作国君了。"

古人以为,正阳之月发生日食,是阴气逆袭阳气,有以下犯上的迹象,所以要击鼓祭祀,吓跑阴气。季孙意如不肯这么做,在叔孙婼看来,自然是有不臣之心了。

秋,郯子来朝,公与之宴。昭子问焉,曰:"少皞氏鸟名官,何故也?"

郯子曰："吾祖也，我知之。昔者黄帝氏以云纪，故为云师而云名；炎帝氏以火纪，故为火师而火名。共工氏以水纪，故为水师而水名。大暤氏以龙纪，故为龙师而龙名。我高祖少暤挚之立也，凤鸟适至，故纪于鸟，为鸟师而鸟名。凤鸟氏，历正也。玄鸟氏，司分者也。伯赵氏，司至者也。青鸟氏，司启者也。丹鸟氏，司闭者也。祝鸠氏，司徒也。鴡鸠氏，司马也。鸤鸠氏，司空也。爽鸠氏，司寇也。鹘鸠氏，司事也。五鸠，鸠民者也。五雉，为五工正，利器用，正度量，夷民者也。九扈，为九农正，扈民无淫者也。自颛顼以来，不能纪远，乃纪于近，为民师而命以民事，则不能故也。"

仲尼闻之，见于郯子而学之。既而告人曰："吾闻之，天子失官，学在四夷，犹信。"

秋天，郯国的国君郯子前来朝见，鲁昭公和他宴饮。席间叔孙婼向郯子请教："古代的少暤氏用鸟来命名百官，这是为什么？"

少暤氏是谁，各种古书说法不一，难有定论，总之是上古传说中的帝王吧。郯国是少暤的后裔，所以郯子回答："那是我的祖先的事，我知道。从前黄帝用云纪事，所以各部门的长官都以云命名；炎帝用火纪事，所以各部门的长官都以火命名；共工用水纪事，所以各部门的长官都以水命名；大暤用龙纪事，所以各部门的长官都以龙命名。我的祖先少暤挚即位的时候，凤鸟正好到来，所以用鸟纪事，各部门的长官都以鸟命名。凤鸟氏为历正（相当于钦天监），玄鸟氏掌管春分、秋分（玄鸟即燕子，春来秋去），伯赵氏掌管夏至、冬至（伯赵即伯劳，夏至而鸣，直到冬至），青鸟氏掌管立春、立夏，丹鸟氏掌管立秋、立冬。祝鸠氏为司徒，鴡鸠氏为司马，鸤鸠氏为司空，爽鸠氏为司寇，鹘鸠氏为司事（即司农）。这五鸠，是鸠集百姓来干大事的。又有五雉，是管理五种工匠的官员，是改善器物用具，统一度量容器，让百姓得到平均的。又有九扈，是管理九种农耕事务的官员,是制止百姓不让他们放纵的。自颛顼以来,不能用远方的事物(指云、龙、火、水等)来纪事,就用近处的事物来纪事。做百姓的长官便用百姓的事情来命名,已经不能照过去的规矩来办事了。"

郯子的话,如果听不明白,可以换一个角度来理解:从古至今,官僚及机构的名称总是越来越具体,越来越能体现职能。古代的钦天监,相当于现在的天文台;古代的尚书台,相当于现在的中央办公厅;古代的亭,相当于现在的派出所。

孔子当时二十多岁了,听说郯子知识渊博,于是求见郯子,向他学习古代的知识。出来之后告诉别人:"我听说,天子失去官守,关于官守的学问保存在四夷。这是可以相信的。"这句话的意思和"礼失求诸野"差不多。事物在发展,社会在变化,古老的东西总会在时代变迁中逐渐泯灭,只能在一些相对封闭或进步缓慢的地区留存一二。

晋侯使屠蒯如周,请有事于洛与三涂。苌弘谓刘子曰:"客容猛,非祭也,其伐戎乎! 陆浑氏甚睦于楚,必是故也。君其备之!" 乃警戒备。九月丁卯,晋荀吴帅师涉自棘津,使祭史先用牲于洛。陆浑人弗知,师从之。庚午,遂灭陆浑,数之以其贰于楚也。陆浑子奔楚,其众奔甘鹿。周大获。宣子梦文公携荀吴而授之陆浑,故使穆子帅师,献俘于文宫。

晋昭公去世后,晋顷公即位。晋顷公派屠蒯前往雒邑,请求祭祀王畿内的洛水与三涂山。这件事情颇为蹊跷,屠蒯是晋国的膳宰,就算是升了官,也摆脱不了屠夫的气质,派他到王室来办事,不是让人很难理解吗? 王室大夫苌弘便对卿士刘献公说:"客人的相貌凶猛,这不是为了祭祀而来,恐怕是为了讨伐戎人。陆浑之戎与楚国关系密切,必定是为了这个原因。您可要做好准备!"

王室于是加强警备,当然不是警备晋国,而是防止戎人被击溃后袭扰雒邑。九月二十四日,荀吴果然带兵从棘津渡河,装作要来祭祀的样子,派人先杀牲祭祀。陆浑人不知道其中的阴谋,不加戒备。晋军突然发动进攻,于二十七日将陆浑之戎消灭,责备他们和楚国勾结。陆浑的首领逃到楚国,他的部下逃奔甘鹿。由于王室早有准备,不但没有遭到溃兵骚扰,反而大有收获(将溃兵俘虏了)。

说来又是奇事:这一战之前,韩起梦见晋文公拉着荀吴的手,授予他陆浑,所以命令荀吴担任这次军事行动的指挥。战后,又在晋文公的宗庙里举行献俘仪式,感谢晋文公的点拨。

冬,有星孛于大辰,西及汉。申须曰:"彗所以除旧布新也。天事恒象,今除于火,火出必布焉。诸侯其有火灾乎?"梓慎曰:"往年吾见之,是其征也,火出而见。今兹火出而章,必火入而伏。其居火也久矣,其与不然乎? 火出,于夏为三月,于商为四月,于周为五月。夏数得天,若火作,其四国当之,在宋、卫、陈、郑乎? 宋,大辰之虚也;陈,大皞之虚也;郑,祝融之虚也,皆火房也。星孛及汉,汉,水祥也。卫,颛顼之虚也,故为帝丘,其星为大水,水,火之牡也。其以丙子若壬午作乎! 水火所以合也。若火入而伏,必以壬午,不过其见之月。"

这一年天象颇为诡异,夏天发生日食,冬天则有一颗彗星经过大火星,长长的尾巴扫过星空,西及银河。鲁国大夫申须说:"这么大的扫把,是上天用来除旧布新的吧? 天上的事情常象征地上的凶吉,现在是清扫大火星,等到大火星再出来,必定散布灾难,诸侯恐怕会有火灾了!"梓慎也说:"去年我就看到它了,征兆已经显现。而今它在大火星出现的时候变得更加明亮,必然在大火星消失的时候潜伏,它和大火星在一起已经很久了,难道不是必然的吗? 大火星出现在黄昏的天空,按夏历是三月,商历是四月,周历是五月。夏历正应天时(夏历以立春之月为正月,即现行农历使用的月份,四季分明),如果火灾发作,应该是在宋、卫、陈、郑四国吧。宋国是大火星的分野,陈国是大皞的旧居,郑国是祝融的旧居,皆为大火星居住的地方。彗星的尾巴扫过银河,银河为水。卫国是颛顼的旧居,所以又叫帝丘,其分野之星为营室,主水。水是火的配偶。火灾大概会在丙子或壬午日发生吧!水火将在那个时候相合(古人以天干地支配五行,丙和午为火,子和壬为水)。如果大火星消失而彗星潜伏,必定是壬午日,不会超过它出现的那个月。"

郑裨灶言于子产曰:"宋、卫、陈、郑将同日火,若我用瓘斝玉瓒,郑必不火。"子产弗与。

英雄所见略同。郑国的算命大师裨灶也预测到宋国、卫国、陈国、郑国将在同一日发生火灾,而且对子产说:"如果我用瓘斝玉瓒来祭祀,郑国可以躲过这一灾难。"

斝是一种饮酒的器皿,瓒是长把的勺子。瓘斝玉瓒,大概是郑国宗庙里收藏的玉制容器吧。裨灶请求以瓘斝玉瓒禳除火灾,子产不答应。为什么不答应?很快会说到,暂且按下不表。

吴伐楚。阳匄为令尹,卜战,不吉。司马子鱼曰:"我得上流,何故不吉?且楚故,司马令龟,我请改卜。"令曰:"鲂也,以其属死之,楚师继之,尚大克之。"吉。战于长岸。子鱼先死,楚师继之,大败吴师,获其乘舟余皇,使随人与后至者守之,环而堑之,及泉,盈其隧炭,陈以待命。吴公子光请于其众,曰:"丧先王之乘舟,岂唯光之罪,众亦有焉。请藉取之,以救死。"众许之。使长鬣者三人,潜伏于舟侧,曰:"我呼余皇,则对。"师夜从之。三呼,皆迭对。楚人从而杀之,楚师乱,吴人大败之,取余皇以归。

吴国讨伐楚国。阳匄(字子瑕)担任楚国令尹,为开战而占卜,结果不吉。司马公子鲂(字子鱼)说:"我国占了江河的上游,有什么不吉? 而且依楚国的惯例,应该由司马在占卜前祝告,我要求再占卜一次!"于是第二次占卜,公子鲂祝告:"我将带着下属战死,楚国大军跟在后面,希望大获全胜!"结果是吉。

两军在长岸交战,公子鲂身先士卒,力战而死。楚军紧跟而上,大败吴军,缴获吴王的坐舟余皇。当时随国已经沦为楚国的属国,也派兵参加了这次战役。楚国人命随国人以及后来的部队看守余皇,将余皇拖到岸上,在船的四周挖深沟,一直挖到有水涌出,再用木炭堵塞沟隧。说白了,就是将余皇安置在一个隔绝于江河的水池中,再派兵严阵以待,防止吴国人来抢船。

鲁昭公十五年,吴王夷昧去世(《春秋》及《左传》均未记载)。自打吴王寿梦去世后,吴国的王位从来都是兄弟相承,从老大诸樊开始,到老二馀祭,再到老三馀昧,本来还要轮到老四季札。可是季札不愿意当国君,这就给馀昧出了一个难题,不知道该让谁来继承王位。按理说,父死子替,他将王位传给自己的嫡长子公子光也是可以的。但是馀昧大概是怕别人说他有私心吧,又将王位传给了自己的庶兄,也就是吴王僚。这一次和楚国交战,公子光担任吴军统帅。长岸之战后,公子光将部下召集起来,用请求的口气说:"丢失了先王的座舟,难道只是我一个人的罪过吗? 所有人都有罪。请大家帮助我将它夺回来以免一死。"大伙都说好。公子光于是派壮士三人偷偷越过楚军防线,潜伏在余皇附近,说:"我呼叫余皇,你们就答应。军队在夜里跟上去。"

到了那天夜里,公子光三呼余皇,潜伏的壮士三次答应。楚国人追杀他们,乱了阵势,被公子光率领的吴军杀死。楚国人陷入混乱,吴军大获全胜,将余皇抢了回去。

鲁昭公十八年

公元前 524 年，鲁昭公十八年。

十八年春，王二月乙卯，周毛得杀毛伯过而代之。苌弘曰："毛得必亡，是昆吾稔之日也，侈故之以。而毛得以济侈于王都，不亡何待！"

十八年二月十五日，王室大夫毛得杀毛伯过，取代了他的位置。苌弘说："毛得必然逃亡，这一天是昆吾恶贯满盈之日，是因为太过骄横。而毛得在京师以骄横而成事，他不逃亡，难道等死吗？"

昆吾是夏朝的诸侯，以骄横暴虐而闻名。当年商汤讨伐夏桀，先伐昆吾，于乙卯日将其诛杀，所以说这一天是"昆吾稔之日"，稔，熟也，即恶贯满盈之意。

三月，曹平公卒。

三月，曹平公去世。

夏五月，火始昏见。丙子，风。梓慎曰："是谓融风，火之始也。七日，其火作乎！"戊寅，风甚。壬午，大甚。宋、卫、陈、郑皆火。梓慎登大庭氏之库以望之，曰："宋、卫、陈、郑也。"数日，皆来告火。

五月，大火星开始在黄昏出现。初七日，起风，梓慎说："这是所谓的融风，是火灾的开始。七天之后，恐怕要发生火灾了。"初九日，风势转盛。十四日，狂风大作。宋国、卫国、陈国、郑国都发生了火灾。梓慎登上大庭氏之库（大庭氏为古国名，遗址在曲阜城内，当时为鲁国公室的库房所在）遥望西方，说："是宋国、卫国、陈国、郑国。"数日之后，四国都派使者来通报火灾。

裨灶曰："不用吾言，郑又将火。"郑人请用之，子产不可。子大叔曰："宝，以保民也。若有火，国几亡。可以救亡，子何爱焉？"子产曰："天道远，人道迩，非所及也，何以知之？灶焉知天道？是亦多言矣，岂不或信？"遂不与，亦不复火。

去年，郑国的裨灶也预测火灾将要发生，而且向子产提出可以用瓘斝玉瓒来禳除火灾，被子产拒绝。火灾发生后，裨灶再次提出："如果不听我的建议，郑国还会发生火灾。"郑国人都请求听他的话，子产还是不同意。游吉以为子产吝惜宝物，说："宝物是用来保护百姓的。如果再来一场大火，国家就要灭亡了。可以挽救国家于危亡的话，您又何必那么爱惜它？"子产便说了一句流传千古的话："天道远，人道迩。"

子产以为，上天之道遥不可及，人间之道近在眼前，二者互不相关，凡人怎能知道天道？裨灶又如何得知天道？他也就是说得多了，偶尔有一两次说中罢了。

人活在地上，却总是喜欢仰望天空，琢磨天上的事情，总想琢磨出点和人道不同的天道来，而且还要用这个虚无缥缈的天道指导人间的实践。天道宏大而幽远，大到难以理解，远到虽千年之功亦难以触及；人道则细微而具体，无非是吃饱穿暖，健康快乐地活在当下，再来点诗和远方就更好。在很多人看来，人道就应该服从天道，尤其是当天道和人道发生矛盾的时候，天道的嗓门总是很粗，一句"存天理，灭人欲"喊出来，人道只能闭嘴沉默。为了天道而杀人,总是杀得理直气壮,甚至得意洋洋,光宗耀祖。子不语怪、力、乱、神,是因为怪、力、乱、神超出了他的经验,只能敬而远之。上天的归上天,不要拉到人间,否则只会带来灾难。同样的,子产说"天道远,人道迩",也是不想让天道扰乱人道。人道的幸福在此岸,看得见,摸得着,即便出点问题,也基本在可控的范围内;天道的幸福在彼岸,说不清,道不明,偶尔想想问题不大,天天想它就是神经病,而且发起病来六亲不认。子产身为郑国的首席执政官,首先是要坚定地说人话,办人事。他坚持不将瓘斝玉瓒交给禆灶去禳灾,就是要表明自己的人道立场。而且事实上,郑国也没有再度发生火灾。

郑之未灾也,里析告子产曰:"将有大祥,民震动,国几亡。吾身泯焉,弗良及也。国迁其可乎?"子产曰:"虽可,吾不足以定迁矣。"及火,里析死矣,未葬,子产使舆三十人,迁其柩。

郑国尚未发生火灾的时候,大夫里析告诉子产:"郑国将有大的灾变,百姓震动,国家几乎灭亡。到那时候我已死了,赶不上了。迁都可以吗?"

因为火灾而迁都,显然是不现实的,子产只能说:"虽然也是个办法,但不是我一个人能够决定的。"将事情搪塞过去。等到火灾发生,里析已经死了,尚未下葬。子产特别派了三十个人将他的灵柩迁到安全的地方。

火作,子产辞晋公子、公孙于东门。使司寇出新客,禁旧客勿出于宫。使子宽、子上巡群屏摄,至于大宫。使公孙登徙大龟。使祝史徙主祐于周庙,告于先君。使府人、库人各儆其事。商成公儆司宫,出旧宫人,置诸火所不及。司马、司寇列居火道,行火所焮。城下之人,伍列登城。明日,使野司寇各保其征。郊人助祝史除于国北,禳火于玄冥、回禄,祈于四鄘。书焚室而宽其征,与之材。三日哭,国不市。使行人告于诸侯。宋、卫皆如是。陈不救火,许不吊灾,君子是以知陈、许之先亡也。

火灾发生的时候,郑国早有准备。子产做的第一件事是将常驻郑国的晋国公子、公孙(大概相当于今天的公使吧)安全送出新郑的东门,遣送回国。这倒不是因为晋国人命贵,而是怕他们不幸葬身火海,成为晋国日后诘难郑国的借口。处理好对晋国的关系,是郑国执政的第一要务。

同时,派司寇谢绝一切新来访的外国使臣。已经到访的,禁止走出宾馆——这也是怕他们不小心在火灾中丧生,引发外交纠纷。派大夫游速(游吉之子,字子宽)、子上(其人不详)巡视各处祭祀的场所,直至宗庙——祖先的安全,不可马虎。派大夫公孙登将占卜用的大龟迁到安全地带,派祝史将宗庙里安放神位的石匣搬到周厉王的宗庙,并向列祖列宗报告——这是为了集中管理,确保安全。严令府人(仓库管理员)、库人(军械库管理员)恪守岗位。派大夫商成公令司宫(公宫管理人员)戒备,将先君留下来的年纪较大的宫女安置在火烧不到的地方。司马、司寇等人则奔赴火线,到处救火。城下的驻军也列队进城维持秩序,防止有人趁火打劫。

火灾的次日,子产又命各地野司寇(地方治安官)加强管理,约束各地征发的徒役,确保社会稳定。派郊人(城郊各乡的乡长)协助祝史,在城北扫地筑坛,向玄冥(水神)、回禄(火神)祈求平安,又在四城祈祷,以安民心。登记被烧毁的房屋,减免这些家庭的税赋,并发给重建家园的材料。新郑城全体军民号哭三天,停止一切交易活动。形势稳定后,才派外交官向各国通报情况。

宋国和卫国也差不多如此,陈国却没有组织救火,许国则没有慰问受灾的百姓,君子从这件事看出陈国、许国将要先灭亡。

六月，郳人藉稻。邾人袭郳，郳人将闭门，邾人羊罗摄其首焉，遂入之，尽俘以归。郳子曰："余无归矣。"从帑于邾，邾庄公反郳夫人，而舍其女。

郳国妘姓，子爵，是山东小国。

六月，郳子出城"藉稻"，也就是督促农业生产。邾国人乘机袭击郳国。郳国人将要关闭城门，邾将羊罗奋勇当先，斩下守门人的首级，于是邾军入城，将郳国军民尽数俘虏回国。郳子哀叹："我回不去了。"他的妻子儿女也跟着到了邾国。邾庄公将郳子的夫人放了回去，却将他的女儿留下来了。

秋，葬曹平公。往者见周原伯鲁焉，与之语，不说学，归以语闵子马。闵子马曰："周其乱乎？夫必多有是说，而后及其大人。大人患失而惑，又曰，可以无学，无学不害。不害而不学，则苟而可。于是乎下陵上替，能无乱乎？夫学，殖也，不学将落，原氏其亡乎？"

秋天，安葬曹平公。鲁国有人去参加葬礼，见到了王室大夫原伯鲁，和他说话，发现他不爱学习。回来之后说给大夫闵子马听，闵子马说："周朝恐怕要动乱了吧？肯定是有不爱学习的风气，然后影响了在位的官员。他们担心丢掉官位而不明事理，又说，可以不用学习，不学习没有害处。既然无害，那就不学，所以一切事情苟且即可，于是下级凌驾于上级，上级颓废松弛，能够不乱吗？学习有如种植树木，不学就会枝叶堕落，原氏快要灭亡了吧？"

七月，郑子产为火故，大为社，被禳于四方，振除火灾，礼也。乃简兵

子產對晉讓登陴

大蒐，将为蒐除。子大叔之庙在道南，其寝在道北，其庭小。过期三日，使除徒陈于道南庙北，曰："子产过女而命速除，乃毁于而乡。"子产朝，过而怒之，除者南毁。子产及冲，使从者止之曰："毁于北方。"

七月，郑国的子产因为此前发生的火灾，大兴土木修建土地神庙，祭祀四方之神以消除灾难，这是合于礼的。于是精选士兵举行盛大阅兵，为此而清除道路，准备场地。游氏家族再一次面临拆迁问题——游氏宗庙在道路以南，游吉的住房在道路以北，二者之间的庭院又小，部队难以通过，因此必须拆掉宗庙或住房。宗庙就是祖宗的住房，如果定要二选一的话，游吉肯定是选择拆掉自己的住房，不想折腾祖宗的。可是从当时的实际情况看，规划的道路就是要笔直地通过游氏宗庙，如果保留宗庙而拆除住房，势必使得道路要拐个弯再绕回来，影响阅兵的效果。怎么办？游吉故技重施，过了规定的期限三天还没有主动拆除，只是派他的家人拿着工具站在道路以南、宗庙以北，说："如果子产经过时，下令让你们赶紧拆除的话，你们就朝你们面对的方向动手。"

子产上朝经过那里，看到游氏完全没有动静，十分生气。游家人赶紧动手，"乒乒乓乓"地拆起来。子产坐在车上继续前进，越想越不对劲，走到十字路口的时候，又派随从回去要他们停下，说："拆北边的。"

对于国家来说，阅兵是大事。对于游氏来说，拆毁宗庙是大事。国家大事要办，个人的大事能兼顾则兼顾。不就是让部队绕个弯嘛，没什么大不了的。子产执政，就是这样既坚持原则，又体察人情。

火之作也，子产授兵登陴。子大叔曰："晋无乃讨乎？"子产曰："吾闻之，小国忘守则危，况有灾乎？国之不可小，有备故也。"既，晋之边吏让郑曰："郑国有灾，晋君、大夫不敢宁居，卜筮走望，不爱牲玉。郑之有灾，寡君之忧也。今执事撊然授兵登陴，将以谁罪？边人恐惧，不敢不告。"

子产对曰："若吾子之言，敝邑之灾，君之忧也。敝邑失政，天降之灾，又惧谗慝之间谋之，以启贪人，荐为敝邑不利，以重君之忧。幸而不亡，犹可说也。不幸而亡，君虽忧之，亦无及也。郑有他竟，望走在晋。既事晋矣，其敢有二心？"

郑国大火的时候，子产还下令各地发放兵器，组织武装人员登上城墙。游吉有点担心，说："晋国该不会因此追讨我们吧？"意思是，你刚刚打发晋国公使回国，现在又摆出一副要打仗的架势，就不怕晋国人误会咱们要背叛他们吗？子产说："我听说，小国忘记防守就危险了，何况现在有大灾。一个国家之所以不被人轻视，是因为有所戒备。"

不久，晋国的边疆军吏果然来质问："郑国发生灾害，晋国的国君、大夫都不敢安居，又是卜筮求问，又是祭祀山川，为了郑国的平安而不惜牺牲玉帛。郑国的灾害，就是寡君的忧虑。现在贵国猛然颁发武器，登守城陴，这是想拿谁来治罪？我们这些守边疆的人感到恐惧，不敢不来问讯。"

子产回答："诚如您所言，敝国的火灾就是君侯的忧患。敝国的政事不正常，所以上天降罪，又害怕邪恶的人趁机打敝国的主意，引诱那些贪婪之辈作乱，加重敝国的灾难，让君侯更加担心。所幸敝国没有灭亡，有一些小小的误会也是可以解释的；如果不幸灭亡，就算君侯为我们操心，也于事无补了。郑国如果遭到别的国家进攻，只能依靠晋国。既然侍奉晋国，怎么敢有二心？"

说白了，郑国是忠于晋国，但是国家的主权不能丢，必要的防备不能少。晋国人收到这样的答复，估计也无话可说，事情最终不了了之。

楚左尹王子胜言于楚子曰："许于郑，仇敌也，而居楚地，以不礼于郑。晋、郑方睦，郑若伐许，而晋助之，楚丧地矣。君盍迁许？许不专于楚，郑方有令政。许曰'余旧国也'，郑曰'余俘邑也'。叶在楚国，方城外之蔽也。土不可易，国不可小，许不可俘，仇不可启。君其图之。"楚子说。冬，楚子使王子胜迁许于析，实白羽。

楚国左尹王子胜对楚平王说："许国和郑国是仇敌，许国寄居在楚国的土地上，所以敢对郑国无礼。现在晋国和郑国打得火热，郑国如果讨伐许国而晋国帮助郑国，楚国就要损失土地了。大王何不将许国迁出去？许国不为楚国专有，郑国正有善政，许国说：'那是我们的旧地。'郑国说：'那是我们攻占的城邑。'叶县对于楚国来说，是方城山外的屏障。土地不可轻视，国家不可小看，许国不能俘虏，仇恨不能开启。请大王考虑！"

王子胜这段话，简直是颠三倒四，逻辑混乱，有必要替他梳理一下——

许国和郑国是世仇。鲁成公十五年，许国不堪郑国的欺辱，放弃国土，迁入楚国，被安置在叶县。从此许国故地为郑国所有。楚灵王年间，许国被迁到夷地。楚平王上台后，又将许国迁回叶县。叶县在楚国的方城山外，也可以说是楚国北方的门户。许国仗着楚国的保护，对郑国无礼。假如郑国以此为借口而讨伐许国，加上晋国的支持，楚国可能就丧失叶县了。不如把许国迁出去，不再将其置于楚国的保护之下，让它自个跟郑国去扯皮。而楚国丢掉包袱，专心经营叶县，巩固北方屏障，不亦乐乎？

楚平王听从了建议，于这一年冬天派王子胜将许国迁到析地，也就是白羽。可怜的许国，都快成春秋时期的搬家专业户了。

鲁昭公十九年

公元前 523 年，鲁昭公十九年。

十九年春，楚工尹赤迁阴于下阴，令尹子瑕城郏。叔孙昭子曰："楚不在诸侯矣！其仅自完也，以持其世而已。"

十九年春，楚国的工尹赤将阴地的戎人迁到下阴，令尹阳匄在郏地筑城。叔孙婼以此得知，楚国当前的国策不是称霸诸侯，而只是加强防御，保全自己，维持生存而已。

楚子之在蔡也，郹阳封人之女奔之，生大子建。及即位，使伍奢为之师，费无极为少师，无宠焉，欲谮诸王，曰："建可室矣。"王为之聘于秦，无极与逆，劝王取之。正月，楚夫人嬴氏至自秦。

楚平王不想称霸诸侯，并不说明他无能。事实上，从他上台以来的种种表现来看，他倒是一个相当持重的人，所施的政策，也颇得民心。然而，正是这样一位与世无争的楚平王，竟然在男女问题上犯下了严重的错误，埋下几乎导致楚国灭亡的祸根——

楚平王在蔡国的时候，郹阳的小封建主有个女儿，不知道是爱上了他英俊潇洒还是待人和善，私奔到他那里。两个人生了一个儿子，也就是太子建。楚平王即位之后，命伍举的儿子伍奢当太子建的老师，费无极当少师。若按后世的说法，也就是一个是太子太傅，一个是太子少傅吧。

前面说过，费无极这个人是喜欢耍心计的。太子建不喜欢他，他便想在楚平王面前说太子建的坏话。他向楚平王建议：该给太子娶妻了。谁也不会想到这其中有什么阴谋，楚平王就向秦国求亲，为太子建娶了一位秦国公主，而且派费无极去迎亲。费无极接到公主，还在回来的路上，就派人给楚平王送信，说公主如何如何好，劝楚平王自己要了这姑娘。楚平王也是鬼迷心窍，竟然同意了！于是这一年正月，嬴氏以楚平王夫人的身份从秦国来到了楚国。

郳夫人，宋向戌之女也，故向宁请师。二月，宋公伐邾，围虫。三月，取之。乃尽归郳俘。

去年邾国灭郳国，将郳子一家都俘虏到邾国，唯独放了郳子夫人回去。为什么？因为郳子夫人是宋国权臣向戌的女儿。宋国在晋国面前是个俯首帖耳的二流国家，在邾国面前却是个庞然大物，而且与邾国相邻，邾国人不得不考虑这层关系。果然，向家要为女儿女婿出头，向戌的儿子向宁向宋元公请求出兵。二月，宋元公讨伐邾国，包围虫城。三月，攻取虫城，将郳国的俘虏全部放了回去。

动乱之世，找个有权有势的岳父很重要啊！

夏，许悼公疟。五月戊辰，饮大子止之药，卒。大子奔晋。书曰："弑其君。"君子曰："尽心力以事君，舍药物可也。"

夏天，许悼公患上了疟疾。五月初五日，喝了世子止送的药就死了。世子止逃奔晋国。《春秋》记载："许世子止弑其君买。"算是给这件事定性为儿子谋杀父亲。君子对此评论："尽心尽力侍奉国君，不进药物是可以的。"

治病是件很专业的事。身为世子，在父亲的病榻前侍候就好了，开方自有医生，何必亲自奉药？世子止之举，难免让人怀疑，也很难自证清白，所以只能跑路了。

郯人、郳人、徐人会宋公。乙亥，同盟于虫。

郯国人、郳国人、徐国人会见宋元公。五月十二日，在虫城结盟，了结恩怨，以和为贵。

楚子为舟师以伐濮。费无极言于楚子曰："晋之伯也，迩于诸夏，而楚辟陋，故弗能与争。若大城城父而置大子焉，以通北方，王收南方，是得天下也。"王说，从之。故大子建居于城父。

令尹子瑕聘于秦，拜夫人也。

楚平王组织水军讨伐濮地。费无极对楚平王说："晋国之所以称霸，是因为它靠近华夏各国，而楚国地方偏远，所以不能与之争夺。如果增修城父的城墙，将太子安置在那里，用来和北方各国互通；而大王镇守南方，那就可以得到天下了。"楚平王很高兴，听从了费无极的建议。所以太子建居住在城父。

从这件事来看，费无极真是够阴险的。从前晋献公将太子申生安置在曲沃，世人都知道申生危险了。太子是国家的继承人，国君出行，太子守国，叫作监国；国君抵抗外敌入侵，则太子侍奉左右，叫作抚军。现在楚平王将太子建安排到方城山外，美其名曰"以通北方"，实际上不是将太子架空了吗？当然，费无极再阴险，也只能提建议，真正犯浑的是楚平王本人。自打他将未来的儿媳妇变成自己的夫人，他就不太乐意看到太子建——一则心虚，二则尴尬，父子之间的隔阂与日俱增。因此，将太子建安置得远远的，也符合楚平王的心愿。这不，太子建刚刚离开郢都，令尹阳匄就奉命访问秦国,拜谢秦国为楚国奉献了一位夫人。

　　秋,齐高发帅师伐莒。莒子奔纪鄣。使孙书伐之。初,莒有妇人,莒子杀其夫,已为嫠妇。及老,托于纪鄣,纺焉以度而去之。及师至,则投诸外。或献诸子占,子占使师夜缒而登。登者六十人,缒绝。师鼓噪,城上之人亦噪。莒共公惧,启西门而出。七月丙子,齐师入纪。

> 　　秋天,齐国的高发带兵入侵莒国。莒共公(即庚舆)弃守国都,逃奔纪鄣。高发命陈书(陈无宇之子,字子占,又写作孙书)攻打纪鄣。当初,莒国有位妇人,莒共公杀了她的丈夫,使她成了寡妇。等到年老,她就寄居在纪鄣。莒共公逃到纪鄣,她知道复仇的机会来了,按照纪鄣城墙的高度偷偷地编了一条绳索,收藏起来。等到齐军杀到,便将这条绳子的一头扔到城外(另一头系在城墙上头)。齐军中有人看到,告诉了陈书。陈书派部队夜里攀绳登城,六十个人登上城墙后,绳子断了。但这已经够了,齐军击鼓呐喊进攻,城上的人也呐喊呼应。莒共公害怕不已,打开西门逃走。七月十四日,齐军攻入纪鄣。

　　是岁也,郑驷偃卒。子游娶于晋大夫,生丝,弱,其父兄立子瑕。子产憎其为人也,且以为不顺,弗许,亦弗止。驷氏耸。他日,丝以告其舅。冬,晋人使以币如郑,问驷乞之立故。驷氏惧,驷乞欲逃。子产弗遣。请龟以卜,亦弗予。大夫谋对。子产不待而对客曰:"郑国不天,寡君之二三臣,札瘥夭昏。今又丧我先大夫偃,其子幼弱,其一二父兄,惧队宗主,私族于谋而立长亲。寡君与其二三老曰:'抑天实剥乱是,吾何知焉?'谚曰:'无过乱门。'民有兵乱,犹惮过之,而况敢知天之所乱?今大夫将问其故,抑寡君实不敢知,其谁实知之?平丘之会,君寻旧盟曰:'无或失职。'若寡君之二三臣,其即世者,晋大夫而专制其位,是晋之县鄙也,何国之为？"辞客币而报其使。晋人舍之。

　　这一年，郑国的驷偃去世。驷偃的妻子来自晋国的大夫之家，生了驷丝。驷丝年幼，驷氏家族中的长辈们便立了驷偃的弟弟驷乞（字子瑕）为宗主。这种事情在春秋时期很常见，本来也不是什么大问题。问题是子产很厌恶驷乞的为人，而且认为叔叔抢了侄儿的位置，不顺，所以既不表示同意，也不禁止驷家人这么做。

　　中国的很多事情，不表态就等于反对。驷家人为此而惴惴不安。过了一段时间，问题进一步复杂化——驷丝将这件事告诉了自己的舅舅，也就是晋国的某位不知名的大夫。是年冬天，晋国派人带着财礼来到郑国，询问驷乞为什么会被立为宗主。这明摆着就是兴师问罪了。驷氏家族陷入深深的恐惧，驷乞本人更是吓得要逃跑（由此可见他为人确实差，也难怪子产厌恶他），子产却不让他走；请求用宗庙里的大龟来占卜，子产也不同意。卿大夫们开会商量对策，子产不等他们商量好，便对晋国人说："郑国不能获得上天的赐福，寡君的几位臣下都不幸夭亡，现在又丧失了先大夫驷偃。他的儿子还小，家里的长辈们担心宗族绝后，和族人私下商量立了年长的亲人。寡君和几位老臣商量，说：'也许这是上天扰乱常法，我们哪里知道上天的心思？'俗话说：'不要经过动乱的人家的门口。'百姓家里乱动刀兵，犹忌惮经过那里，又有谁敢去问上天为什么搞乱驷家？现在您一定要问原因，那么寡君实在是不敢与闻的，还有谁知道？平丘之会，君侯重温过去的盟誓，说：'不要有人失职！'如果寡君的几位臣下中有人去世，晋国的大夫专横地干涉他的继承人，等于说郑国是晋国的县城了，哪里还能叫作国家？"晋国人倒也讲道理，不再纠缠这件事。

　　这就是子产的为人。他讨厌驷乞，不希望驷乞上位，但是因为牵涉到驷氏内政，他也不强加干涉。晋国人要为驷丝讨个公道，本来也和子产的想法不谋而合，但是因为牵涉到郑国的主权，所以子产坚决反对。"国、家"二字，在子产心中重于泰山，不容亵渎。之所以不等大臣们商量完毕,则是因为子产知道他们商量不出什么结果。而且,既然要得罪晋国,这个责任就由他一个人来承担吧!

楚人城州来。沈尹戌曰:"楚人必败。昔吴灭州来,子旗请伐之。王曰:'吾未抚吾民。'今亦如之,而城州来以挑吴,能无败乎?"侍者曰:"王施舍不倦,息民五年,可谓抚之矣。"戌曰:"吾闻抚民者,节用于内,而树德于外,民乐其性,而无寇仇。今宫室无量,民人日骇,劳罢死转,忘寝与食,非抚之也。"

楚国人在州来筑城。沈尹戌以为,此举一定导致楚国失败,理由是:当年吴国消灭州来,令尹蔓成然(子旗)请求讨伐吴国,楚平王以"我还没有安抚百姓"为由拒绝。现在也还是一样没有安抚百姓,却在州来筑城来刺激吴国,能够不失败吗?

沈尹戌的手下听到他这样妄议楚平王,都说:"大王施舍百姓不知疲倦,让百姓休息了五年,可以说是安抚他们了。"沈尹戌说:"我听说安抚百姓,在国内节约开支,在国外树立德行,百姓安居乐业,而且没有仇敌。而今王宫挥霍无度,老百姓一天天惊怕,劳累至死而无人收尸,睡不好,吃不饱,这不叫安抚。"

《左传》的记载中,楚平王的人生被分为两段。前一段的他,无论作为公子还是国君,做事都有礼有节,可圈可点;后一段的他,日趋颓废与消沉,光芒逐渐磨灭,甚至露出昏庸之气了。两段人生的转折点在于费无极的出现。楚平王或许本来并不坏,但是费无极有足够的能力使他变坏。作为一国之君,"亲贤臣,远小人"委实是一门必修课啊!

郑大水,龙斗于时门之外洧渊。国人请为禜焉,子产弗许,曰:"我斗,龙不我觌也。龙斗,我独何觌焉?禳之,则彼其室也。吾无求于龙,龙亦无求于我。"乃止也。

郑国真是流年不利,上年刚刚发生大火,今年又发生水灾。漫天风雨中,新郑时门(南门)之外的洧渊竟然有龙相斗。郑国人纷纷请求举行消灾祈福的祭祀。子产却不同意,说:"我们争斗,龙不来看;龙争斗,我们为什么要去看呢? 向它们祈祷,请求它们离开吧,那里本来就是它们居住的地方。我们对龙无所求,龙也不会要求我们做什么。"这事也就不了了之。

令尹子瑕言蹶由于楚子曰:"彼何罪? 谚所谓'室于怒,市于色'者,楚之谓矣。舍前之忿可也。"乃归蹶由。

楚国令尹阳匄在楚平王面前说蹶由的事:"他有什么罪呢? 俗话说,在家里生气,到街上发作。说的就是楚国了。可以舍弃过去的愤怒了。"
蹶由是吴国公子。鲁昭公五年,吴国和楚国交战,派蹶由出使楚营,被楚灵王扣留,至今已有十四年。楚平王也觉得没有必要继续囚禁蹶由,就将他放了回去。

鲁昭公二十年

公元前 522 年,鲁昭公二十年。

二十年春,王二月己丑,日南至。梓慎望氛曰:"今兹宋有乱,国几亡,三年而后弭。蔡有大丧。"叔孙昭子曰:"然则戴、桓也! 汰侈无礼已甚,乱所在也。"

二十年二月初一日,冬至。

鲁国的梓慎观察云气,说:"今年宋国有动乱,国家几乎灭亡,三年后才会平息。蔡国有大的丧事。"叔孙婼以为,如果宋国动乱,那么就是戴、桓之族了。他们骄纵无礼到了极点,正是动乱的根源。

费无极言于楚子曰:"建与伍奢将以方城之外叛。自以为犹宋、郑也,齐、晋又交辅之,将以害楚,其事集矣。"王信之,问伍奢。伍奢对曰:"君一过多矣,何信于谗?"王执伍奢,使城父司马奋扬杀大子,未至,而使遣之。三月,大子建奔宋。王召奋扬,奋扬使城父人执己以至。王曰:"言出于余口,入于尔耳,谁告建也?"对曰:"臣告之。君王命臣曰:'事建如事余。'臣不佞,不能苟贰。奉初以还,不忍后命,故遣之。既而悔之,亦无及已。"王曰:"而敢来,何也?"对曰:"使而失命,召而不来,是再奸也,逃无所入。"王曰:"归。"从政如他日。

费无极继续实施他的阴谋,对楚平王说:"太子建与伍奢将带着方城山之外的人们叛乱,自以为可以如同宋国、郑国那样独立,齐国和晋国又都帮着他们,将危害楚国,这事快成了。"楚平王听信了费无极的话,质问伍奢有没有这回事。伍奢直言:"大王有一次过错已经很严重了,为什么还听信谗言?"所谓一次过错,是指楚平王娶了太子建的未婚妻。伍奢看得很明白,楚平王之所以总是对太子建不放心,就是因为做贼心虚。父子之间出现这样的隔阂,着实令人心痛。而这一切,主要是因为费无极从中挑拨,搬弄是非。伍奢想要楚平王醒醒,楚平王却恼羞成怒,反而将伍奢逮捕,又派城父司马奋扬去杀太子建。

奋扬还没到城父，先派人向太子建报信，要他快走。三月，太子建逃奔宋国。楚平王召见奋扬，奋扬命城父人将自己绑起来送到郢都。楚平王责问他："话从我的口中说出，从你的耳朵进去，是谁向他透漏了消息？"言下之意，事情只有我知你知，除了你还有谁会去报信？奋扬如实回答："是下臣告诉他的。当初太子来到城父，大王命令下臣'侍奉太子如同侍奉寡人'。下臣不才，不能苟且有二心。奉了当初的命令去对待太子，就不忍心执行后来的命令，所以放走了他。不久又后悔了，但是已经来不及了。"楚平王说："那你还敢来，为什么？"奋扬说："奉命办事而没办成，宣召又不来，那就是一错再错，两次违命了。就算逃走了也不会有人收留。"楚平王便不再追究，说："回去吧，继续像从前一样当你的城父司马去。"

或许，从内心深处讲，楚平王并不想杀太子建。奋扬这么处理，正好符合他的心愿吧。

无极曰："奢之子材，若在吴，必忧楚国，盍以免其父召之。彼仁，必来。不然，将为患。"王使召之，曰："来，吾免而父。"棠君尚谓其弟员曰："尔适吴，我将归死。吾知不逮，我能死，尔能报。闻免父之命，不可以莫之奔也。亲戚为戮，不可以莫之报也。奔死免父，孝也。度功而行，仁也。择任而往，知也。知死不辟，勇也。父不可弃，名不可废，尔其勉之，相从为愈。"伍尚归。奢闻员不来，曰："楚君、大夫其旰食乎！"楚人皆杀之。

伍奢有两个儿子，长子伍尚，官居棠邑大夫；次子伍员，字子胥。费无极想斩草除根，对楚平王说："伍奢的儿子有才，如果逃到了吴国，必定成为楚国的忧患，何不以赦免他们的父亲为条件宣召他们前来？他们仁爱，必定会来。否则的话，必为祸患。"楚平王就派人去召他们，说："来，我赦免你们的父亲。"

伍氏兄弟当然知道这是个陷阱。但是，如果拒不奉诏，等于弃自己

伍尚勉
弟報仇

的父亲于不顾，良心上过不去。伍尚对伍子胥说："你去吴国，我将回去赴死。我的才智不如你，我能陪父亲死，你能为父亲报仇。听到可以赦免父亲的死罪，不能不赶紧回去；亲人被人杀戮，不能不报仇。赴死救父，这是孝；计算成败而后行动，这是仁；选择复杂的任务而前往，这是智；知道必死而不逃避，这是勇。父亲不可抛弃，名节不可废除，你好好努力吧！咱们各走各的路，好自为之。"

就这样，伍尚回到了郢都。知子莫若父，伍奢听说伍子胥没有来，说："楚王和各位大夫恐怕都不能准时吃饭了。"意思是，伍子胥必定给楚国造成大麻烦，让国君和大臣都不得安宁。

楚国人处死了伍奢和伍尚。

员如吴，言伐楚之利于州于。公子光曰："是宗为戮而欲反其仇，不可从也。"员曰："彼将有他志，余姑为之求士，而鄙以待之。"乃见鱄设诸焉，而耕于鄙。

如费无极所料，伍子胥到了吴国——综观天下，能够给楚国造成严重威胁的也就只有吴国了，伍子胥要给父兄报仇，也只能依靠吴国。从楚国到吴国的路途，想必十分艰险，但是老左只用了干巴巴的三个字："员如吴"，仿佛他是瞬间转移过去的。倒是《吕氏春秋》《史记》等对这段旅程有非常精彩的描写，由于与本书无关，只得割爱。

伍子胥刚到吴国，就去找吴王僚，向他陈述讨伐楚国的好处。原文中的"州于"，即是指吴王僚。史料的记载中，吴国和越国的国君都没有谥号，但是有称号，州于大概就是吴王僚的称号吧。对于伍子胥的劝说，吴王僚没有表态，公子光却明确表示反对："此人的家族被诛戮，想要报私仇而已，不可听从他的建议。"

吴国和楚国世代为仇，就算伍子胥不加劝说，两国也是争战不休。对于吴王僚来说，有伍子胥这样的人主动前来投奔，不是一件天大的好事吗？公子光为什么要拒之于千里之外呢？伍子胥由此得出一个结论：公子光有其他的想法。说白了，公子光早就对吴王僚上位不满，想取而代之。既然这样，那就助他一臂之力吧。伍子胥决定为公子光寻求勇士，自己隐居在郊野之地等待时机。于是找到了一位叫作"鱄设诸"的勇士，推荐给公子光。伍子胥本人则在城郊找了个地方种地为生。

　　有必要说一下，"鱄设诸"就是专诸。关于伍子胥是如何找到并说服专诸这样一位勇士为自己所用，也有一段精彩的故事，同样与本书无关，就不扯过来讲了。

　　宋元公无信多私，而恶华、向。华定、华亥与向宁谋曰："亡愈于死，先诸？"华亥伪有疾，以诱群公子。公子问之，则执之。夏六月丙申，杀公子寅、公子御戎、公子朱、公子固、公孙援、公孙丁，拘向胜、向行于其廪。公如华氏请焉，弗许，遂劫之。癸卯，取大子栾与母弟辰、公子地以为质。公亦取华亥之子无戚、向宁之子罗、华定之子启，与华氏盟，以为质。

　　宋元公不讲诚信，私心很重，而且讨厌华氏和向氏两大家族。华定、华亥与向宁商量，说："就算是逃亡也比等死强，咱们先下手吧？"乱世之中，为了生存，先下手也没有错，可是他们采取的手段委实令人不敢恭维。华亥装出一副生病的样子，引诱公室子弟来看望他。这些公室子弟只要一进华府，就被抓起来。六月九日，华氏一口气杀了公子寅、公子御戎、公子朱、公子固、公孙援、公孙丁，都是宋元公的亲信。向宁的兄弟向胜、向行也是宋元公的人，被关押在华家的仓库里。宋元公亲自到华家请求释放向氏兄弟，遭到拒绝，反而被劫持。

　　六月十六日，公室与华氏、向氏谈判，宋元公的世子栾，以及世子栾的胞弟公子辰、庶弟公子地被送到华家当人质。宋元公与华氏盟誓，也带走了华亥的儿子华无戚、向宁的儿子向罗、华定的儿子华启作为人质。

卫公孟縶狎齐豹，夺之司寇与鄄，有役则反之，无则取之。公孟恶北宫喜、褚师圃，欲去之。公子朝通于襄夫人宣姜，惧而欲以作乱。故齐豹、北宫喜、褚师圃、公子朝作乱。

初，齐豹见宗鲁于公孟，为骖乘焉。将作乱，而谓之曰："公孟之不善，子所知也。勿与乘，吾将杀之。"对曰："吾由子事公孟，子假吾名焉，故不吾远也。虽其不善，吾亦知之，抑以利故，不能去，是吾过也。今闻难而逃，是僭子也。子行事乎，吾将死之，以周事子，而归死于公孟，其可也。"

公孟縶是卫灵公的哥哥。齐豹是齐恶的儿子，受封于鄄地，担任卫国的司寇。公孟縶轻慢齐豹，剥夺了他的司寇之职和鄄地，国家要摊派军赋的时候就让齐豹回鄄地承办，没事的时候又把鄄地取回来，可谓翻手为云，覆手为雨，欺人太甚。公孟縶又讨厌北宫喜和褚师圃，想除掉他们。公子朝与先君卫襄公的夫人宣姜通奸，害怕东窗事发，受到惩罚，想乘机发动叛乱。所以齐豹、北宫喜、褚师圃、公子朝联合作乱。

当初，齐豹将宗鲁推荐给公孟縶，公孟縶让他担任了骖乘，每天出门都带在身边保卫自己。齐豹将要作乱的时候，提前跟宗鲁打招呼："公孟这个人不好，您是知道的。不要和他坐一辆车，我将要杀掉他。"宗鲁回应："我通过您而得以侍奉公孟，您说我好，为我的人品担保，公孟才会这么信任我。虽然他有种种不好，我也是知道的。但是因为利益关系，我不能离开他，这是我的过错。而今我听说有祸难就逃跑，那就使得您的话不可信了。您按计划行事吧，我将为他而死，也不会泄露您的机密，回去死在公孟那里，应该是可以的吧。"

丙辰，卫侯在平寿。公孟有事于盖获之门外，齐子氏帷于门外而伏甲焉。使祝蛙置戈于车薪以当门，使一乘从公孟以出。使华齐御公孟，宗鲁骖乘。及闳中，齐氏用戈击公孟，宗鲁以背蔽之，断肱，以中公孟之肩，皆杀之。

公闻乱，乘，驱自阅门入，庆比御公，公南楚骖乘，使华寅乘贰车。及公宫，鸿骊魋驷乘于公，公载宝以出。褚师子申遇公于马路之衢，遂从。过齐氏，使华寅肉袒执盖，以当其阙。齐氏射公，中南楚之背，公遂出。寅闭郭门，逾而从公。公如死鸟，析朱鉏宵从窦出，徒行从公。

六月二十九日，卫灵公驾临平寿。公孟絷在首都帝丘的盖获之门外主持祭祀，齐氏在门外设置帷帐，将甲士埋伏在里边。命祝蛙将长戈藏在车上的柴草堆里挡住城门，派一辆车跟着公孟絷出来，令华齐为公孟絷驾车，宗鲁为骖乘。到了巷子口上，齐氏（未必是齐豹本人）用长戈攻击公孟絷，宗鲁用背护住他，手臂被斩断。长戈余势不减，又击中公孟絷的肩膀。结果两个人都被杀死。

卫灵公听说动乱的事情，坐上马车，驱车从阅门回到国都。庆比为他驾车，公南楚为骖乘。命华寅乘坐副车。到了公宫，鸿骊魋又上了卫灵公的车。这样就变成一车四人了。令人大跌眼镜的是，卫灵公一伙急吼吼地跑回来，将宝物装上车就出来了。褚师子申在马路的路口遇到卫灵公，就跟着他出来。经过齐家大宅的时候，卫灵公命华寅光着上身，拿着车盖为自己遮挡。齐家人用箭射卫灵公，射中了公南楚的肩膀，卫灵公就这样狼狈地逃了出去。华寅倒是武勇，关闭了城门之后，才翻过城墙跟上卫灵公。析朱鉏夜里从城墙的排水洞出来，徒步跟随卫灵公。一行人来到了死鸟（地名）落脚。

齐侯使公孙青聘于卫。既出，闻卫乱，使请所聘。公曰："犹在竟内，则卫君也。"乃将事焉。遂从诸死鸟，请将事。辞曰："亡人不佞，失守社稷，越在草莽，吾子无所辱君命。"宾曰："寡君命下臣于朝，曰阿下执事。

臣不敢贰。"主人曰："君若惠顾先君之好,昭临敝邑,镇抚其社稷,则有宗祧在。"乃止。卫侯固请见之,不获命,以其良马见,为未致使故也。卫侯以为乘马。宾将撤,主人辞曰："亡人之忧,不可以及吾子。草莽之中,不足以辱从者。敢辞。"宾曰："寡君之下臣,君之牧圉也。若不获扞外役,是不有寡君也。臣惧不免于戾,请以除死。"亲执铎,终夕与于燎。

　　齐景公派公孙青(字子石)出使卫国。人已经出来了,听到卫国动乱的消息,赶紧派人回去请示该怎么办。齐景公回答:卫侯还在卫国境内,那他还是卫国的国君。公孙青于是奉命行事,跟着卫灵公到了死鸟。公孙青请求行聘礼,卫灵公派人辞谢说:"逃亡之人没有才能,失守了国家,沦落在草莽之中,您不要辱没齐侯的命令了。"公孙青说:"寡君在朝堂上命令下臣,要下臣谦卑地对待您手下的办事人员(这是客气的说法,实际上是指卫灵公),下臣不敢违命。"卫灵公说:"君侯如果施以恩惠,顾念先君的友好之情,关照敝国,镇抚我们的国家,那么还有宗庙在那里。"意思是,正式行聘礼,得在宗庙举行,这里可不行。公孙青只得作罢。虽然如此,卫灵公还是坚决要接见公孙青。公孙青不得已,用自己的好马作为拜见卫灵公的礼物,这是因为没有完成使命。卫灵公则将公孙青送的马作为驾车的马,以示尊重。到了夜里,齐国人打算设置警卫,卫灵公又派人婉拒,说:"逃亡之人的忧患,不可以落到君子头上。草莽之中,不足以劳您大驾。谨敢辞谢。"公孙青说:"寡君的下臣,就是君侯的牧民。如果得不到在外面执勤的工作,那就是心目中没有寡君了。下臣害怕不能免于罪责,以此请求免死。"亲自拿着铎,整晚都站在火把旁边担任警卫。

　　齐氏之宰渠子召北宫子。北宫氏之宰不与闻谋,杀渠子,遂伐齐氏,灭之。丁巳晦,公入,与北宫喜盟于彭水之上。秋七月戊午朔,遂盟国人。八月辛亥,公子朝、褚师圃、子玉霄、子高鲂出奔晋。闰月戊辰,杀宣姜。卫侯赐北宫喜谥曰贞子，赐析朱鉏谥曰成子，而以齐氏之墓予之。

卫侯告宁于齐，且言子石。齐侯将饮酒，遍赐大夫曰："二三子之教也。"苑何忌辞，曰："与于青之赏，必及于其罚。在《康诰》曰：'父子兄弟，罪不相及。'况在群臣？臣敢贪君赐以干先王？"

琴张闻宗鲁死，将往吊之。仲尼曰："齐豹之盗，而孟絷之贼，女何吊焉？君子不食奸，不受乱，不为利疚于回，不以回待人，不盖不义，不犯非礼。"

卫国的这场动乱，来得突然，结束得也快，而且结束得离奇。齐氏的家宰渠子召见北宫喜。北宫氏的家宰大概是对齐氏这种居高临下的态度感到愤怒吧，同时也不想在叛乱的道路上越走越远，于是对主子隐瞒了这件事，自作主张谋杀了渠子，顺势攻打齐氏，消灭了他们。

六月三十日，卫灵公回到了帝丘，与北宫喜在彭水岸边盟誓。七月初一日，再和国人盟誓。八月二十五日，公子朝、褚师圃、子玉霄、子高鲂逃奔晋国。闰八月十二日，杀死公子朝的情妇宣姜。为了表示感谢，卫灵公赐北宫喜谥号为贞子，赐给析朱鉏谥号为成子，而且将齐氏的墓地给了他们。当然，这是后话。

卫灵公向齐国报告卫国已经安定，同时表扬公孙青有礼。齐景公将要饮酒，将酒赏赐给臣子们，说："这是诸位教导得好。"大夫苑何忌不接受赏赐，说："享受了对公孙青的赏赐，必然也要接受对他的责罚。《康诰》上说，父子兄弟，有罪互不相干，何况在群臣之间？下臣岂敢贪图国君的赏赐以违反先王的教导？"

鲁国人琴张（一说为孔子的学生子张）听说宗鲁之死，打算去吊唁。孔子却以为：齐豹之所以成为叛臣，公孟絷之所以被杀，都与宗鲁有关，为什么还要去吊唁他呢？君子不食奸人的俸禄（宗鲁明知公孟絷是个坏人还侍奉他），不接受使国家动乱的事情（宗鲁知道齐豹要作乱而不制止），不因为利益而受邪恶的腐蚀，不以邪恶待人，不掩藏不义的事情，不做非礼的事。

宋华、向之乱，公子城、公孙忌、乐舍、司马强、向宜、向郑、楚建、郳甲出奔郑。其徒与华氏战于鬼阎，败子城。子城适晋。

华亥与其妻必盟而食所质公子者而后食。公与夫人每日必适华氏，食公子而后归。华亥患之，欲归公子。向宁曰："唯不信，故质其子。若又归之，死无日矣。"公请于华费遂，将攻华氏。对曰："臣不敢爱死，无乃求去忧而滋长乎？臣是以惧，敢不听命？"公曰："子死亡有命，余不忍其询。"冬十月，公杀华、向之质而攻之。戊辰，华、向奔陈，华登奔吴。向宁欲杀大子。华亥曰："干君而出，又杀其子，其谁纳我？且归之有庸。"使少司寇轻以归，曰："子之齿长矣，不能事人，以三公子为质，必免。"公子既入，华轻将自门行。公遽见之，执其手曰："余知而无罪也，入，复而所。"

　　宋国华氏、向氏作乱的时候，公子城、公孙忌、乐舍、司马强、向宜、向郑、楚建、郳甲逃奔郑国，他们的手下在鬼阎（地名）与华氏交战，公子城被打败，逃奔晋国。

　　老左写到这里，似乎有点混乱：公子城既然已经逃奔郑国，怎么又在鬼阎被打败呢？他到底是去了郑国还是晋国？抑或原文中的"公子城"与"子城"并非同一人？由于年代久远，这些问题现在已经很难找到答案了，暂且按下不提。

　　前面说到，华氏与宋元公交换人质，将宋元公的三位公子（其中还包括世子）扣留在家里。华亥与他老婆每天都要盥洗干净，侍候三位公子吃完饭，然后自己才吃饭。宋元公和夫人也每天都到华府探访，等到公子们吃完饭才回宫。这哪里是扣留了三位人质，简直是请了三尊神到家里来供着！时间一长，华亥受不了了，想把公子们放回去。向宁说："正是因为国君不守信义，所以要拿他的儿子当人质。如果又放回去，死期很快就到了。"

向宁说得对，宋元公就是不讲信用，他已经决定要向华氏发动进攻。但是，兵权掌握在大司马华费遂手里，华费遂也是华氏族人。而且，华费遂的儿子华登正是华亥、向宁的同伙。宋元公也不拐弯抹角，直接向华费遂请求攻打华氏。华费遂说："下臣不敢爱惜生命，但是这样做难道不是想摆脱忧虑进而增加烦恼吗？我担心的是这个，岂敢不听命令？"意思是，我不敢徇私情，你要我打，我就打，但是恐怕会害了三位公子的性命，更添烦恼。宋元公说："孩子们死生有命，我不能忍受这种侮辱。"这就是不顾人质的安全，要决一死战了。十月，宋元公杀了华、向两家的人质，发动进攻。十三日，华亥、向宁逃奔陈国，华登逃奔吴国。

逃亡途中，向宁想杀掉世子栾。华亥说："因为冒犯了国君而出逃，又杀掉他的儿子，谁会接纳我们？而且放他们回去也是一件功劳。"于是命少司寇华轻(华亥的庶兄)将三位公子送回去，说："您年纪大了，不能跟着我们再去侍奉别人，用三位公子作为自己没有叛国的证明，必定可以免罪。"华轻把三位公子送回公宫，正准备从宫门出来，宋元公急急忙忙出来见他，拉着他的手说："我知道你没有罪，进来吧，恢复你的官职。"

齐侯疥，遂痁，期而不瘳，诸侯之宾问疾者多在。梁丘据与裔款言于公曰："吾事鬼神丰，于先君有加矣。今君疾病，为诸侯忧，是祝史之罪也。诸侯不知，其谓我不敬。君盍诛于祝固、史嚚以辞宾？"公说，告晏子。晏子曰："日宋之盟，屈建问范会之德于赵武。赵武曰：'夫子之家事治，言于晋国，竭情无私。其祝史祭祀，陈信不愧，其家事无猜，其祝史不祈。'建以语康王。康王曰：'神、人无怨，宜夫子之光辅五君，以为诸侯主也。'"公曰："据与款谓寡人能事鬼神，故欲诛于祝史。子称是语，何故？"对曰："若有德之君，外内不废，上下无怨，动无违事，其祝史荐信，无愧心矣。是以鬼神用飨，国受其福，祝史与焉。其所以蕃祉老寿者，为信君使也，其言忠信于鬼神。其适遇淫君，外内颇邪，上下怨疾，动作辟违，从欲厌私。高台深池，撞钟舞女，斩刈民力，输掠其聚，以成其违，不恤后人。暴虐淫从，肆行非度，无所还忌，不思谤讟，不惮鬼神，神怒民痛，无悛于心。其祝史荐信，是言罪也。其盖失数美，是矫诬也。进退无辞，则虚以求媚。是以鬼神不飨其国以祸之，祝史与焉。所以夭昏孤疾者，为暴君使也，其言僭嫚于鬼神。"公曰："然则若之何？"对曰："不可为也。山林之木，衡鹿守之。泽之萑蒲，舟鲛守之。薮之薪蒸，虞候守之。海之盐蜃，祈望守之。县鄙之人，入从其政。逼介之关，暴征其私。承嗣大夫，强易其赂。布常无艺，征敛无度，宫室日更，淫乐不违。内宠之妾，肆夺于市。外宠之臣，僭令于鄙。私欲养求，不给则应。民人苦病，夫妇皆诅。祝有益也，诅亦有损。聊、摄以东，姑、尤以西，其为人也多矣！虽其善祝，岂能胜亿兆人之诅？君若欲诛于祝史，修德而后可。"公说，使有司宽政，毁关，去禁，薄敛，已责。

齐景公得了疥疮，又患了疟疾，一年都没有好，诸侯派来探病的使者齐聚临淄。大夫梁丘据（字子犹）和裔款对齐景公说："我们侍奉鬼神，奉献的祭品很丰厚，比祭祀先君的还多。现在您病得这么重，让诸侯操心，这是祝官和史官的罪过。诸侯们不知道内情，还以为我们对鬼神不敬，您何不杀了祝固、史嚚来辞谢宾客？"齐景公以为然，将这事告诉晏婴。晏婴说："当年在宋国结盟，屈建向赵武打听士会的德行，赵武说：'他老人家将家族事务打理得井井有条，在晋国说话，总是真情流露而无私心。他的祝官、史官祭祀鬼神，陈述实情而心无愧疚，所以他的祝官、史官也对鬼神无所祈求。'屈建将这件事告诉了楚康王。楚康王说：'神和人都没有怨恨，他能够辅佐五代国君、领袖诸侯也是应该的。'"

晏婴的意思，祭祀鬼神只是表示尊重，心中无鬼则不必对鬼神有所祈求，说到底问题都出在自己身上，关祝官、史官什么事？齐景公却没听明白，说："梁丘据和裔款说寡人能够侍奉鬼神，所以想要诛杀祝官、史官，你却说这些事，是想告诉寡人什么？"晏婴便给齐景公上了一课。

如果是有德之君，国事和家事都不荒废，上下都没有怨言，言行举止不违背礼节，他的祝官、史官向神陈述实情而无愧于心，因此鬼神享用他的祭祀，国家受到鬼神的赐福，祝官和史官也与有荣焉。他们之所以蕃盛有福、健康长寿，是因为当了有诚信的国君的使者，他们的话对鬼神来说忠诚可信。他们如果恰好遇到荒淫的国君，国事和家事都偏颇邪恶，上下都怨声载道，言行举止有违于礼，放纵自己的私欲求得满足；住高台，临深池，鸣钟奏乐，歌舞升平；肆意耗费民力，掠夺百姓的积蓄，以成就他的非礼之举，丝毫不考虑后人该怎么办；暴虐放纵，为所欲为，无所顾忌，不担心批评，不害怕鬼神，天怒人怨而内心不肯悔改。他的祝官、史官如果对鬼神说实话，那就是揭露他的罪行了；如果掩盖事实，替他美言，那就是矫饰欺诈了。他们进退无据，真假难言，只好说些空话套话来求媚于鬼神。所以鬼神不享用这个国家的祭品，还降下祸难，祝官、史官也参与其中，难辞其咎。他们之所以夭亡、昏聩、孤苦、患病，是因为当了暴君的使者，他们的话欺诈侮辱了鬼神。

齐景公有点明白了，说："既然这样，该怎么办才好？"满以为晏婴会给他开个药方，没想到矮子将手一摊："没有办法了。"

当然不是真的没有办法，晏婴继续敲击齐景公，说："山里的树木，衡鹿看守它；水里的芦苇，舟鲛看守它；草莽中的柴火，虞候看守它；海里的盐和蛤，祈望看守它（衡鹿、舟鲛、虞候、祈望俱为吏名）。偏远地方的乡巴佬，进城管理政事；靠近国都的关卡，横征暴敛；世袭的大夫，强买强卖。国家发布政令没有准则，征收赋税没有节制，宫室每天换着住，荒淫作乐从来都不缺。宫里受宠的奴婢在市场上肆意掠夺；朝中受宠的小臣，在偏远地方诈称上令。食色之欲求，不能满足就安个罪名。老百姓痛苦劳累，男男女女都在诅咒。祝祷当然有好处，诅咒也会有损害。聊地、摄地以东，姑地、尤地以西，齐国境内人口多得很。就算您的祝官、史官善于祝祷，岂能胜过亿兆人民的诅咒？您如果想要诛杀祝官、史官，只有先修养德行，然后才可以。"

说穿了，齐景公的病久治不愈，不是祝官、史官不会祈祷，而是诅咒他的人太多了。齐景公听了这样的话，竟然不生气，反而很高兴，让有关部门放宽政策，毁掉关卡，撤销禁令，减少税赋，免除百姓对国家的旧债。

十二月，齐侯田于沛，招虞人以弓，不进。公使执之。辞曰："昔我先君之田也，旃以招大夫，弓以招士，皮冠以招虞人。臣不见皮冠，故不敢进。"乃舍之。仲尼曰："守道不如守官。"君子韪之。

晏婴良药苦口，齐景公药到病除。到了这年的十二月，齐景公已经能够生龙活虎地去沛地打猎了。他兴冲冲地拿着弓召唤当地的虞人（掌管山林湖泽的官吏），虞人却不肯前来。这还了得！齐景公派人逮捕了他。虞人辩解说："从前我们的先君打猎的时候，用红旗召唤大夫，用弓召唤士人，用皮冠召唤虞人。下臣没有看到皮帽子，所以不敢上前。"齐景公一听，原来错在自己，于是释放了他。孔子就此评论："守着道义不如守着官位。"意思是，国君召唤臣下，臣下当然要去，这是道义；但是如果召唤的方式和臣下的官位不对称，那就不应该去。君子也认为是这样。

齐侯至自田，晏子侍于遄台，子犹驰而造焉。公曰："唯据与我和夫！"晏子对曰："据亦同也，焉得为和？"公曰："和与同异乎？"对曰："异。和如羹焉，水火醯醢盐梅以烹鱼肉，燀之以薪。宰夫和之，齐之以味，济其不及，以泄其过。君子食之，以平其心。君臣亦然。君所谓可而有否焉，臣献其否以成其可。君所谓否而有可焉，臣献其可以去其否。是以政平而不干，民无争心。故《诗》曰：'亦有和羹，既戒既平。鬷嘏无言，时靡有争。'先王之济五味、和五声也，以平其心，成其政也。声亦如味，一气，二体，三类，四物，五声，六律，七音，八风，九歌，以相成也。清浊，小大，短长，疾徐，哀乐，刚柔，迟速，高下，出入，周疏，以相济也。君子听之，以平其心。心平，德和。故《诗》曰：'德音不瑕。'今据不然。君所谓可，据亦曰可。君所谓否，据亦曰否。若以水济水，谁能食之？若琴瑟之专一，谁能听之？同之不可也如是。"

饮酒乐。公曰："古而无死，其乐若何？"晏子对曰："古而无死，则古之乐也，君何得焉？昔爽鸠氏始居此地，季蒒因之，有逢伯陵因之，蒲姑氏因之，而后大公因之。古若无死，爽鸠氏之乐，非君所愿也。"

齐景公打猎回来，晏婴在遄台随侍，梁丘据驱车疾驰而至。齐景公感叹："只有梁丘据与我'和'啊！"晏婴说："他也就是与您'同'罢了，哪里称得上'和'？"

原文中的"和"，可以翻译成和谐、和睦；"同"可以翻译成苟同、相同。但是无论如何翻译，都不能准确表达这两个字的真实含义，所以干脆不译了。

齐景公当时很惊奇，说："和与同不是一个意思吗？"晏婴说："不是。"便又给齐景公上了一课。

和就好比做肉羹，要用到水、火、醋、酱、盐、梅来烹制鱼和肉，用柴火烧煮，厨师调味，使得五味适中，如果不够就加重，如果太过就减少。君子食用，心平气和。君臣之间也是同样的道理。国君认为可以做的事而其中有不可做的成分，臣下就指出它哪里不行而使得可行的事情更完善；国君认为不可以做的事而其中有可做的成分，臣下就指出它哪里可行而去掉不可行的。国家政事因此平和而不触犯原则，百姓没有争斗之心。所以《诗》上说："也有调和的肉羹，已经告诫厨师把味道调得均匀。

神明享用了无可指摘,上下也都没有争斗。"先王调和五味,调谐五声,是用来平心静气、成就政事的。声音也和味道一样,一气贯通,二体互成,三类配套,四物成器,五声俱全,六律齐备,七音变奏,八面来风,九歌欢畅,相辅相成。声音的清浊、大小、长短、急慢、悲喜、刚柔、快慢、高下、出入、疏密,互相调剂。君子听了,内心平静,德行和顺。所以《诗》上说"有德之音无所缺失"。现在梁丘据可不是这样。国君认为行的,他也认为行;国君认为不行的,他也认为不行。如同用清水去调剂清水,谁想喝它?如同琴瑟只弹一个声音,谁想听它?"同"之不可为,就是这样。

晏婴讲的这段话,可以作为孔子那句"君子和而不同,小人同而不和"的注解。齐景公听了,大概也觉得很有道理吧。君臣饮酒,乐而忘忧。喝到兴头上,齐景公感叹:"假如人生自古能无死的话,那该有多开心啊!"晏婴回应:"人生自古能无死的话,那就只有古人开心了,哪里轮得到您?齐国这个地方,从前爽鸠氏开始在这里居住,后来季萴取代了他们,后来有逢伯陵又取代了季萴,再后来是蒲姑氏,然后才到咱们的先祖太公。如果自古人不死的话,那就是爽鸠氏开心了,恐怕不是您所希望的哦!"

后人苏轼亦有言:"江山风月,本无常主,闲者便是主人。"人生在世,开心度日,活在当下就好。想什么天长地久,只是徒添烦恼。

郑子产有疾,谓子大叔曰:"我死,子必为政。唯有德者能以宽服民,其次莫如猛。夫火烈,民望而畏之,故鲜死焉。水懦弱,民狎而玩之,则多死焉。故宽难。"疾数月而卒。大叔为政,不忍猛而宽。郑国多盗,取人于萑苻之泽。大叔悔之,曰:"吾早从夫子,不及此。"兴徒兵以攻萑苻之盗,尽杀之。盗少止。

仲尼曰:"善哉!政宽则民慢,慢则纠之以猛。猛则民残,残则施之以宽。宽以济猛,猛以济宽,政是以和。《诗》曰:'民亦劳止,汔可小康。

惠此中国，以绥四方。'施之以宽也。'毋从诡随，以谨无良。式遏寇虐，惨不畏明。'纠之以猛也。'柔远能迩，以定我王。'平之以和也。又曰：'不竞不絿，不刚不柔。布政优优，百禄是遒。'和之至也。"

　　及子产卒，仲尼闻之，出涕曰："古之遗爱也！"

　　这一年，郑国的执政者子产走到了人生的尽头。卧病之际，他对游吉说："我死之后，您必定当政。只有有德之人能够用宽厚的政策来使百姓服从，其次就不如用严厉的政策。火猛烈，百姓看着都怕，躲得远远的，所以很少有人死于火；水懦弱，百姓就轻慢，喜欢戏水，所以很多人淹死在水里。所以，宽厚的政策是很难掌握的。"

　　子产认为，采取什么样的政策，取决于统治者本人的德行。为政以宽，则百姓活得轻松，没有压力，自然也不太在意规矩，往往违法犯罪了都不知道；为政以猛，则百姓活得战战兢兢，做什么事情都小心翼翼，生怕触犯刑律。如果统治者的品德好，格局大，手段强，仁心仁术，老百姓上行下效，知道什么该做，什么不该做，国家是可以治理得井井有条的。如果统治者的道行不够深，能力不够强，思考问题不够全面，制定政策不够周全，也还是宽大为怀，企图无为而治的话，百姓就会不知道深浅，国家就容易陷入混乱。说穿了，子产不认为游吉有自己这样的人格魅力和执政能力，也无法在复杂的国内国外环境中表现得游刃有余。

　　子产这样说，游吉大概有些不服气吧。几个月之后，等到子产病逝，游吉果然执政，不忍心对百姓严厉而采取了宽政。结果，郑国出现了很多盗贼，他们聚集在萑苻之泽（类似于水泊梁山的地方），公然与官府对抗。游吉大为后悔，说："早听他老人家的话，不至于这样。"于是组织步兵去萑苻之泽讨伐，将他们全部杀掉，国内的盗贼才有所收敛。

　　孔子就此评论：子产说得好啊！政策宽松则百姓轻慢，百姓轻慢就用严厉的手段来纠正。政策严厉则百姓遭罪，百姓遭罪就用宽松的手段来抚慰。用宽松调剂严厉，用严厉调剂宽松，政事因此而和谐。《诗》上说:"百姓已经很辛苦,差不多可以稍微安乐了;施惠给中原各国,用以安定四方。"说的就是用宽政来安抚百姓。《诗》上又说:"不要放纵随声附和的人,以约束不好的人;应当制止残暴掠夺者,他们并不害怕法律。"说的就是用严政来纠正百姓。"怀柔远近之人,用以安定我王的统治。"这是用和谐来平定天下。又说:"不急不慢,不刚不柔,施政从容,百福降临。"这便是和谐的极致了。

子产去世的时候,孔子哭泣流泪,说:"这个人的仁爱,颇得古人的遗风啊!"在春秋乱世之中,子产能够宽政爱民,还将国家治理得井井有条,可以说相当难得,也难怪孔子给他这么高的评价了。

鲁昭公二十一年

公元前 521 年,鲁昭公二十一年。

二十一年春,天王将铸无射。泠州鸠曰:"王其以心疾死乎! 夫乐,天子之职也。夫音,乐之舆也;而钟,音之器也。天子省风以作乐,器以钟之,舆以行之,小者不窕,大者不摦,则和于物。物和则嘉成。故和声入于耳而藏于心,心亿则乐。窕则不咸,摦则不容,心是以感。感实生疾。今钟摦矣,王心弗堪,其能久乎?"

二十一年春,周景王决定铸一座无射之钟(无射是中国古代十二音律之一)。铸造这座钟不是那么简单的事,因为它很大,音律很难定准。泠州鸠(泠是乐官,其人名州鸠)说:"天子怕是要患心病而死了。音乐,是天子的职分(天子制礼乐以安天下)。声音,是承载音乐的车厢(这是以车为喻,现代人可能觉得有点牵强);而钟,是发出声音的器物。天子考察风俗而制作乐曲,用乐器来汇聚,用声音来表达。乐器虽小,发音不细;乐器虽大,发音不粗,以此来使事物和谐。万物和谐,美好的音乐才宣告完成。所以和谐的声音,入于耳而藏于心,心安就快乐。声音过于纤细就不能让四周都听清,声音过于粗犷就让人难以忍受,心因此而不安,不安则产生疾病。现在要造的这座钟,声音太粗犷了。天子的心脏受不了,还能活得长久吗?"

　　一千五百年后,宋人苏轼乘船游石钟山,山下多石穴,不知深浅,水波激荡,发出巨大的声响,"噌吰如钟鼓不绝"。苏轼与其子苏迈开玩笑,说:"汝识之乎? 噌吰者,周景王之无射也。"意思是,你知道吗,这噌吰不绝的嘈杂声,就是发自周景王的无射之钟。事实上,苏轼是没有见过无射之钟的。据史料记载,无射之钟铸好后,一直放在王城雒邑,后被秦人徙于咸阳,汉朝搬至长安,南北朝时期又迁到建康,隋朝又将其搬回长安,数年之后被毁。

　　三月,葬蔡平公。蔡大子朱失位,位在卑。大夫送葬者归,见昭子。昭子问蔡故,以告。昭子叹曰:"蔡其亡乎! 若不亡,是君也必不终。《诗》曰:'不解于位,民之攸塈。'今蔡侯始即位,而适卑,身将从之。"

　　三月,安葬蔡平公。世子朱作为蔡平公的继承人,在葬礼上没有站在应站的位置上,而是站在了下面。鲁国派去送葬的大夫回来,见到叔孙婼。叔孙婼问蔡国的事,该大夫如实相告。叔孙婼感叹:蔡国将要灭亡了吧! 如果不灭亡,这位嗣君也必定不得善终。《诗》上说:"国君在他的位置上不懈怠,老百姓就可以得到休息。"而今蔡侯刚刚即位就站到下面,他自己也会跟着下去的。

夏，晋士鞅来聘，叔孙为政。季孙欲恶诸晋，使有司以齐鲍国归费之礼为士鞅。士鞅怒，曰："鲍国之位下，其国小，而使鞅从其牢礼，是卑敝邑也，将复诸寡君。"鲁人恐，加四牢焉，为十一牢。

夏天，晋国的士鞅前来访问鲁国，叔孙婼主持接待。季孙意如存心让叔孙婼得罪晋国，命有关部门用齐国的鲍国归还费地的礼节招待士鞅。

回想当年，南蒯叛乱的时候，派人将费地献给齐国。鲁昭公十四年，叛乱结束，齐国派鲍国向鲁国归还费地。当时鲁国以七牢之礼招待鲍国，已经是超标（七牢是接待诸侯的标准）。现在用七牢之礼来接待士鞅，却惹得士鞅大怒，说："鲍国的地位低下，他的国家也小，让我接受和他一样的牢礼，那是看不起敝国，我将如实向寡君禀告。"鲁国人大为惊恐，赶紧又追加四牢，达到了史无前例的十一牢之礼。

从某种意义上讲，这何尝不是一种"内卷"？

宋华费遂生华貙、华多僚、华登。貙为少司马，多僚为御士，与貙相恶，乃谮诸公曰："貙将纳亡人。"亟言之。公曰："司马以吾故亡其良子。死亡有命，吾不可以再亡之。"对曰："君若爱司马，则如亡。死如可逃，何远之有？"公惧，使侍人召司马之侍人宜僚，饮之酒而使告司马。司马叹曰："必多僚也。吾有谗子而弗能杀，吾又不死，抑君有命，可若何？"乃与公谋逐华貙，将使田孟诸而遣之。公饮之酒，厚酬之，赐及从者。司马亦如之。张匄尤之，曰："必有故。"使子皮承宜僚以剑而讯之。宜僚尽以告。张匄欲杀多僚。子皮曰："司马老矣，登之谓甚，吾又重之，不如亡也。"五月丙申，子皮将见司马而行，则遇多僚御司马而朝。张匄不胜其怒，遂与子皮、臼任、郑翩杀多僚，劫司马以叛，而召亡人。壬寅，华、向入。乐大心、丰愆、华牼御诸横。华氏居卢门，以南里叛。六月庚午，宋城旧郦及桑林之门而守之。

宋国的司马华费遂生华貙(字子皮)、华多僚、华登。华貙任少司马,华多僚为御士(国君侍从),兄弟俩关系很差。华多僚不是个东西,在宋元公那里诬告华貙,说他勾结逃亡在外的人,将要帮助他们回国。

原文所谓"亡人",是指上年逃亡在外的华亥、向宁等人。华多僚屡次三番地说,宋元公将信将疑,说:"司马为了寡人,失去了他的好儿子(华登于上年逃奔吴国)。死和逃亡自有命中注定,我不可以再让他的儿子逃亡。"华多僚说:"您如果怜悯司马,那就应该自己逃亡。死如果可以逃避,管它什么远近?"这简直就是恐吓了。宋元公心下害怕,派内侍将华费遂的仆人宜僚找过来,请他喝酒,要他回去告诉华费遂驱逐华貙。

华费遂一听就明白了,长叹道:"这一定是多僚干的好事!我有一个造谣生事的儿子,不能杀了他,我又不死。现在国君有了命令,我该怎么办?"于是就主动去和宋元公商量如何驱逐华貙,两个人想出的办法倒也颇为"厚道":打发华貙到孟诸湖打猎,趁机遣送他。商量好后,宋元公请华貙喝酒,赏给他贵重的礼物,连他的下人都一并有赏。华费遂也这样做。华貙的家臣张匄感觉不对劲:无事献殷勤,非奸即盗,其中必有内情!于是要华貙拿着剑架在宜僚的脖子上问话,宜僚便将所有事情都说了出来。

张匄脾气火暴,当时就想去杀了华多僚。华貙说:"司马已经老了,华登那件事已经让他很伤心,我又加重他的负担,不如逃亡。"五月十四日,华貙打算跟父亲再见一面然后动身,在路上正好看到华多僚为华费遂驾车去上朝。张匄按捺不住内心的愤怒,突然发作,于是和华貙、臼任、郑翩一起杀了华多僚,劫持了华费遂以发动叛乱,并派人去联络逃亡在外的人。二十日,华亥、向宁等人回到了宋国。乐大心、丰愆、华轻在横地防守,抵御他们。华氏居住在卢门,带着南里的人叛乱。六月二十九日,宋国修缮旧城和桑林之门,用以防御叛军进攻。

秋七月壬午朔,日有食之。公问于梓慎曰:"是何物也,祸福何为?"对曰:"二至、二分,日有食之,不为灾。日月之行也,分,同道也;至,相过也。其他月则为灾,阳不克也,故常为水。"

于是叔辄哭日食。昭子曰:"子叔将死,非所哭也。"八月,叔辄卒。

七月初一日,发生日食。鲁昭公问梓慎:"这次又会发生什么事?是福还是祸?"梓慎回答:"冬至、夏至、春分、秋分,发生日食不会有灾祸。日月运行于天上,春分、秋分时候,赤道与黄道相交;夏至、冬至时候,赤道与黄道交点甚远。其他月份发生日食,那就是灾祸了,阳不胜阴,所以经常出现水灾。"

叔辄是叔弓之子,日食发生的时候就哭。叔孙婼说:"他将要死了,这时候是不应该哭的。"所谓悲恸有时,不该哭的时候不要乱哭。一次普通的日食,又不会带来灾祸,哭什么?八月,叔辄果然去世了。

冬十月,华登以吴师救华氏。齐乌枝鸣戍宋。厨人濮曰:"《军志》有之,先人有夺人之心,后人有待其衰。盍及其劳且未定也伐诸!若入而固,则华氏众矣,悔无及也。"从之。丙寅,齐师、宋师败吴师于鸿口,获其二帅公子苦雂、偃州员。华登帅其余以败宋师。公欲出,厨人濮曰:"吾小人,可藉死而不能送亡,君请待之。"乃徇曰:"扬徽者,公徒也。"众从之。公自扬门见之,下而巡之,曰:"国亡君死,二三子之耻也,岂专孤之罪也?"齐乌枝鸣曰:"用少,莫如齐致死。齐致死,莫如去备。彼多兵矣,请皆用剑。"从之。华氏北,复即之。厨人濮以裳裹首而荷以走,曰:"得华登矣!"遂败华氏于新里。翟偻新居于新里,既战,说甲于公而归。华妵居于公里,亦如之。

宋国的事情闹大了。十月，华登带着吴军来救援华氏。齐国派大夫乌枝鸣救援宋国。宋国的厨人濮(不是厨师濮，而是厨邑大夫，名濮)对乌枝鸣说："兵书上有这样的话，先发制人可以摧毁敌人的斗志，后发制人要等待敌人的士气衰竭。何不趁他们长途跋涉劳累而且立足未稳就发动进攻？如果等他们进入南里而且巩固了阵地，那华氏就人多势众了，我们追悔莫及。"乌枝鸣听从了。十七日，齐军、宋军在鸿口打败吴军，俘虏吴军统帅公子苦雏和偃州员。吴军的战斗力比想象中更强悍，虽然遭到突然袭击而失败，华登却带领他们的余部顽强作战，反而又击败了宋军，逼近睢阳。

宋元公想要出城逃命，厨人濮说："我是小人，可以为国君战死，而不能护送国君逃亡，您还是待在这里吧！"于是到处去鼓舞士气，说："挥舞旗帜的，都是国君的战士。"大伙都挥舞着军旗回应。宋元公从扬门(睢阳东门)上看到这番场景，也下来巡视，说："国家灭亡，国君死难，乃是各位的耻辱，岂是孤一个人的罪过？"齐将乌枝鸣说："以少对多，最好是都置之死地而后生，都置之死地最好是撤掉防备。他们的人多，请求都用剑。"宋元公同意了。

部队作战，去掉长矛大盾，只用短兵相接，属于不要命的打法。双方接战，华氏大败。齐军、宋军又追上去。厨人濮用裳包住砍下来的首级，扛在肩上奔跑，咋呼："我杀了华登啦！"于是在新里将华氏击败。翟偻新居住在新里，开战之后，就脱掉盔甲投降了宋元公。华氏族人华妵住在公里，也是不战而降。

十一月癸未，公子城以晋师至。曹翰胡会晋荀吴、齐苑何忌、卫公子朝救宋。丙戌，与华氏战于赭丘。郑翩愿为鹳，其御愿为鹅。子禄御公子城，庄堇为右。干犫御吕封人华豹，张匄为右。相遇，城还。华豹曰："城也！"城怒而反之，将注，豹则关矣。曰："平公之灵尚辅相余。"豹射出其间。将注，则又关矣。曰："不狎，鄙！"抽矢。城射之，殪。张匄抽殳而下，射之，折股。扶伏而击之，折轸。又射之，死。干犨请一矢。城曰："余言女于君。"对曰："不死伍乘，军之大刑也。干刑而从子，君焉用之？子速诸。"乃射之，殪。大败华氏，围诸南里。华亥搏膺而呼，见华貙，曰："吾为栾氏矣。"貙曰："子无我迋，不幸而后亡。"使华登如楚乞师。华貙以车十五乘，徒七十人，犯师而出。食于睢上，哭而送之，乃复入。楚薳越帅师将逆华氏。大宰犯谏曰："诸侯唯宋事其君，今又争国，释君而臣是助，无乃不可乎？"王曰："而告我也后，既许之矣。"

宋国的内战越演越烈。十一月四日，前年逃奔晋国的公子城带着晋军来到宋国。曹国大夫翰胡带兵与晋国荀吴、齐国苑何忌、卫国公子朝会师，共同救援宋国。七日，联军与华氏在赭丘交战。华氏家臣郑翩想摆出鹳阵，他的御者却愿意摆成雁阵。开战后，向宜（字子禄）为公子城驾车，庄堇为车右；干犨为华豹（受封于吕）驾车，张匄为车右。双方相遇，公子城掉头就跑，华豹直呼其名："城啊！"公子城大怒，回过头来再战，正要搭上箭，华豹已经拉开了弓。公子城祈祷："平公（其父宋平公）的威灵，保佑我吧！"华豹射出一箭，穿过公子城和向宜之间。公子城刚要搭上箭，华豹又已经拉开了弓。公子城说："不让我还手，卑鄙啊！"这都什么事啊！双方交战，人家手快，爱怎么射就怎么射，何来卑鄙呢？华豹听了，竟然将箭又从弓上取下来（毕竟脸皮太薄）。公子城得到这个机会，一箭射过去，将华豹射死。张匄抽出放在战车上的殳（一种长柄兵器，无刃，主要用来撞击敌人），跳下车去拼命，被公子城射中大腿。张匄爬过来，用殳击断公子城的车轸。公子城再射一箭，将张匄杀死。干犨请求也给他一箭，公子城说："我替你向国君说情。"干犨回答："不与战友一起死，如犯军中重罪。犯了重罪而跟随您，国君哪里用得着这样的人？您快下手吧！"公子城于是又将干犨射死。一战下来，华氏大败，被包围在南里。华亥捶胸大呼，见到华貙就说："我们成了栾氏了。"

栾氏即指晋国的栾盈。鲁襄公二十三年，栾盈从齐国潜回晋国，依靠栾氏旧部发动叛乱，功败垂成，最终战死。听到华亥说得这么悲壮，华貙说："您不要吓我，今日之事，不幸才后死。"意思是，死有什么了不起，早死早超生！于是派华登前往楚国请求援兵。华貙带着战车十五乘、步兵七十人突破敌军包围，在睢水岸边吃了饭，哭着送走华登，再度杀人南里。

楚国方面，对宋国内乱已经做好相应的准备。司马薳越率领部队将要迎接华氏，太宰犯向楚平王进谏说："诸侯之中，唯有宋国的臣下还在侍奉国君。现在又争夺国家，我们放弃他们的国君而帮助臣下，这样恐怕不可以吧！"楚平王说："你说这些给我听已经晚了，我已经答应人家了。"

蔡侯朱出奔楚。费无极取货于东国，而谓蔡人曰："朱不用命于楚，君王将立东国。若不先从王欲，楚必围蔡。"蔡人惧，出朱而立东国。朱诉于楚，楚子将讨蔡。无极曰："平侯与楚有盟，故封。其子有二心，故废之。灵王杀隐大子，其子与君同恶，德君必甚。又使立之，不亦可乎？且废置在君，蔡无他矣。"

蔡侯朱即前面说到的世子朱。三月，在蔡平公的葬礼上，蔡侯朱"位在卑"，已经露出"不终"之相。这一年冬天，他果然逃亡楚国。这件事情的幕后操纵者，正是楚平王的亲信费无极。

费无极从东国那里得到了一笔贿赂（东国是蔡平公的弟弟，蔡侯朱的叔叔。东国和蔡平公的父亲世子有，于鲁昭公十一年被楚灵王杀死用于祭祀），对蔡国人说："朱不听从楚国的命令，楚王将要立东国为蔡君。如果不先顺从楚王的愿望，楚军必定前来围攻蔡国。"蔡国人害怕了，赶走蔡侯朱，立东国为君，也就是历史上的蔡悼公。朱不服气，跑到楚平王那里去告状。楚平王毕竟当过蔡公，对蔡国的事情还是比较上心的，就想出兵讨伐蔡国，为朱讨回公道。费无极说："当年蔡平公与楚国有盟约,所以立他为君。他的儿子朱三心二意,所以废掉他。世子有为楚灵王所杀,他的儿子东国与您同样讨厌楚灵王,对您必定感恩戴德。现在将东国立为国君,不也是可以的吗?而且,废君还是立君,权力掌握在楚国手里,蔡国也就没有二心了。"

总之,费无极说的都对,楚平王也就没有再追究这件事了。

公如晋,及河。鼓叛晋,晋将伐鲜虞,故辞公。

鲁昭公再一次前往晋国,抵达黄河的时候,鼓人背叛晋国而投靠鲜虞。晋国将要对鲜虞用兵,所以辞谢了鲁昭公。鲁昭公本人恐怕都已经数不清自己到过几次晋国,吃过几次闭门羹了吧?老实说,晋国欠他一张绿卡。

鲁昭公二十二年

公元前520年,鲁昭公二十二年。

二十二年春,王二月甲子,齐北郭启帅师伐莒。莒子将战,苑羊牧之谏曰:"齐帅贱,其求不多,不如下之。大国不可怒也。"弗听,败齐师于寿余。齐侯伐莒,莒子行成,司马灶如莒莅盟。莒子如齐莅盟,盟于稷门之外。莒于是乎大恶其君。

二十二年二月十六日,齐国大夫北郭启带兵讨伐莒国。莒子将要迎战,大夫苑羊(字牧之)劝谏说:"齐军统帅地位低下,说明他们的要求不高,不如向他低头,大国是不可激怒的。"莒子不听,也许在他看来,区区一个大夫都敢带兵来侵犯莒国,不给他点颜色看看是不行的。莒军在寿余打败齐军。事情当然没那么简单,紧接着齐景公亲自带兵讨伐莒国,莒子掂量了一下实力,主动求和。齐国的司马灶到莒国结盟,莒子到齐结盟。齐国人有意轻视莒子,安排在临淄的稷门之外举行盟誓。莒国上下因此都很讨厌莒子——本来可以用较小的代价解决问题,他偏偏要逞强去惹怒齐国,结果因小失大,反受其辱,这不是脑子有病吗?

楚薳越使告于宋曰:"寡君闻君有不令之臣为君忧,无宁以为宗羞,寡君请受而戮之。"对曰:"孤不佞,不能媚于父兄,以为君忧,拜命之辱。抑君臣日战,君曰余必臣是助,亦唯命。人有言曰,'唯乱门之无过。'君若惠保敝邑,无亢不衷,以奖乱人,孤之望也。唯君图之!"楚人患之。诸侯之戍谋曰:"若华氏知困而致死,楚耻无功而疾战,非吾利也。不如出之以为楚功,其亦能无为也已。救宋而除其害,又何求?"乃固请出之。宋人从之。己巳,宋华亥、向宁、华定、华䝙、华登、皇奄、伤省、臧士平出奔楚。宋公使公孙忌为大司马,边卬为大司徒,乐祁为司城,仲几为左师,乐大心为右师,乐挽为大司寇,以靖国人。

楚国司马薳越派使者对宋元公说:"寡君听说您有不好的臣子造成忧患,恐怕有辱宗庙,寡君请求接受他们加以诛戮。"宋元公回应:"孤无能,不能讨好公族,还要让君王来操心,谨此拜谢君王的好意。而今宋国君臣交战,就算君王说'我必须帮助臣子',也只能唯命是从。常言说得好,不要经过动乱的人家门口。君王如果开恩保护敝国,不去庇护不忠以奖励乱臣贼子,那就是孤的愿望了。请君王考虑一下。"楚国人对此感到纠结——一方面是受命而来,必须完成任务;一方面宋元公说得有道理，帮助华氏就是帮助乱臣贼子，谁都不想背上这个名声。各国派到宋国来助战的大夫们也担心，商量说："如果华氏作困兽之斗，楚军耻于无功而奋力作战，对我们不利。不如放他们走，算作楚军的功劳，华氏也就不能再有所作为了。救援宋国而除掉他们的祸害，除此之外还有什么目的呢？"于是坚决请求放走华氏。宋元公当然不乐意，可是外有楚国大军压境，内有诸侯大夫相逼，也只能答应了。二月二十一日，宋国的华亥、向宁、华定、华貙、华登、皇奄，伤省、臧士平逃奔楚国。宋元公任命公孙忌为大司马，边卬为大司徒，乐祁为司城，仲几为左师，乐大心为右师，乐挽为大司寇，以安定民心，重整朝纲。

王子朝、宾起有宠于景王。王与宾孟说之，欲立之。刘献公之庶子伯蚠事单穆公，恶宾孟之为人也，愿杀之。又恶王子朝之言，以为乱，愿去之。宾孟适郊，见雄鸡自断其尾。问之，侍者曰："自惮其牺也。"遽归告王，且曰："鸡其惮为人用乎！人异于是。牺者，实用人，人牺实难，己牺何害？"王弗应。夏四月，王田北山，使公卿皆从，将杀单子、刘子。王有心疾，乙丑，崩于荣锜氏。戊辰，刘子挚卒，无子，单子立刘蚠。五月庚辰，见王，遂攻宾起，杀之，盟群王子于单氏。

王子朝是周景王的庶长子，宾起（字孟）是王子朝的老师。周景王宠信王子朝和宾起，周景王和宾起也都喜欢王子朝，想要立王子朝为太子。但是这并不容易，因为先太子寿于鲁昭公十五年去世后，其弟王子猛已经被立为太子。改立王子朝为太子的话，相当于废嫡立庶，犯了大忌。

刘献公（名挚）是王室卿士。刘狄（字伯蚠）是刘献公的庶子，但是在单穆公（名旗）手下工作。刘狄讨厌宾起的为人，想杀掉他；又讨厌王子朝说的话，认为有违礼制，想除掉他。

有一天，宾起到城郊，看到一只雄鸡弄断了自己尾巴上的羽毛。宾起很奇怪，问身边的侍从这是为什么，侍从说："这是它害怕自己充当牺牲。"雄鸡可以打鸣,但是如果太漂亮的话,也有可能拿去当祭品。宾起大有感触,急急忙忙赶回去,将这件事告诉周景王,而且说:"鸡是害怕被人用为祭品吧!人就不一样(人打扮得漂亮,乃是富贵之相)。牺牲是被人使用的,被人当作牺牲当然谁都不愿意,可是为自己牺牲,又有什么不好?"言下之意,大概是牺牲王子猛而成就王子朝,让周景王自己称心如意,又有何不可呢。周景王没有回应。人的表情很复杂:有的时候,不回应是不考虑,表示拒绝;有的时候,不回应是若有所思,其实是听进去了,只不过内心在权衡利弊,谋划具体该怎么做。周景王的不回应,显然是后者。

四月,周景王到北山狩猎,命令公卿都跟着去,打算趁机杀了单穆公和刘献公,为王子朝上位扫平障碍。然而人算不如天算,周景王的心脏病偏偏在这个时候犯了。十八日,周景王驾崩于荣锜氏宅中。二十二日,刘献公也去世了。刘献公没有嫡子,单穆公便立刘狄为刘氏宗主,是为刘文公。五月四日,单、刘二人参见王子猛,于是讨伐宾起,将他杀掉,又与诸位王子在单家结盟,宣誓效忠王子猛。

晋之取鼓也,既献,而反鼓子焉,又叛于鲜虞。

六月,荀吴略东阳,使师伪籴者负甲以息于昔阳之门外,遂袭鼓,灭之,以鼓子鸢鞮归,使涉佗守之。

鲁昭公十五年,晋军攻克鼓城,将鼓子鸢鞮俘虏回国,在宗庙举行献捷之礼后,便将他释放了。鸢鞮回去之后,又背叛晋国,投靠了鲜虞。

这一年六月,荀吴巡视东阳地方,派部队伪装成籴米的人,将皮甲装在米袋子里背在背上,坐在昔阳的城门外休息,乘机袭击鼓国,将其消灭,再次将鼓子鸢鞮带回晋国,并派涉佗镇守鼓地。

丁巳,葬景王。王子朝因旧官、百工之丧职秩者,与灵、景之族以作

乱。帅郊、要、饯之甲，以逐刘子。壬戌，刘子奔扬。单子逆悼王于庄宫以归。王子还夜取王以如庄宫。癸亥，单子出。王子还与召庄公谋，曰："不杀单旗，不捷。与之重盟，必来。背盟而克者多矣。"从之。樊顷子曰："非言也，必不克。"遂奉王以追单子。及领，大盟而复，杀挚荒以说。刘子如刘。单子亡。乙丑，奔于平畤，群王子追之，单子杀还、姑、发、弱、鬷、延、定、稠，子朝奔京。丙寅，伐之。京人奔山。刘子入于王城。辛未，巩简公败绩于京。乙亥，甘平公亦败焉。

六月十一日，周景王下葬。王子朝不甘心屈居人下，凭借着旧官和百工中丢掉官职者以及灵、景之族（周灵王、周景王的子孙）的帮助，发动了叛乱。王子朝带着郊地、要地、饯地的甲士，驱逐了刘文公。十六日，刘文公逃奔扬地。单穆公临危不乱，将周悼王（也就是王子猛）从庄宫（周庄王的宗庙）接到了自己家里。令人意想不到的事情发生了：王子还趁着夜色，又将周悼王从单家带回了庄宫。

王子还自然是王子朝的党羽，在当时那种情况下，他是如何将周悼王从单穆公的掌控之下带走的呢？后人推测，他是王子朝一早就安排在单穆公身边的眼线，参与了五月在单家的结盟，取得了单穆公的信任。单穆公大意失天子，第二天就逃出了雒邑。

王子还与召庄公（名奂）商量，说："不杀掉单旗，这事不算成功。如果再次和他结盟，他肯定会来。背弃盟约而战胜敌人的事情是很多的。"意思是，只要将单穆公骗过来杀掉，什么信义都可以不管。召庄公表示同意。大夫樊顷子却以为："这不像话，必定不会成功。"王子还于是奉着周悼王去追单穆公，到达崿岭，大张旗鼓地结盟，然后一起回去，并且杀了大夫挚荒以向单穆公解释。

双方既然和解，刘文公也回到了自家的封地刘地。可是没过几天，单穆公便识破了王子还的阴谋，再度逃亡。十九日，单穆公逃到平畤。王子朝带着灵、景之族去追击，没想到单穆公逆势上扬，一股脑儿杀了王子还、王子姑、王子发、王子弱、王子鬷、王子延、王子定、王子稠八个人，王子朝逃奔京地。二十日，单穆公进攻京地。京地人没有斗志，都逃往山里。刘文公趁机回到雒邑。但是几天之后，战事再一次逆转。二十五日，巩简公在京城大败。二十九日，甘平公也被打败。

叔鞅至自京师，言王室之乱也。闵马父曰："子朝必不克，其所与者，天所废也。"

鲁国大夫叔鞅参加周景王的葬礼，从雒邑回来，说了王室发生的动乱。闵马父以为王子朝必定不会成功，因为他所依靠的"旧官、百工之丧职秩者"，都是上天抛弃的。

单子欲告急于晋，秋七月戊寅，以王如平畤，遂如圃车，次于皇。刘子如刘。单子使王子处守于王城，盟百工于平宫。辛卯，鄩肸伐皇，大败，获鄩肸。壬辰，焚诸王城之市。八月辛酉，司徒丑以王师败绩于前城，百工叛。己巳，伐单氏之宫，败焉。庚午，反伐之。辛未，伐东圉。冬十月丁巳，晋籍谈、荀跞帅九州之戎及焦、瑕、温、原之师，以纳王于王城。庚申，单子、刘蚠以王师败绩于郊，前城人败陆浑于社。十一月乙酉，王子猛卒，不成丧也。己丑，敬王即位，馆于子旅氏。十二月庚戌，晋籍谈、荀跞、贾辛、司马督帅师军于阴，于侯氏，于溪泉，次于社。王师军于氾，于解，次于任人。闰月，晋箕遗、乐征、右行诡济师，取前城，军其东南。王师军于京楚。辛丑，伐京，毁其西南。

巩简公、甘平公在京城大败后，单穆公想要向晋国告急，借助晋国的力量来平定王室动乱。七月三日，单穆公带着周悼王来到平畤，然后去到圃车，住在皇地。刘文公去到刘地。单穆公派王子处负责雒邑守备，和百工在周平王的宗庙结盟。十六日，王子朝的党羽郊膘进攻皇地，大败，郊膘被俘虏。十七日，在雒邑的街市上将郊膘烧死示众。八月十六日，司徒丑带领王军进攻前城失败，雒邑城中的百工叛乱。二十四日，百工之徒进攻单氏，失败。二十五日，单氏发动反攻。二十六日，进攻东圉。

十月十二日，晋国的籍谈、荀跞带领九州地方的戎人和焦、瑕、温、原四地的军队，护送周悼王回到雒邑。十六日，单穆公、刘文公带领王军在郊地作战，大败。与此同时，前城的军队也在社地打败了陆浑之戎。十一月十二日，周悼王突然去世了。《春秋》记载："王子猛卒。"不说是"崩"，是因为当时王室处于动乱之中，没有按天子的规格下葬。十六日，周悼王的胞弟王子匄即位，是为周敬王，暂时住在大夫子旅家中。十二月七日，晋国的籍谈、荀跞、贾辛、司马督率部分别驻扎在阴地、侯氏、溪泉和社地。王军则驻扎在汜地、解地和任人。闰十二月，晋国的箕遗、乐征、右行诡带兵渡河，攻取前城，驻扎在前城的东南面。王军驻扎在京楚。二十九日，攻打京地，毁坏了其西南角的城墙。

鲁昭公二十三年

公元前 519 年，鲁昭公二十三年。

二十三年春，王正月壬寅朔，二师围郊。癸卯，郊、鄩溃。丁未，晋师在平阴，王师在泽邑。王使告间，庚戌，还。

二十三年正月初一日,王军、晋军包围郊地。二日,郊地和郜地军民溃散。六日,晋军在平阴,王军在泽邑。周敬王派使者向晋军"告间",也就是王室的动乱已经逐渐平息,形势在好转。九日,晋军撤回国内。

郑人城翼,还,将自离姑。公孙钼曰:"鲁将御我。"欲自武城还,循山而南。徐钼、丘弱、茅地曰:"道下遇雨,将不出,是不归也。"遂自离姑。武城人塞其前,断其后之木而弗殊。郑师过之,乃推而蹶之。遂取郑师,获钼、弱、地。

郑国人在翼地筑城,回来的时候,将取道离姑。离姑是郑国的土地,但是靠近鲁国的武城。所谓取道离姑,其实有一段路要经过武城境内,所以郑国大夫公孙钼说:"鲁国人将会抵御我们。"为了避免这个麻烦,就想从武城折回,沿着山往南走。徐钼、丘弱、茅地却说:"山路向下,如果遇到大雨,将会走不出来,那就回不去了。"还是按原计划取道离姑,经过武城地界。

武城人果然不干,派兵在前面堵截,又把退路两边的树木砍断但是又不让它们倒下。等郑军过去,就将树木推倒。郑军前有拦截,后无退路,被尽数消灭,徐钼、丘弱、茅地也成为俘虏。

郑人诉于晋,晋人来讨。叔孙婼如晋,晋人执之。书曰:"晋人执我行人叔孙婼。"言使人也。晋人使与郑大夫坐。叔孙曰:"列国之卿,当小国之君,固周制也。郑又夷也。寡君之命介子服回在,请使当之,不敢废周制故也。"乃不果坐。

韩宣子使郑人聚其众,将以叔孙与之。叔孙闻之,去众与兵而朝。士弥牟谓韩宣子曰:"子弗良图,而以叔孙与其仇,叔孙必死之。鲁亡叔孙,必亡郑。郑君亡国,将焉归?子虽悔之,何及?所谓盟主,讨违命也。

若皆相执,焉用盟主?"乃弗与。使各居一馆。士伯听其辞而诉诸宣子,乃皆执之。士伯御叔孙,从者四人,过邾馆以如吏。先归邾子。士伯曰:"以匄荛之难,从者之病,将馆子于都。"叔孙旦而立,期焉。乃馆诸箕。舍子服昭伯于他邑。

邾国人吃了大亏,跑到晋国去告状。依周礼,一个国家的使臣或部队要经过别国的领地,必须先行借道,否则是对东道国极大的侮辱。武城一役,邾国人有错在先,鲁国人动武在后,是非一目了然。晋国人却不分青红皂白,派人前来鲁国问罪。鲁国派叔孙婼到晋国应诉,被晋国人逮捕。《春秋》记载:"晋人执我行人叔孙婼。"叔孙婼当然不是行人,这么写是强调叔孙婼是作为鲁国的使者去晋国的,两国交兵尚且不斩来使,晋国有什么理由逮捕鲁国的使者呢?晋国人还要求叔孙婼与邾国的大夫对簿公堂,叔孙婼说:"各国的卿相当于小国的国君,周朝的制度一直是这么规定的。邾国又是东夷之国。这里有寡君任命的副使子服回在,请让他去办这件事,这是因为不敢废除周朝的制度。"这样才免去了对簿之辱。

韩起让邾子将手下召集起来,准备将叔孙婼交给他们。这就更不像话了,堂堂霸主之国,办事作风跟黑社会差不多,完全没有章法。叔孙婼得到消息,干脆不带随从与兵器,前往朝见晋顷公。士弥牟劝韩起:"您也不好好谋划一下,就把叔孙交给他的仇家,叔孙必定会死在他们手里。鲁国失去了叔孙,必定会灭亡邾国。邾君亡国,将回到哪里去?那时候就算您后悔,又哪里来得及?所谓盟主,是讨伐违命之人的。如果都这样你抓我的人,我抓你的人,哪里用得着盟主?"韩起这才没把叔孙婼交出去,让鲁国人、邾国人分开居住在两个宾馆,以免矛盾激化。

士弥牟又去听叔孙婼辩解,出来就去向韩起告状,将叔孙婼和子服回都抓起来。士弥牟亲自为叔孙婼驾车,随从有四个人,故意经过邾国人住的宾馆去官府。如此造作一番,先将邾子打发回国(苦主不在,事情就好办多了）。士弥牟对叔孙婼说："因为柴火供应困难,办事人员劳累不堪,打算安排您到别的城市居住。"叔孙婼听到之后,一早就站着待命,于是到箕地住下。子服回则被安排到另外一个地方。说白了,就是将他们分开软禁。

范献子求货于叔孙,使请冠焉。取其冠法,而与之两冠,曰："尽矣。"为叔孙故,申丰以货如晋。叔孙曰："见我,吾告女所行货。"见,而不出。吏人之与叔孙居于箕者,请其吠狗,弗与。及将归,杀而与之食之。叔孙所馆者,虽一日必葺其墙屋,去之如始至。

叔孙婼在晋国遭到的不公平待遇,在某些人眼里却成了发财的良机。士鞅想向叔孙婼索取贿赂,但是又不便开口,派人向叔孙婼请求,要叔孙婼送顶帽子给士鞅。叔孙婼当然明白士鞅是什么意思:当年士鞅去鲁国,七牢的大礼都嫌少,现在怎么会为了一顶不值钱的帽子开口?叔孙婼干脆装傻,要人拿来士鞅的帽子,按照其样式和尺寸,照样送给他两顶,说:"都在这里了。"

鲁国这边,也想到了叔孙婼在晋国可能会遭到勒索,派申丰带着财物来到晋国赎人。叔孙婼派人对申丰说:"来见我,我告诉你把礼送到哪里去。"申丰见到叔孙婼,就被他留下来了。叔孙婼已经下定决心不向晋国人妥协。或者说,不向任何贪财好货的宵小之徒妥协。他在箕地住了一年,晋国派来与他同住的小吏(实际上就是看守)向他索取一条狗。这条狗也没什么特别,就是会叫,可以看门。叔孙婼的看门狗想必也不止一条,送给看守又有何不可?但是,叔孙婼不同意。直到来年春天,他被释放回国的时候,才将那条狗杀掉,请看守一起吃了。他以此举告诉世人,他并不小气,他只是坚持原则。而且,叔孙婼在晋国所住过的地方,即使只住一天,也一定会修缮围墙房屋,离开的时候如同刚到的时候一样。

这叫修养。

夏四月乙酉，单子取訾，刘子取墙人、直人。六月壬午，王子朝入于尹。癸未，尹圉诱刘佗杀之。丙戌，单子从阪道，刘子从尹道伐尹。单子先至而败，刘子还。己丑，召伯奂、南宫极以成周人戍尹。庚寅，单子、刘子、樊齐以王如刘。甲午，王子朝入于王城，次于左巷。秋七月戊申，鄩罗纳诸庄宫。尹辛败刘师于唐。丙辰，又败诸鄩。甲子，尹辛取西闱。丙寅，攻蒯，蒯溃。

春天，周敬王向晋国"告间"，表示王室可以自己处理好动乱，晋军于是回国。接下来发生的事情，果然如周敬王所想的那么乐观吗？且看老左的记载——

四月十四日，单穆公攻取訾地，刘文公攻取墙人、直人。六月十二日，王子朝进入尹地。十三日，王子朝的党羽尹圉诱杀刘氏族人刘佗。十六日，单穆公从小路，刘文公从大路进攻尹地。十九日，召庄公、南宫极带着成周地方的人戍守尹地。二十日，因为感到形势紧迫，单穆公、刘文公、樊齐保卫着周敬王进入刘地。二十四日，王子朝回到雒邑，驻扎在左巷。七月九日，鄩罗将王子朝迎入庄宫，尹辛在唐地大败刘军。十七日，又在鄩地大败刘军。二十五日，尹辛攻取西闱。二十七日，进攻蒯地，蒯地军民溃散。

莒子庚舆虐而好剑，苟铸剑，必试诸人。国人患之。又将叛齐。乌存帅国人以逐之。庚舆将出，闻乌存执殳而立于道左，惧将止死。苑羊牧之曰："君过之，乌存以力闻可矣，何必以弑君成名？"遂来奔。齐人纳郊公。

莒子庚舆为人残暴而喜欢弄剑。只要是铸了一把剑,必定要用人来试一试。国人因此而惶惶不安。大概是觉得有晋国做靠山吧,庚舆又想背叛齐国。这真是脑子进水了。晋国远在山西,齐国和鲁国近在眼前,远水救不了近火。你去年得罪鲁国,今年又想得罪齐国,到底是要闹哪样?莒国大夫乌存受不了他这么乱搞,带着国人驱逐他。庚舆将要出国,听说乌存拿着殳站在路边,害怕会将他拦住杀了。苑羊说:"您就放心过去吧!乌存因为勇力就已经出名了,何必靠弑君来成名?"庚舆于是逃奔鲁国。

鲁昭公十四年,莒国先君著丘公去世,其子郊公即位。大夫蒲余侯发动政变,迎立庚舆为君,郊公逃奔齐国。现在,齐国人又把郊公送回莒国继承了君位。

吴人伐州来,楚薳越帅师及诸侯之师奔命救州来。吴人御诸钟离。子瑕卒,楚师熸。吴公子光曰:"诸侯从于楚者众,而皆小国也,畏楚而不获已,是以来。吾闻之曰,作事威克其爱,虽小必济。胡、沈之君幼而狂,陈大夫啮壮而顽,顿与许、蔡疾楚政。楚令尹死,其师熸,帅贱多宠,政令不一。七国同役而不同心,帅贱而不能整,无大威命,楚可败也。若分师先以犯胡、沈与陈,必先奔。三国败,诸侯之师乃摇心矣。诸侯乖乱,楚必大奔。请先者去备薄威,后者敦陈整旅。"吴子从之。戊辰晦,战于鸡父。吴子以罪人三千,先犯胡、沈与陈,三国争之。吴为三军以系于后:中军从王,光帅右,掩余帅左。吴之罪人或奔或止,三国乱。吴师击之,三国败,获胡、沈之君及陈大夫。舍胡、沈之囚,使奔许与蔡、顿,曰:"吾君死矣!"师噪而从之,三国奔。楚师大奔。

书曰:"胡子髡、沈子逞灭,获陈夏啮。"君臣之辞也。不言战,楚未陈也。

吴国讨伐州来，楚国司马蒍越带领楚军以及诸侯的部队奉命奔赴救援。按照楚国的体制，令尹是首席军政长官，这种大规模军事行动，理应令尹阳匄亲自出马才对，为什么是司马蒍越率军呢？答案是：阳匄也在军中，只不过是因为患了病，只能请蒍越代理军务罢了。

吴国人在钟离抵御楚军。双方对峙的时候，阳匄去世，楚军的士气大为低落。吴国的公子光看到了苗头，说："跟随楚国的诸侯虽然多，但都是小国，因为害怕楚国而不得已前来。我听说，做事情如果以威严来克制感情，虽然弱小也必定成功。胡国、沈国的国君年轻而浮躁，陈国的大夫啮虽当壮年而顽固迟钝，顿国和许国、蔡国都痛恨楚国的领导。楚国的令尹去世，他们的部队军心涣散。现在的情况是统帅地位低下，下属诸多宠臣，全军政令不一，七国同伙而不同心，统帅因为地位低下而不能整顿军令，没有很强的威信，楚军是可以打败的。"

公子光提出，可以先分出部队进攻胡、沈、陈三国军队，他们必定会先逃跑。这三个国家失败，其他诸侯的部队就会动摇军心。诸侯混乱，楚军也必然逃跑。为此，吴国的先头部队要摆出一副无所戒备松松垮垮的样子，后面的主力则整顿军备严阵以待。吴王僚听从了公子光的建议。

戊辰日傍晚，两军在鸡父交战。吴王僚派囚徒三千人先行进攻胡、沈、陈三军阵地。这三个国家一看这个架势，以为吴国人很好对付，争相出击。吴国的主力分作三军在后面等着，中军跟随吴王僚，公子光率领右军，公子掩余（寿梦之子）率领左军。吴国的三千名囚徒有的逃散，有的停步，三国军队跟着乱了阵脚。吴军主力乘机进攻，三国军队败退，胡国和沈国的国君以及陈国的大夫都成了俘虏。又释放了胡国和沈国的俘虏，让他们逃到许、蔡、顿三国军中，说："我们的国君死了。"吴国在后面鼓噪进攻，许、蔡、顿三国军队也逃跑了。楚军本来没有斗志，看到这幅场景，也全军崩溃。

《春秋》记载："胡子髡、沈子逞灭，获陈夏啮。"前两者称"灭"，后者称"获"，是因为君臣有别。不提到"战"，这是因为楚国还没有摆开阵势。

八月丁酉，南宫极震。苌弘谓刘文公曰："君其勉之，先君之力可济也。周之亡也，其三川震。今西王之大臣亦震，天弃之矣。东王必大克。"

八月二十七日地震，把南宫极给震死了（估计是被倒下来的建筑压死的）。苌弘对刘文公说："您可要努力啊！先君的努力可以成功了。周朝灭亡的时候，三川皆震。而今西王的大臣也被震死，是上天抛弃了他。东王必定大获成功。"

有必要解释一下：首先，这段话里的"先君"是指刘文公的父亲刘献公。刘献公不想王子朝上位而极力支持王子猛，所以说"先君之力可济也"。其次，周幽王年间，泾、渭、洛三川流域发生地震，被认为是西周灭亡的征兆。再次，当时王子朝占据雒邑，周敬王住在刘地，一西一东，所以分别称为"西王"和"东王"。

楚大子建之母在郹，召吴人而启之。冬十月甲申，吴大子诸樊入郹，取楚夫人与其宝器以归。楚司马薳越追之，不及。将死，众曰："请遂伐吴以徼之。"薳越曰："再败君师，死且有罪。亡君夫人，不可以莫之死也。"乃缢于薳澨。

前面说过，楚国的太子建的母亲是郹阳人。太子建逃亡后，他的母亲就回到郹阳居住。名义上，她还是楚平王夫人，但是她知道，总有一天从秦国来的公主会取代她的位置。出于怨恨，她暗中召来吴国人，为他们打开城门。十月十六日，吴国太子诸樊进入郹阳，将太子建的母亲和存放在城中的宝器带回吴国。

这里有个疑问，诸樊不是寿梦的长子吗？怎么又变成了吴王僚的太子呢？也许老左对于吴国的历史，始终还是有些模糊，以至于将人名搞错。而据《史记》记载，带兵迎接太子建的母亲的是公子光，这便说得过去了。总之，太子建的母亲到了吴国，对于楚国来说是一件相当恼火的事。司马薳越带兵去追，却没有赶上。薳越想要自杀。左右请求讨伐吴国，如果获胜的话，回去也好向楚平王交代。薳越说："如果再一次让国君的军队打败仗，那就死有余辜了。丢失了君夫人，我不可以不为之而死。"于是在薳澨白缢谢罪。

公为叔孙故如晋，及河，有疾而复。

鲁昭公为了解救叔孙婼，亲自前往晋国。到达黄河的时候，因为生病又回来了。

他这都是第几次过不了黄河了……

楚囊瓦为令尹，城郢。沈尹戌曰："子常必亡郢，苟不能卫，城无益也。古者天子守在四夷。天子卑，守在诸侯。诸侯守在四邻。诸侯卑，守在四竟。慎其四竟，结其四援，民狎其野，三务成功，民无内忧，而又无外惧，国焉用城？今吴是惧而城于郢，守已小矣。卑之不获，能无亡乎？昔梁伯沟其公宫而民溃。民弃其上，不亡何待？夫正其疆场，修其土田，险其走集，亲其民人，明其伍候，信其邻国，慎其官守，守其交礼，不僭不贪，不懦不耆，完其守备，以待不虞，又何畏矣？《诗》曰：'无念尔祖，聿修厥德。'无亦监乎若敖、蚡冒至于武、文，土不过同，慎其四竟，犹不城郢。今土数圻，而郢是城，不亦难乎？"

阳匄死后，囊瓦（字子常）接任令尹，此人的祖父公子贞（字子囊）乃是楚共王的弟弟，故以囊为氏。囊瓦上任第一件事，是增修郢都的城墙。沈尹戌以为：囊瓦一定会丢掉郢都。如果不能保卫国家，修城是没有任何好处的。古代,天子的守卫在四夷(天子有德,四夷咸服);天子的地位下降了,守卫在诸侯(王政衰微,四夷不服,只能靠诸侯抵御四夷)。诸侯的守卫在四邻(诸侯有德,四邻不侵);诸侯的地位下降了,守卫在四方边境。警备四方边境,结交四方邻国,百姓在自己的土地上安居乐业,春、夏、秋三个时节的农事均有收获。百姓没有内忧外患,国都哪里用得着增修城墙? 现在是因为害怕吴国,所以增修郢都的城墙,守卫的范围就很少了(说白了,仅仅是守卫国都)。国君地位下降到这个地步,能够不亡国吗? 从前梁伯在公宫周围挖沟而百姓溃散(事见鲁僖公十九年记载),百姓抛弃他们的国君,不亡国,还等什么? 划定疆界,修整土地,加高边垒,亲善百姓,强化社会组织,对邻国恪守信义,各级官吏慎守职责,对外交往有礼有节,不僭越也不贪婪,不懦弱也不强横,修整自己的防务,随时准备意外的发生,又有什么可怕的呢?《诗》上说:"思念你们的祖先,发扬他们的美德。"何不看看若敖、蚡冒到楚武王、楚文王,领土方圆不过百里,警备四方边境,尚且不增修郢都城墙。现在领土方圆数千里,反而增修郢都的城墙,这不是很难理解吗?

确实,以楚国的强大,不把精力放在亲和百姓、安定四方,而是一味地增修郢都城墙,可以说是舍本逐末。如果真到了要靠郢都的城墙来防御敌人的地步,说明楚国已经岌岌可危,再高大的城墙也无济于事了。

鲁昭公二十四年

公元前 518 年,鲁昭公二十四年。

二十四年春,王正月辛丑,召简公、南宫嚚以甘桓公见王子朝。刘子

谓苌弘曰："甘氏又往矣。"对曰："何害？同德度义。《大誓》曰：'纣有亿兆夷人，亦有离德。余有乱臣十人，同心同德。'此周所以兴也。君其务德，无患无人。"戊午，王子朝入于邬。

二十四年春，王室的局势仍然动荡。正月五日，召简公、南宫嚚带着甘桓公拜见王子朝。召简公是召庄公之子，南宫嚚是南宫极之子，甘桓公是甘平公之子。召氏和南宫氏一直是王子朝的党羽，但是甘氏原本是支持周悼王和周敬王的，所以刘文公不无郁闷地对苌弘说："甘氏又跑了。"言下之意，去年你不是说"东王必大克"吗？现在看起来势头不对啊！苌弘回答："这怕什么？同心同德在于正义。《大誓》说：'纣有成千上万的夷人，离心离德；我有能臣十人，同心同德。'这就是周朝兴起的原因。您还是致力于修德，不要害怕没有人。"二十二日，王子朝进入邬地。

晋士弥牟逆叔孙于箕。叔孙使梁其胫待于门内，曰："余左顾而咳，乃杀之。右顾而笑，乃止。"叔孙见士伯，士伯曰："寡君以为盟主之故，是以久子。不腆敝邑之礼，将致诸从者。使弥牟逆吾子。"叔孙受礼而归。二月，婼至自晋，尊晋也。

晋国的士弥牟到箕地迎接叔孙婼。叔孙婼不知士弥牟的来意，派家臣梁其胫埋伏在门里边，说："我向左看而且咳嗽，就杀了他。向右看而且笑，就不要动手。"然后叔孙婼去接见士弥牟。士弥牟说："寡君因为身为盟主，所以将您久留在此，现在向您的手下奉上敝国一点不丰厚的礼物，派我来迎接您回去。"叔孙婼接受了礼物，回国。《春秋》记载：二月，婼至自晋，是为了对晋国表示尊重。

三月庚戌，晋侯使士景伯莅问周故，士伯立于乾祭而问于介众。晋人乃辞王子朝，不纳其使。

三月十五日，晋国派士弥牟到雒邑调查王室发生的事情。士弥牟站在"乾祭"也就是北门向大伙询问。曲直是非，一问即明。此后，晋国就辞谢王子朝，不接纳他的使者了。

夏五月乙未朔，日有食之。梓慎曰："将水。"昭子曰："旱也。日过分而阳犹不克，克必甚，能无旱乎？阳不克莫，将积聚也。"

五月初一日，又发生日食。梓慎预测将发生水灾。叔孙婼却以为是旱灾："太阳过了春分而阳气仍然不能战胜阴气。等到阳气战胜的时候，原先郁积的阳气必定爆发，能够不旱吗？阳气不胜阴气，这正是在积聚阳气。"

六月壬申，王子朝之师攻瑕及杏，皆溃。

郑伯如晋，子大叔相，见范献子。献子曰："若王室何？"对曰："老夫其国家不能恤，敢及王室。抑人亦有言曰：'嫠不恤其纬，而忧宗周之陨，为将及焉。'今王室实蠢蠢焉，吾小国惧矣。然大国之忧也，吾侪何知焉？吾子其早图之！《诗》曰：'瓶之罄矣，惟罍之耻。'王室之不宁，晋之耻也。"献子惧，而与宣子图之。乃征会于诸侯，期以明年。

六月八日，忠于王子朝的部队进攻瑕地和杏地，两地军民溃败。

游吉陪同郑定公来到晋国，见到了士鞅。士鞅问王室的事情该怎么办才好，游吉回答："老夫连自己国家的事都考虑不过来，哪里敢去想王室的事？不过有句话说得好，寡妇不操心纺织的纬线不够而担心宗周的陨落，是因为祸乱也会落到她头上。而今王室已经摇摇晃晃，我们这些小国也害怕了。然而大国的考虑,我们哪里知道呢?您还是早作打算吧。《诗》上说:'酒瓶空了,是酒缸的耻辱。'王室的不安,也是晋国的耻辱啊!"士鞅听了果然担心,于是与韩起商量,向诸侯发出会见的命令,时间定在下一年。

秋八月,大雩,旱也。

被叔孙婼说中,这一年八月果然大旱,鲁国为此而举行盛大雩祭。

冬十月癸酉,王子朝用成周之宝珪沉于河。甲戌,津人得诸河上。阴不佞以温人南侵,拘得玉者,取其玉,将卖之,则为石。王定而献之,与之东訾。

十月十一日,王子朝使用成周存放的宝珪祭祀河神。十二日,驾驶渡船的船工在黄河上得到了它。王室大夫阴不佞带着温地的部队南侵,抓到了那个船工,夺走了宝珪,想要卖掉换钱,却发现是一块普通的石头。后来王室安定了,阴不佞将其献给周敬王,周敬王将东訾赏赐给了他。

楚子为舟师以略吴疆。沈尹戍曰:"此行也,楚必亡邑。不抚民而劳之,吴不动而速之,吴踵楚,而疆埸无备,邑能无亡乎?"

越大夫胥犴劳王于豫章之汭,越公子仓归王乘舟,仓及寿梦帅师从王,王及圉阳而还。吴人踵楚,而边人不备,遂灭巢及钟离而还。

沈尹戍曰:"亡郢之始,于此在矣。王一动而亡二姓之帅,几如是而不及郢?《诗》曰:'谁生厉阶,至今为梗。'其王之谓乎?"

楚平王组织水军准备侵略吴国。沈尹戍以为,这一次行动,楚国必定丢失土地。楚平王不安抚百姓,反而驱使他们劳累,吴国没有动静而促使他们加速行动,吴国紧跟着楚国不放,而楚国的边境没有戒备,能够不丢失土地吗?

越国大夫胥犴在豫章的江边上慰劳楚平王,越国的公子仓把座船献给楚平王。公子仓还和大夫寿梦(和老吴王同名)带兵追随楚平王。楚平王到了圉阳就班师回朝。吴国人果然紧跟而来,楚国的边境没有戒备,吴国人于是消灭了巢和钟离的楚军后回国。

沈尹戌说:"丢掉郢都就从这件事开始了。大王一动而丢失了两个地方的部队,这种事情多搞几次不就轮到郢都了?《诗》上说:'谁生祸端,至今为害?'说的就是咱们的大王吧!"

沈尹戌说得对,楚平王这叫没事找事,自找麻烦。

鲁昭公二十五年

公元前517年,鲁昭公二十五年。

二十五年春,叔孙婼聘于宋。桐门右师见之,语,卑宋大夫,而贱司城氏。昭子告其人曰:"右师其亡乎!君子贵其身而后能及人,是以有礼。今夫子卑其大夫而贱其宗,是贱其身也。能有礼乎?无礼,必亡。"

桐门右师即乐大心,因居住在桐门(睢阳北门)附近而得名。宋国六卿中,右师最为尊贵,也可以说是宋国的首席执政官。

二十五年春,叔孙婼访问宋国,右师乐大心接见了他。两个人交流,

乐大心对宋国的诸位大夫都颇为轻视,对于司城氏也很不尊重。要知
道,司城氏乃是乐氏的大宗。宋平公年间,乐喜出任司城,其孙乐祁于三
年前出任司城,虽然官在乐大心之下,却是乐氏的宗主。乐大心作为乐
氏子孙,怎么能够看不起乐喜呢? 所以叔孙婼对手下说:"右师恐怕是要
逃亡的! 君子尊重自己,然后才会尊重别人,因此有礼。现在这位老先
生对宋国的大夫都很轻视,而且不尊重他的宗主,那就是不尊重自己了,
这样还能够有礼吗? 无礼之徒,必定逃亡。"

　　宋公享昭子,赋《新宫》。昭子赋《车辖》。明日宴,饮酒,乐。宋公使
昭子右坐,语相泣也。乐祁佐,退而告人曰:"今兹君与叔孙,其皆死乎?
吾闻之,哀乐而乐哀,皆丧心也。心之精爽,是谓魂魄。魂魄去之,何以
能久?"

　　你站在桥上看风景,看风景的人在楼上看你。宋元公设享礼招待叔
孙婼,赋《新宫》之诗(现已失传)。叔孙婼则回报《车辖》一诗。第二天
设宴,饮酒,宾主都很尽兴。宋元公让叔孙婼坐到自己身边,两个人说着
说着都掉了眼泪。司城乐祁为相礼大臣,退下来后告诉别人:"今年国君
与叔孙婼恐怕都会死吧? 我听说,该高兴的时候悲伤,该悲伤的时候开
心,都是心志丧失的表现。心的精华神明,就是魂魄。魂魄不在了,怎么
能够活得下去?"

　　季公若之姊为小邾夫人,生宋元夫人,生子以妻季平子。昭子如宋
聘,且逆之。公若从,谓曹氏勿与,鲁将逐之。曹氏告公,公告乐祁。乐
祁曰:"与之。如是,鲁君必出。政在季氏三世矣,鲁君丧政四公矣。无
民而能逞其志者,未之有也。国君是以镇抚其民。《诗》曰:'人之云亡,
心之忧矣。'鲁君失民矣,焉得逞其志? 靖以待命犹可,动必忧。"

叔孙婼所赋《车辖》，录于《诗经·小雅》。

诗中之意，渴望得到贤淑的女子来嫁给君子。叔孙婼对宋元公赋这首诗，不是为自己，而是代季孙意如表达谢意。

季孙意如有个叔叔叫作季公亥（字若）。季公亥的胞姐是小邾子夫人。小邾子夫人又是宋元公夫人（即曹氏）的母亲。曹氏生了个女儿，准备嫁给季孙意如。换句话说，季孙意如要娶自己的表妹的女儿。这次叔孙婼访问宋国，有一项重要的任务是为季孙意如迎亲。季公亥作为季氏的代表，也一同前来。但是令人没有想到的是，季公亥见到外甥女曹氏，反而劝她不要将女儿嫁过去，因为鲁国将要驱逐季孙意如，嫁过去岂不是受苦？

曹氏听到亲舅舅说这样的话，难免害怕，转而告诉宋元公。宋元公问乐祁的意见。乐祁认为还是应该把公主嫁过去，如果季公亥所言不虚，鲁昭公真要驱逐季孙意如的话，结果必定是鲁昭公逃亡。乐祁分析：鲁国的政权把握在季氏手中已经三世（季孙行父、季孙宿、季孙意如），国君丧失政权已经四公（鲁宣公、鲁成公、鲁襄公、鲁昭公）。没有百姓的支持而能满足自己的愿望，这种事情还没有过，这也是国君为什么要镇抚百姓的原因。如《诗》所言丧失人民，心中忧虑。鲁昭公早就失去百姓的支持了，哪里还能够达成自己的心愿？他如果安心服从天命还可以，轻举妄动必定自找麻烦。

季公亥作为季孙意如的叔叔，为什么会在外人面前唱衰季氏呢？后面还会讲到，暂且按下不表。

夏，会于黄父，谋王室也。赵简子令诸侯之大夫，输王粟，具戍人，曰："明年将纳王。"

赵简子即赵鞅，是赵成的儿子、赵武的孙子。

夏天,诸侯的卿大夫在黄父相会,商量平定王室内乱的事情。赵鞅
向各国代表传达命令,要大伙都向王室输送粮食,准备好戍守的士卒,
说:"明年将要送天子回京师。"

子大叔见赵简子,简子问揖让、周旋之礼焉。对曰:"是仪也,非礼
也。"简子曰:"敢问何谓礼?"对曰:"吉也闻诸先大夫子产曰:'夫礼,天
之经也,地之义也,民之行也。'天地之经,而民实则之。则天之明,因地
之性,生其六气,用其五行。气为五味,发为五色,章为五声,淫则昏乱,
民失其性。是故为礼以奉之。为六畜、五牲、三牺,以奉五味。为九文、
六采、五章,以奉五色。为九歌、八风、七音、六律,以奉五声。为君臣、上
下,以则地义。为夫妇、外内,以经二物。为父子、兄弟、姑姊、甥舅、昏
媾、姻亚,以象天明。为政事、庸力、行务,以从四时。为刑罚、威狱,使民
畏忌,以类其震曜杀戮。为温慈、惠和,以效天之生殖长育。民有好、恶、
喜、怒、哀、乐,生于六气。是故审则宜类,以制六志。哀有哭泣,乐有歌
舞,喜有施舍,怒有战斗。喜生于好,怒生于恶。是故审行信令,祸福赏
罚,以制死生。生,好物也。死,恶物也。好物,乐也。恶物,哀也。哀乐
不失,乃能协于天地之性,是以长久。"简子曰:"甚哉,礼之大也!"对曰:
"礼,上下之纪,天地之经纬也,民之所以生也,是以先王尚之。故人之能
自曲直以赴礼者,谓之成人。大,不亦宜乎?"简子曰:"鞅也请终身守此
言也。"

黄父之上,郑国的游吉和赵鞅会面,赵鞅知道游吉博学多闻,向他请
教揖让、周旋之礼。游吉指出,这些都是"仪"而不是"礼"。赵鞅进一步
询问什么才叫作礼,游吉便发表了一通长篇大论——

我也是从先大夫子产那里听说:"礼是上天的规范,地上的准则,百

姓行事的依据。"天地的规矩,为百姓所效法。根据上天的明德,遵循大地的本性,产生了六气(阴、阳、风、雨、晦、明)和五行(金、木、水、火、土)。气有五味(酸、咸、辛、苦、甘),表现为五色(青、黄、赤、白、黑),显示五种声音(宫、商、角、徵、羽)。五德泛滥则昏乱,百姓就会失去本性,所以要制定礼来顺承本性:规定六畜(牛、马、羊、鸡、犬、豕)、五牲(牛、羊、鸡、犬、豕)、三牺(牛、羊、豕)以顺承五味;规定九文(服装上的九种图案)、六采(青、白、赤、黑、玄、黄)、五章(服装上的五种花纹),以顺承五色;规定九歌(歌颂九种功德)、八风(八方之风)、七音(七种音阶)、六律(黄钟、太簇、姑洗、蕤宾、夷则、无射),以顺承五声;规定君臣上下等级,以效法地有高下;规定夫妇内外治事,以效法日月二物;规定父子、兄弟、姑姊、甥舅、婚姻、连襟各种关系,以象征天上的星辰;规定国君为政,臣下理事,百姓效力,官吏管理,行其政事,务求时效,以跟随四时;规定刑罚牢狱,使百姓心怀畏惧,以模仿电轰雷击;使用温和慈祥的政策,以效仿上天的好生之德。百姓有好恶、喜怒、哀乐,它们从六气派生,所以要审慎效法,适当模仿,以制约六种心志。悲哀的时候哭泣,快乐的时候歌舞,喜欢的时候施舍,愤怒的时候战斗。喜欢是因为爱好,愤怒是因为厌恶。所以要审慎行事,令而有信,用祸福来行赏罚,以决定百姓的死生。生,是人之所好;死,是人之所恶。喜好的事物,是欢乐;厌恶的事物,是哀伤。无论哀乐,不失于礼,才能与天地之性和谐,所以能够长久。

简单地说,礼作为一种社会准则,不是谁凭空想出来的,是根据天地之性,加以归纳整理,提炼出来的。人事之所以如此规定,乃是因为天地可以效法。先秦儒家的"天人合一"思想,由此可见一斑。

赵鞅听了游吉的这番话,不禁感慨:"礼的宏大真是到了极点了!"游吉回答:"礼是上下的纲纪,天地的准则,百姓生存的依据,所以先王崇尚它。所以人能够从不同的本性达到礼的,这就叫作成人。说它宏大,不也是很适合的吗?"赵鞅便表态:"我请求终身恪守您的教导。"

宋乐大心曰:"我不输粟,我于周为客,若之何使客?"晋士伯曰:"自践土以来，宋何役之不会，而何盟之不同？曰同恤王室，子焉得辟之？子奉君命，以会大事，而宋背盟，无乃不可乎？"右师不敢对，受牒而退。士伯告简子曰："宋右师必亡。奉君命以使，而欲背盟以干盟主，无不祥大焉。"

宋国参加黄父之会的代表乐大心说："我们不给王室送粮食。我们对于周朝来说是客人，为什么要指使客人干活呢？"

话说周朝建立之时，为了笼络天下人心，稳住殷商遗民，确实是给予了宋国特别的政治待遇。宋公朝见天子，可以享受宾客之礼。可这都是哪一年的陈芝麻烂谷子了？再说你既然那么尊贵，为什么要承认晋国是霸主呢？晋国的士弥牟便说："自践土之盟以来，晋国主持的活动，宋国哪一次没有参加？又有哪一次结盟没来？盟誓说要同恤王室，您怎么能够回避？您奉君命来参加重大的会议，宋国却背弃了盟约，这样恐怕不好吧？"乐大心不敢回嘴，接受了摊派任务的简札退下。士弥牟将这件事告诉赵鞅，说："宋国右师必定逃亡。奉君命来开会，却想背弃盟约来冒犯盟主，没有比这更不祥的事了。"

"有鸲鹆来巢"，书所无也。师己曰："异哉！吾闻文、成之世，童谣有之，曰：'鸲之鹆之，公出辱之。鸲鹆之羽，公在外野，往馈之马。鸲鹆跦跦，公在乾侯，征褰与襦。鸲鹆之巢，远哉遥遥。裯父丧劳，宋父以骄。鸲鹆鸲鹆，往歌来哭。'童谣有是，今鸲鹆来巢，其将及乎？"

这一年的《春秋》记载："有鸲鹆来巢。"鸲鹆即八哥。八哥在鲁国筑巢，这是原来没有见过的事，所以要记载。这件事让后人很难理解：难道八哥很罕见吗？或者说八哥不会筑巢吗？显然都不是。也许是记载过于简约，事实上是八哥在鲁国的公宫筑巢，这种事以前没有发生过吧。

当时有位大夫师己说："奇怪啊！我听说鲁文公到鲁成公年间，儿童传唱歌谣，有这样的话：'鸲啊鹆啊，国君在外受辱。鸲鹆的羽毛，国君在远郊，前去给他送马。鸲鹆蹦蹦跳跳，国君在乾侯，想要裤子短袄。鸲鹆的老巢，路远迢迢，裯父死于劳累，宋父以此骄傲。鸲鹆鸲鹆，去的时候唱歌，回的时候哭号。'童谣有这样的话，而今鸲鹆来筑巢，恐怕是时候到了。"

鲁昭公名裯，童谣中的裯父自然是指他。其弟名宋，也就是后来的鲁定公，童谣中的宋父便是指鲁定公了。神神怪怪的事，老左记录了不少，咱们带着批判的态度看吧。

秋，书再雩，旱甚也。

秋天，《春秋》记载了两次雩祭，这是因为旱情实在严重。

初，季公鸟娶妻于齐鲍文子，生甲。公鸟死，季公亥与公思展与公鸟之臣申夜姑相其室。及季姒与饔人檀通，而惧，乃使其妾抶己，以示秦遄之妻，曰："公若欲使余，余不可而抶余。"又诉于公甫，曰："展与夜姑将要余。"秦姬以告公之，公之与公甫告平子。平子拘展于卞而执夜姑，将杀之。公若泣而哀之，曰："杀是，是杀余也。"将为之请。平子使竖勿内，日中不得请。有司逆命，公之使速杀之。故公若怨平子。

现在来说说季公亥这个人。

当初，季公亥的哥哥季公鸟娶了齐国鲍国的女儿季姒，生了一个孩子甲（甲不是名字，而是某人的意思）。季公鸟死的时候，孩子甲还未成年，家政交给季公亥与公思展以及季公鸟的家臣申夜姑共同管理。后来，季姒耐不住寂寞，与家里的饔人（主管膳食的家臣）檀私通，又担心被季公亥等人发现，于是命自己的婢女打自己，将伤痕展示给秦遄的妻子看,说:"公若想要我陪他睡觉,我不肯他就打我。"

秦遄是鲁国大夫,他的妻子秦姬是季公鸟的妹妹,也就是季姒的小姑子。季姒不只是向小姑子投诉,还告到季公甫那里(季公甫是季孙意如的弟弟,季孙意如还有一个弟弟叫季公之),说:"公思展和申夜姑打算要挟我。"秦姬把话告诉季公之,季公之又和季公甫一起去告诉季孙意如。七大姑八大姨都为这个女人背书,不由得季孙意如不信,于是将公思展拘禁在卞地,又逮捕了申夜姑准备杀掉。

季公亥听到这个消息,哭着哀叹:"杀了他,等于杀了我!"这倒不是说季公亥和申夜姑交情有多深,而是申夜姑被冤枉,他本人也被冤枉。如果申夜姑被杀,意味着季孙意如也不信任他。季孙意如不信任他,那他想睡季姒的事也就坐实了,叫他怎么做人啊?季公亥想要为申夜姑求情,季孙意如也是绝情,命令左右小吏不放季公亥进来,从早上到中午都没能见上一面。而另一方面,官吏去领受诛杀申夜姑的命令,季公之下令快点杀掉。因为这件事,季公亥对季孙意如产生了怨恨。

季、郈之鸡斗。季氏介其鸡,郈氏为之金距。平子怒,益宫于郈氏,且让之。故郈昭伯亦怨平子。

斗鸡是春秋时期贵族中流行的娱乐。斗鸡当然要赌博,而且赌注不菲。赢的人赚得盆满钵满,趾高气扬;输的人既输了钱又输了面子,垂头丧气。腐朽的人生追求,无非酒、色、财、气四个字,一场斗鸡便在后两个字上见分晓。因此,斗鸡往往也不只是斗鸡,而是斗参与者的权势,其激烈程度,并不亚于朝堂之上的明争暗斗。而且,斗得多了,便斗出了经验,斗出了花样。

且说这一年,季氏和郈氏斗鸡。季氏别出心裁,给鸡戴上了保护头部和脖子的皮铠,将它装备得刀枪不入;郈氏针锋相对,给鸡戴上了带刺的脚环,专门破对方的金刚不坏之身。一场恶战下来,季氏惨败。季孙意如大怒，在郈氏的地盘上扩建自己的住宅，而且将郈家人数落了一番。

前面说过，郈氏也是鲁国的名门。春秋时期，鲁国能够缀以"孙"字的家族，除了"三桓"，便只有臧氏和郈氏。季孙意如如此飞扬跋扈，郈氏的宗主郈昭伯敢怒不敢言，也对季孙意如产生了怨恨。

臧昭伯之从弟会，为谗于臧氏，而逃于季氏，臧氏执旃。平子怒，拘臧氏老。将禘于襄公，万者二人，其众万于季氏。臧孙曰："此之谓不能庸先君之庙。"大夫遂怨平子。

臧昭伯即臧氏宗主臧孙赐。臧孙赐的堂弟臧会因为诬陷别人而获罪，逃到了季氏那里寻求庇护。臧孙赐派人将他抓回来。这本来是臧家清理门户，外人管不着。季孙意如却勃然大怒，逮捕了臧氏的家老。因为这件事情，又使得季孙意如和臧孙赐结下了仇恨。

这一年鲁国为鲁襄公举行禘祭，仪式上要表演万舞。鲁国享有天子之礼乐，本来应该使用八佾（六十四人），到场的却只有两人。要问人都到哪里去了，回答是：季氏也在祭祀，其余的舞者都被叫到季氏家里去表演了。这真是没王法了！季氏再强盛，终归不过是个卿，按周礼只能使用四佾，用八佾可以说是大大的僭越。孔子知道这件事，说了一句很有名的话："八佾舞于庭，是可忍，孰不可忍？"意思是，这种丧心病狂的事情他都做得出来，还有什么是不敢的呢？当时臧孙赐也说："这是让咱们的国君不能在先君的庙里报答先君啊！"

至此，据不完全统计，和季孙意如结怨的人有鲁昭公、叔孙婼、臧孙赐、郈昭伯、季公亥以及朝中的诸位大夫。季公亥在宋国说鲁国将驱逐季孙意如，绝非空穴来风。鲁国从上到下，想扳倒季孙意如的人已经可以从公宫排到曲阜的大街上了。

公若献弓于公为，且与之出射于外，而谋去季氏。公为告公果、公

赍。公果、公贲使侍人僚柤告公。公寝,将以戈击之,乃走。公曰:"执之。"亦无命也。惧而不出,数月不见,公不怒。又使言,公执戈惧之,乃走。又使言,公曰:"非小人之所及也。"公果自言。公以告臧孙,臧孙以难。告郈孙,郈孙以可,劝。告子家懿伯,懿伯曰:"谗人以君侥幸,事若不克,君受其名,不可为也。舍民数世,以求克事,不可必也。且政在焉,其难图也。"公退之,辞曰:"臣与闻命矣,言若泄,臣不获死。"乃馆于公。

　　公为、公果、公贲均为鲁昭公的儿子。公为最长,理论上应该成为鲁国的下一任国君。

　　季公亥献了一张弓给公为,并且一起到城外去试射,趁机商量了如何除掉季氏的事。公为又告诉了自己的两个兄弟。公果、公贲都很积极,谁不想除掉季孙意如呢?于是找来鲁昭公的内侍僚柤,要他建议鲁昭公对季孙意如动手,试探一下鲁昭公的口风。

　　僚柤找机会向鲁昭公做了报告。当时,鲁昭公已经睡下来,听了僚柤的话,操起身边的寝戈(睡觉时防身的短戈)便刺过来。僚柤躲过这一击,转身就跑,只听到鲁昭公说:"给我抓起来。"但也就到此为止了,鲁昭公并没有下达正式的命令。僚柤回到自己的住处,越想越害怕,不敢出门,几个月都没去见鲁昭公。

　　公为兄弟估计也吓坏了。可是过了几个月,他们发现鲁昭公也没为这件事发怒,好像是什么都没发生过。兄弟仨一琢磨,明白父亲也是在害怕:万一僚柤是季孙意如派去试探的呢?或者万一隔墙有耳呢?于是又让僚柤去说。鲁昭公还是拿起寝戈吓他,僚柤就跑了。第三次派僚柤去说,鲁昭公才叹了一口气,说:"这不是小人能够想的事。"

　　有这句话就够了。公果自己跑到鲁昭公那里,说了事情的来龙去脉。从这个时候开始,鲁国的"倒季运动"便进入了快车道。鲁昭公找臧孙赐商量,臧孙赐当然也想扳倒季孙意如,可是他认为这件事很难。鲁昭公又找郈昭伯,郈昭伯却认为可以,而且鼓励鲁昭公动手。鲁昭公还把这件事告诉了子家羁(懿伯),子家羁说:"谄媚之人拿国君行侥幸之事,如果事情不成功,国君蒙受恶名,这种事情不能干。公室数世离弃百姓,以现在的情况祈求成功,没有必胜的把握。而且政权掌握在季孙手上,恐怕是很难算计他的。"鲁昭公不爱听这种丧气话,命子家羁退下,意思是不要他参与了。子家羁却拒绝离开,说:"下臣已经听到命令了。如果泄露了机密,不得好死。"为了证明自己不会背叛鲁昭公,干脆在公宫住下。

叔孙昭子如阚,公居于长府。九月戊戌,伐季氏,杀公之于门,遂入之。平子登台而请曰:"君不察臣之罪,使有司讨臣以干戈,臣请待于沂上以察罪。"弗许。请囚于费,弗许。请以五乘亡,弗许。子家子曰:"君其许之!政自之出久矣,隐民多取食焉。为之徒者众矣,日入慝作,弗可知也。众怒不可蓄也。蓄而弗治,将蕴。蕴蓄,民将生心;生心,同求将合。君必悔之。"弗听。郈孙曰:"必杀之。"

公使郈孙逆孟懿子。叔孙氏之司马鬷戾言于其众曰:"若之何?"莫对。又曰:"我家臣也,不敢知国。凡有季氏与无,于我孰利?"皆曰:"无季氏,是无叔孙氏也。"鬷戾曰:"然则救诸。"帅徒以往,陷西北隅以入。公徒释甲,执冰而踞。遂逐之。孟氏使登西北隅,以望季氏。见叔孙氏之旌,以告。孟氏执郈昭伯,杀之于南门之西,遂伐公徒。子家子曰:"诸臣伪劫君者,而负罪以出,君止。意如之事君也,不敢不改。"公曰:"余不忍也。"与臧孙如墓谋,遂行。

叔孙婼前往阚地办事,鲁昭公住在长府(公室存放财货的府库)。九月十一日,讨伐季孙意如的"政变"开始了。应该说,鲁昭公的保密工作做得不错,季孙意如完全蒙在鼓里,没做任何防备。鲁昭公亲自带兵杀到季氏府上,在大门口杀了季公之,于是进入外院。季孙意如登上内院的高台,请求道:"国君没有察明下臣的罪过,就派官吏用武力讨伐下臣,下臣请求待在沂水边上以接受调查。"鲁昭公不答应。季孙意如又请求将自己囚禁在费地。费地是季氏封邑,将季孙意如囚禁在费地,岂不是放虎归山?鲁昭公又不傻,也拒绝了。季孙意如计无可出,请求带着五乘兵车出逃国外。这个条件其实不错。五乘兵车,勉强防身而已。鲁昭公大可派一支部队押送,只待季孙意如一出境,事情便告成功。然而,鲁昭公还是不答应。子家羁劝道:"您还是答应吧!政令出自季氏已经很久了,贫困的百姓靠他家吃饭的很多,成为他家的党羽的人也很多。太阳下山之后坏人会不会冒出来,谁都说不准。众人的怒气不可任其郁积,积蓄了又不妥善处理,将会越来越盛。盛怒郁积,百姓将产生背叛之心。那样的话,有相同要求的人就会联起手来。您一定会后悔!"

子家羁看得很清楚,季氏在鲁国根深蒂固,和各大家族、普通百姓有千丝万缕的联系。鲁昭公突然发难,这些人还没反应过来,一时不知道该怎么办才好。如果在这个时候果断接受季孙意如的请罪,给他一条活路,速战速决地结束这次"政变",这些人也就只能保持沉默了。如果再拖下去,等大伙回过神来,事情就会变得复杂。而且,季孙意如三次请求鲁昭公放自己一马,三次遭到拒绝,旁人看了会觉得鲁昭公不近人情,甚至产生义愤,原本摇摆的人很有可能坚定立场,去支持季氏。对于鲁昭公来说,那就意味着失败了。简而言之,鲁昭公成功与否,关键在于速度。但是,鲁昭公并不明白这个道理,不肯听子家羁的建议。郈昭伯也固执地认为,必须杀掉季孙意如,以绝后患。

双方僵持不下,"三桓"中的另外两家——孟氏和叔氏的态度也不明朗。主动权似乎还在鲁昭公手里,他命郈昭伯去将孟氏宗主仲孙何忌接过来。孟氏当然不会轻举妄动,一边拖延时间,一边观望叔氏的举动。至于叔氏那边,由于叔孙婼不在家,他的司马鬷戾便成了众人的主心骨。鬷戾将大伙召集起来,问:"现在该怎么办?"没有人敢回答。鬷戾又说:"我,只不过是叔氏的家臣,不敢考虑国家的事。就问一句,今日之事,有季氏或无季氏,哪一种情况对我们有利?"大伙都说:"没有季氏,就没有叔孙氏了。"这句话说到点子上了,多年以来"三桓"唇齿相依,虽然内部难免有矛盾,甚至有过内斗,但是在压制公室这件事上,从来都是步调一致。如果季氏被公室消灭,接下来势必轮到叔氏和孟氏,这是用脚指头都想得出来的。鄋戾说:"既然这样,那就去救援他们吧!"于是带着手下前往,攻陷了西北角杀进去。

鲁昭公的手下大概是吓坏了,脱掉盔甲,拿着箭壶,傻站在那里。鄋戾没费多大力气就将他们赶走了。这时候,孟氏的人正登上自家院墙的西北角张望季氏家。看到叔孙氏的旌旗,赶紧报告。仲孙何忌才十四岁,拿主意的是他的家臣们。这些人立即逮捕了郈昭伯,将他拖到孟氏的南门之西杀掉,然后出兵进攻鲁昭公的手下。

危急关头,子家羁对鲁昭公说:"让我们这些臣下假装是劫持了您来讨伐季氏,现在负罪出逃,您留下。意如侍奉国君,不敢不改变态度。"鲁昭公说:"我不能忍受。"和臧孙赐跑到祖先的墓地中辞别先君,商量去处,于是逃出了鲁国。鲁昭公不能忍受的是什么?或许是不能忍受季孙意如的欺凌,或许是不能忍受大伙为他背上恶名,或许二者兼而有之吧。

己亥,公孙于齐,次于阳州。齐侯将唁公于平阴,公先至于野井。齐侯曰:"寡人之罪也。使有司待于平阴,为近故也。"书曰:"公孙于齐,次于阳州。齐侯唁公于野井。"礼也。将求于人,则先下之,礼之善物也。齐侯曰:"自莒疆以西,请致千社,以待君命。寡人将帅敝赋以从执事,唯命是听。君之忧,寡人之忧也。"公喜。子家子曰:"天禄不再,天若胙君,不过周公。以鲁足矣。失鲁,而以千社为臣,谁与之立?且齐君无信,不如早之晋。"弗从。

九月十二日,鲁昭公出逃齐国,住在阳州。齐景公将到平阴来慰问他,鲁昭公不敢怠慢,先越过平阴到达野井去等候。齐景公见到他便说:"这是寡人的罪过,让官吏们待在平阴,是想您近一点。"《春秋》记载:"国君逊位于齐国,住在阳州,齐侯在野井慰问他。"这是合于礼的。将有求于人,就要先居于人下,这是合于礼的好事。

齐景公还真是古道热肠,表示要划给鲁昭公一大片土地,而且话说得很客气:"自莒国的国境以西,请奉送千社之地,以等待君侯的命令。寡人将带领敝国的军队跟随您的手下,唯命是从。君侯的忧患,就是寡人的忧患。"春秋时期的农户,二十五家为一社,千社则为两万五千户。对于一位流亡之君来说,可以说是过于大方了。鲁昭公喜出望外,子家羁却很忧虑,说:"那就不能再享有上天的禄命了(国君受命于天,如果接受齐国的两万五千户,等于成了齐国之臣)。上天如果保佑您,赏赐也不过周公之封,有鲁国就足够了。失去鲁国而拿着千社之地当人家的臣下,谁还会帮助您复位?而且齐侯不讲信用,不如早点去晋国。"鲁昭公不听,他不明白天上不会掉馅饼的道理,完全被齐景公给他画的大饼迷住了。

臧昭伯率从者将盟,载书曰:"戮力一心,好恶同之。信罪之有无,缱绻从公,无通外内。"以公命示子家子。子家子曰:"如此,吾不可以盟。羁也不佞,不能与二三子同心,而以为皆有罪。或欲通外内,且欲去君。二三子好亡而恶定,焉可同也?陷君于难,罪孰大焉?通外内而去君,君将速入,弗通何为?而何守焉?"乃不与盟。

以臧孙赐为首,一群跟着鲁昭公流亡的人准备结盟,发誓说:"勠力同心,同好同恶,明辨有罪和无罪,坚决跟随国君,不要里外通气。"誓词的意思,一是要团结一致,同仇敌忾;二是要明确国内的人有罪,出来的人无罪;三是谁也不许私下与国内的人勾结,三心二意。誓词写好之后,以鲁昭公的名义拿给子家羁看。子家羁说:"如果这样写,我不可以和你们结盟。我是个无能之辈,不能与你们几位同心同德,我认为大家都有罪。我还想和国内的人沟通,而且要离开国君去奔走。你们喜欢逃亡而讨厌安定,我怎么能够和你们同好同恶?让国君陷入灾难,谁的罪更大?为了内外沟通而离开国君,国君就可以早点回国,不沟通还能怎么办?还有什么好坚守的?"于是不参与结盟。

昭子自阚归,见平子。平子稽颡,曰:"子若我何?"昭子曰:"人谁不死?子以逐君成名,子孙不忘,不亦伤乎!将若子何?"平子曰:"苟使意如得改事君,所谓生死而肉骨也。"昭子从公于齐,与公言。子家子命适公馆者执之。公与昭子言于幄内,曰:"将安众而纳公。"公徒将杀昭子,伏诸道。左师展告公,公使昭子自铸归。平子有异志。冬十月辛酉,昭子齐于其寝,使祝宗祈死,戊辰,卒。左师展将以公乘马而归,公徒执之。

叔孙婼从阚地赶回来,见到季孙意如。季孙意如向他行稽颡之礼,摆出一副悲伤的样子,说:"您要我怎么办?"叔孙婼说:"谁没有一死?您以驱逐国君而成名,子孙都忘不了这件事,不也是很可悲吗?我能要你怎么样?"季孙意如说:"假如让我能够有机会改变态度侍奉国君,那就是起死回生的大恩了。"

季孙意如有多奸诈,叔孙婼就有多厚道。听到季孙意如这么说,叔孙婼以为他真有悔意,于是跑到齐国去对鲁昭公说这件事。子家羁命令将到鲁昭公住处的人都抓起来,以免泄露机密。鲁昭公和叔孙婼在帐幕内密谈,叔孙婼说:"准备回去之后安抚众人,迎接您回国。"

对于鲁昭公来说,这当然是个最好的结局。但是对于臧孙赐等人来说,这就相当于背叛了——鲁昭公背叛了他们。试想一下,鲁昭公回去,好歹还是个国君,还能住在公宫,大不了就是回到从前的状态。跟着他流亡的那些人就不一样了,他们已经失去了一切,回去一文不值,甚至会被季孙意如囚禁、诛杀。他们才不愿意跟鲁昭公回去,也不愿意鲁昭公自己回去——没有鲁昭公,齐国也不可能给这群人这么好的待遇。他们自然而然地想到,杀掉叔孙婼,这个问题就解决了,于是埋伏在路上,准备刺杀叔孙婼。但是他们没想到的是,内部出了叛徒。有个叫作左师展的大夫,将消息透露给了鲁昭公。鲁昭公赶紧命叔孙婼改道,从铸地返回鲁国。

事实上,臧孙赐等人根本没必要操心。季孙意如才不会让鲁昭公回国,他不过是将叔孙婼耍了一通罢了。等到叔孙婼回国,他就改变了主意,当作自己什么都没说过。叔孙婼受不了这个气,但是又拿季孙意如没办法。十月四日,叔孙婼在自己的住处斋戒,命家里的祝官祈祷自己去死。十一日,叔孙婼去世。杜预以为,叔孙婼实际上就是耻于被季孙意如耍弄,自杀了。

而齐国这边,左师展打算带着鲁昭公驾一辆车回国,不带任何随从,结果被鲁昭公的手下抓住。鲁昭公的回国之路就这样被掐断了。

壬申,尹文公涉于巩,焚东訾,弗克。

王室的动乱仍在继续。十月十五日,王子朝的支持者尹文公从巩地渡过洛水,火烧东訾,未能成功。

十一月,宋元公将为公故如晋,梦大子栾即位于庙,己与平公服而相之。旦,召六卿。公曰:"寡人不佞,不能事父兄,以为二三子忧,寡人之罪也。若以群子之灵,获保首领以没,唯是楄柎所以藉干者,请无及先君。"仲几对曰:"君若以社稷之故,私降昵宴,群臣弗敢知。若夫宋国之法,死生之度,先君有命矣。群臣以死守之,弗敢失队。臣之失职,常刑不赦。臣不忍其死,君命只辱。"宋公遂行。己亥,卒于曲棘。

鲁昭公的遭遇引起了国际社会的关注。十一月,宋元公准备为鲁昭公的事前往晋国,出发之前,梦见世子栾在宗庙即位,自己和宋平公穿着朝服辅佐他。这个梦传达的意思太明显了。第二天一早,宋元公便将六卿召来,说:"寡人没有才能,不能侍奉父辈、兄辈,造成了你们几位的忧患,这是寡人的罪。如果倚仗你们几位的福气,寡人得以善终,那些用来承载骸骨的棺木,请不要比得上先君的规格。"这是自责的话,意思是自己没有管理好国家,愧对祖先,不敢使用先君的规格下葬。左师仲几代表大伙回答:"您如果因为国家的缘故,自己降低宴享娱乐的标准,群臣不敢干涉。如果说起宋国的法律,死生的制度,先君已有规定,群臣以死奉行这些规定,不敢违背。臣等失职,法律是不能赦免的。下臣不愿意这样死去,不能奉行您的命令。"这段话说得不冷不热,潜台词是你把国家搞得一塌糊涂,活着的时候不自责自罚,快死了却要群臣降低办丧事标准,谁敢答应你啊?

　　宋元公于是出发,十一月十三日死于曲棘。

十二月庚辰,齐侯围郓。

　　　　十二月二十四日,齐景公带兵包围郓城,由头当然是为鲁昭公讨回公道。

　　初,臧昭伯如晋,臧会窃其宝龟偻句。以卜为信与僭,僭吉。臧氏老将如晋问,会请往。昭伯问家故,尽对。及内子与母弟叔孙,则不对。再三问,不对。归,及郊,会逆,问,又如初。至,次于外而察之,皆无之。执而戮之,逸,奔郈。郈鲂假使为贾正焉。计于季氏。臧氏使五人以戈楯伏诸桐汝之间。会出,逐之,反奔,执诸季氏中门之外。平子怒,曰:"何故以兵入吾门?"拘臧氏老。季、臧有恶。及昭伯从公,平子立臧会。会曰:"偻句不余欺也。"

　　　　当初,臧孙赐前往晋国访问,臧会窃取了他的宝龟偻句(龟名偻句),

用来占卜应该诚实还是不诚实,结果是不诚实吉利。后来,臧氏家老将要到晋国问候起居,臧会请求代其前往。臧孙赐问家里的事,臧会一一回答。问及妻子以及胞弟臧叔孙,臧会便不回答,摆出一副不好说的样子。臧孙赐自然疑惑,再三追问,臧会还是不肯回答。等到臧孙赐从晋国回来,到了曲阜郊外,臧会前去迎接。臧孙赐再问那两个人的事,臧会又和当初在晋国一样。这种情况下,不回答,等于是明确告诉臧孙赐:您戴绿帽子啦!臧孙赐将信将疑,于是留了个心眼,先不回家,而是住在外面,暗中观察打听家里的动静,发现没有任何值得怀疑的事。臧孙赐气不打一处来,将臧会抓起来要杀他。臧会逃逸,跑到了郈地。

郈地是季氏的地盘。郈邑大夫鲂假接纳了臧会,让他做了贾正(管理市场的官吏)。有一天臧会去季孙意如府上送账本,臧家派了五个人带着戈和盾埋伏在桐汝的里门。臧会从季府出来,这些人就扑上去。臧会掉头就跑,在季府的中门之外被抓住。季孙意如大怒,说:"为什么要带兵器进入我家门?"拘捕了臧氏的家老。季氏和臧氏因此交恶。等到臧孙赐追随鲁昭公逃亡,季孙意如便立臧会为臧氏宗主。臧会得意洋洋地说:"偻句没有欺骗我啊!"真是恬不知耻。

楚子使薳射城州屈,复茄人焉。城丘皇,迁訾人焉。使熊相禖郭巢,季然郭卷。子大叔闻之,曰:"楚王将死矣,使民不安其土,民必忧。忧将及王,弗能久矣。"

楚平王派薳射在州屈筑城,让茄地人回去居住;在丘皇筑城,将訾人迁过去居住;派熊相禖在巢地修筑外城,季然在卷地修筑外城。游吉听说这些事,说:"楚王快死了。让百姓不能安居在他们的土地上,百姓必然忧愁,这种忧愁将延续到楚王身上,他不能长久了。"

鲁昭公二十六年

公元前516年,鲁昭公二十六年。

二十六年春,王正月庚申,齐侯取郓。

二十六年正月五日,齐景公攻取郓地。

葬宋元公,如先君,礼也。

宋国安葬宋元公,如同先君的规格,这是合乎礼的。

“三月,公至自齐,处于郓”,言鲁地也。

夏,齐侯将纳公,命无受鲁货。申丰从女贾,以币锦二两,缚一如瑱,适齐师。谓子犹之人高龁:“能货子犹,为高氏后,粟五千庾。”高龁以锦示子犹,子犹欲之。龁曰:“鲁人买之,百两一布,以道之不通,先入币财。”子犹受之,言于齐侯曰:“群臣不尽力于鲁君者,非不能事君也。然据有异焉。宋元公为鲁君如晋,卒于曲棘。叔孙昭子求纳其君,无疾而死。不知天之弃鲁邪,抑鲁君有罪于鬼神,故及此也?君若待于曲棘,使群臣从鲁君以卜焉。若可,师有济也,君而继之,兹无敌矣。若其无成,君无辱焉。”齐侯从之,使公子鉏帅师从公。

三月，鲁昭公从齐国回国，住在郓地。之所以说是"至"，是因为已经到了鲁国的领地上。

夏天，齐景公准备护送鲁昭公回曲阜，下令不得接受鲁国的财礼。季氏家臣申丰和女贾两人，拿着锦缎两匹作为礼物，将它们捆得紧紧的，好像一块镇圭，这样来到齐军大营，见到了梁丘据（字子犹）的家臣高龁，说："如果能够收买子犹，我们让你成为高氏的继承人，给你五千庚粮食（相当于二千四百石）。"

前面说过，梁丘据是齐景公的宠臣，高龁则是高强的族人。齐国的高氏本来权倾一时，其宗主高强于鲁昭公十年逃奔鲁国，此后便一蹶不振，是以高龁只能投靠梁丘据。现在季氏提出让高龁继承高氏产业，再加上五千庚粮食的诱惑，高龁马上同意，拿着锦缎去见梁丘据。梁丘据一看就想要。高龁说："鲁国人买了这些东西，一百匹一堆。由于道路不通，只能先送这点来。"梁丘据收到锦缎，对齐景公说："群臣不肯尽力为鲁侯办事，并不是不能侍奉您。不过我觉得很奇怪：宋元公为了鲁侯前往晋国，死于曲棘；叔孙昭子请求让他的国君回去，无疾而终。不知道是上天抛弃了鲁国呢，还是鲁侯得罪了鬼神，所以才到现在这个地步？您如果待在棘地（原文作"曲棘"，当为笔误），派群臣跟着鲁侯去试探性进攻，若是可以，军事上成功，您就继续前进，那就没有抵抗的人了。若是不成，也就没有必要劳您大驾了。"齐景公对梁丘据言听计从，于是派公子鉏带兵跟随鲁昭公。

成大夫公孙朝谓平子曰："有都以卫国也，请我受师。"许之。请纳质，弗许，曰："信女足矣。"告于齐师曰："孟氏，鲁之敝室也。用成已甚，弗能忍也，请息肩于齐。"齐师围成。成人伐齐师之饮马于淄者，曰："将以厌众。"鲁成备而后告曰："不胜众。"

师及齐师战于炊鼻。齐子渊捷从泄声子，射之，中楯瓦，繇胸汏辀，匕入者三寸。声子射其马，斩鞅，殪。改驾，人以为鬷戾也而助之。子车曰：“齐人也。”将击子车。子车射之，殪。其御曰：“又之。”子车曰：“众可惧也，而不可怒也。”子囊带从野洩，叱之。洩曰：“军无私怒，报乃私也，将亢子。”又叱之，亦叱之。冉竖射陈武子，中手，失弓而骂。以告平子，曰：“有君子白皙，鬒须眉，甚口。”平子曰：“必子强也，无乃亢诸？”对曰：“谓之君子，何敢亢之？”林雍羞为颜鸣右，下。苑何忌取其耳。颜鸣去之。苑子之御曰：“视下顾。”苑子刜林雍，断其足，鬋而乘于他车以归。颜鸣三入齐师，呼曰：“林雍乘！”

成地是孟氏封邑。成地大夫公孙朝对季孙意如说：“都城，是用来保卫国家的，请让我们抵御齐军。”前面说过，《左传》中的“都”，一般不是指国都，而是指建有宗庙的城邑。季孙意如当然答应了，有人肯主动担当，为什么不答应？公孙朝又请求向季氏派出人质，以表忠心。这就有点过分了，连季孙意如都不好意思接受，说：“我相信你，这就够了。”

公孙朝派人告诉齐军：“孟氏不过是鲁国的破落户，压榨成邑已经很过分，我早就不能忍受了，请求投靠齐国。”原文所谓“息肩于齐”，直接意思是依靠齐国的肩膀以求休息，说白了就是要投降。齐国人一听，还有这等好事？于是包围成地，等待公孙朝投降。齐军中有人在淄水饮马，遭到成地人的进攻。公孙朝派人解释：“这是做做样子给大伙看的。”意思是，投降的事大伙还不知道，要慢慢来。齐军便也不急着进攻，等到鲁军主力集结完毕，做好战斗准备，公孙朝又告诉齐国人：“大伙不愿意投降，我说服不了他们。”

既然是这样，那就只能开打了，双方在炊鼻摆开阵势。齐将子渊捷（字子车）对阵鲁将野洩（氏野，名洩，谥声）。子渊捷用箭射过去，射中盾脊，箭从横木穿过车辕，箭头射进盾脊三寸，力道甚是惊人。野洩射子渊捷的马，射断马颈上的皮带，将马射死。子渊捷改乘别的战车，鲁国人以为他是叔孙婼的司马鬷戾,就上去帮助他。子渊捷倒也实诚,说:"我是齐国人。"鲁国人想要攻击他,子渊捷张弓就射,将敌人射死。子渊捷的御者说:"再射。"子渊捷说:"众人可以恐吓,不可激怒。"说白了,就是不太想把鲁国人打得很惨。

齐将子囊带遇到野洩,大声呵叱他。野洩说:"两军交战没有私人恩怨,我要是回骂就是为自己的事了,我要抵抗您了!"了囊带还是呵叱,野洩便也顾不得什么公私分明,张嘴回骂。这哪里是打仗?简直是小孩子过家家。这其实也说明梁丘据的计谋见效了:齐景公不在场,大伙都不想为了鲁昭公去拼命,不过是应付一下场面罢了。

季氏家臣冉竖用箭射齐将陈开(陈无宇之子,名开,字子强,谥武),正中其手。陈开的弓掉到地上,破口大骂。冉竖向季孙意如报告,说:"有一位君子皮肤白嫩,胡子眉毛又黑又密,骂起人来好生了得!"季孙意如说:"那一定是子强,难道没有回骂他?"冉竖说:"既然说他是君子,哪里敢跟他对骂?"

鲁国的林雍担任颜鸣的车右,但是又感到羞耻,于是下车作战。齐将苑何忌打败林雍,也没有杀他,只是割了他的耳朵,以示羞辱。颜鸣看到了,心里十分害怕,故意装作没看见,驾车离去。苑何忌的御者提醒他:"你看看下面!"颜鸣一回头,正好瞥见苑何忌拿刀砍向林雍,将他的一条腿砍断。林雍用剩下的一条腿跳上别人的战车,逃回鲁国军中。颜鸣这才"发现"自己的车右原来不在车上,三次冲进齐军,大喊:"林雍来坐车!"

齐国和鲁国的炊鼻之战,就是这样打打闹闹开始,又打打闹闹收了场。

四月,单子如晋告急。五月戊午,刘人败王城之师于尸氏。戊辰,王城人、刘人战于施谷,刘师败绩。

四月，单穆公到晋国告急。五月初五日，刘地的军队（周敬王方）在尸氏打败雒邑的军队（王子朝方）。十五日，双方又在施谷交战，刘地的军队大败。

秋,盟于鄩陵,谋纳公也。

秋天，诸侯在鄩陵会盟，商量帮助鲁昭公复辟的事。据《春秋》记载，参加这次会盟的有齐景公、鲁昭公、邾子、莒子和杞伯。

七月己巳,刘子以王出。庚午,次于渠。王城人焚刘。丙子,王宿于褚氏。丁丑,王次于萑谷。庚辰,王入于胥靡。辛巳,王次于滑。晋知跞、赵鞅帅师纳王,使汝宽守阙塞。

七月十七日，刘文公保卫周敬王从刘地出来。十八日，住在渠地。雒邑的军队放火烧了刘地。二十四日，周敬王住宿在褚氏。二十五日，周敬王住在萑谷。二十八日，周敬王进入胥靡。二十九日，周敬王住在滑地。这一路奔波，真是难为天子了。幸运的是，晋国终于出手，派荀跞、赵鞅带兵护送周敬王，派大夫汝宽镇守阙塞。

九月,楚平王卒,令尹子常欲立子西,曰:"大子壬弱,其母非适也,王子建实聘之。子西长而好善,立长则顺,建善则治。王顺国治,可不务乎?"子西怒曰:"是乱国而恶君王也。国有外援,不可渎也。王有适嗣,不可乱也。败亲速仇,乱嗣不祥,我受其名。赂吾以天下,吾滋不从也,楚国何为? 必杀令尹!"令尹惧,乃立昭王。

被游吉言中，九月，楚平王去世了。令尹囊瓦想立公子宜申（楚平王的庶兄,字子西)为君,说:"太子壬还小,他的母亲也不是先王的嫡妻,而是先太子建娶回来的。子西年长而且善良。立年长的就顺于情理,建立善良的国家就得治。君王顺利,国家大治,能不这么做吗?"公子宜申却不领他的情,生气地说:"你这是搞乱国家,宣扬先王的丑事。国家有外援(指秦国),不可轻慢;先王有嫡子为嗣,不可乱来。败坏亲人的名声,加速仇人的到来,扰乱继承的顺序,是为不祥。让我蒙受恶名,就算拿天下贿赂我,我也不干,何况是楚国。必须杀掉令尹!"囊瓦害怕,于是立八岁的太子壬为君,也就是史上的楚昭王。

冬十月丙申,王起师于滑。辛丑,在郊,遂次于尸。十一月辛酉,晋师克巩。召伯盈逐王子朝,王子朝及召氏之族、毛伯得、尹氏固、南宫嚚奉周之典籍以奔楚。阴忌奔莒以叛。召伯逆王于尸,及刘子、单子盟。遂军围泽,次于堤上。癸酉,王入于成周。甲戌,盟于襄宫。晋师使成公般成周而还。十二月癸未,王入于庄宫。

十月十六日,王室从滑地起兵。二十一日,王军在郊地,于是驻扎在尸氏。十一月十一日,晋军攻克巩地。召氏本来是王子朝一党,看到当前这种形势,召简公(名盈,召庄公之子)果断改换门庭,起兵驱逐王子朝。王子朝及召氏族人、毛伯得、尹氏固、南宫嚚带着周朝的典籍逃奔楚国,阴忌逃到莒地叛变投降。王子朝在这种紧要关头还不忘记带走王室的图书典籍,倒也可以看出他确实是一位热爱知识的人。但是,从雒邑到郢都山高水远,王子朝等人又如丧家之犬,这批珍贵的典籍想必在途中遭到了严重的损毁。中国的学者对这件事似乎没有太多关注,倒是日本学者竹添光鸿在他的著作中称这件事为"大厄",以为这是秦始皇焚书之前中国文化遭受的最大一次破坏。

召简公到尸氏迎接周敬王,和刘文公、单穆公结盟。于是进军围泽,驻扎在堤上。二十三日,周敬王进入成周。二十四日,君臣在周襄王的宗庙结盟。晋国派大夫成公般戍守王畿，然后撤军回国。十二月四日，周敬王进入雒邑的庄宫。前后长达三年多的王室动乱，终于尘埃落定。

王子朝使告于诸侯曰："昔武王克殷，成王靖四方，康王息民，并建母弟，以蕃屏周。亦曰：'吾无专享文、武之功，且为后人之迷败倾覆，而溺入于难，则振救之。'至于夷王，王愆于厥身。诸侯莫不并走其望，以祈王身。至于厉王，王心戾虐，万民弗忍，居王于彘。诸侯释位，以间王政。宣王有志，而后效官。至于幽王，天不吊周，王昏不若，用愆厥位。携王奸命，诸侯替之，而建王嗣，用迁郏鄏。则是兄弟之能用力于王室也。至于惠王，天不靖周，生颓祸心，施于叔带，惠、襄辟难，越去王都。则有晋、郑，咸黜不端，以绥定王家。则是兄弟之能率先王之命也。在定王六年，秦人降妖，曰：'周其有頿王，亦克能修其职。诸侯服享，二世共职。王室其有间王位，诸侯不图，而受其乱灾。'至于灵王，生而有頿。王甚神圣，无恶于诸侯。灵王、景王，克终其世。今王室乱，单旗、刘狄，剥乱天下，一行不若。谓先王何常之有？唯余心所命，其谁敢请之？帅群不吊之人，以行乱于王室。侵欲无厌，规求无度，贯渎鬼神，慢弃刑法，倍奸齐盟，傲很威仪，矫诬先王。晋为不道，是摄是赞，思肆其罔极。兹不穀震荡播越，窜在荆蛮，未有攸厎。若我一二兄弟甥舅，奖顺天法，无助狡猾，以从先王之命，毋速天罚，赦图不穀，则所愿也。敢尽布其腹心，及先王之经，而诸侯实深图之！昔先王之命曰：'王后无適，则择立长。年钧以德，德钧以卜。'王不立爱，公卿无私，古之制也。穆后及大子寿早夭即世，单、刘赞私立少，以间先王，亦唯伯仲叔季图之。"

闵马父闻子朝之辞，曰："文辞以行礼也。子朝干景之命，远晋之大，以专其志，无礼甚矣，文辞何为？"

王子朝输了江山,但是并不服气,从楚国给中原诸侯写信,大大地卖弄了一番自己的学识——

"从前周武王消灭商朝,周成王安定四方,周康王让百姓休养生息,让胞弟们一起分封建国,以作为周朝的屏障,还说:'我不能独享文王、武王的功德,而且也是为了预防后代昏庸败坏而陷入危难,有人去拯救他们。'到了周夷王,重病缠身,诸侯无不遍祭境内的名山大川,为夷王的健康祈祷。到了周厉王时代,天子内心暴戾,万民不能忍受,将他赶到了彘地。诸侯离开自己的国家来参与王政。周宣王智识开通,所以后来又将王政奉还天子。到了周幽王,上天不保佑周室,天子昏庸不顺,因此失去了王位。携王触犯天命,诸侯将他废除,立了王室的继承人,因此迁都到郏鄏。这就是由于兄弟们能够为王室效力。到了周惠王,上天不安定周室,让王子颓产生祸心,并延及王子带。周惠王、周襄王为了避难,离开了国都。这时候就有晋国、郑国来消灭不正派的人,以平定王室。这就是因为兄弟们能够遵奉先王的命令。在周定王六年的时候,秦国人中间降下妖孽,说:'周朝将有一位长胡髭的天子,也能够完成自己的使命,使诸侯顺服而享有国家,两代都谨守职分。王室中有人觊觎王位,诸侯不为王室考虑,因而遭受了灾难。'到了周灵王,生下来就有胡髭,十分神奇圣智,没有什么事情得罪诸侯。周灵王、周景王都能够得以善终。"

这一段话里,王子朝回顾了周朝的历史,强调周朝的封建制度,历来仰仗兄弟之国共同辅佐王室。其中提到的"携王",是周幽王的儿子余臣。前面介绍过,周幽王宠爱褒姒,废除太子宜臼(即周平王),改立褒姒的儿子伯服为太子。宜臼逃到申国,自称"天王"。周幽王带兵讨伐宜臼,结果战死。但是周平王并没有马上即位,因为虢公翰等王室大臣又在携地立了王子余臣为君,周朝出现了二王并立的局面。后来,余臣为晋文侯所杀,王室才结束分裂,才有了周平王东迁雒邑(别称郏鄏)。至于秦国的妖孽之言,自然是王子朝自己捏造的。他把自己当作正统的继承人,而指责周悼王、周敬王觊觎王位,诸侯不闻不问,可以说是颠倒黑白,借妖言而惑众。

"现今王室动乱,单旗(单穆公)、刘狄(刘文公)扰乱天下,专门倒行逆施,说什么'先王即位哪里有什么常道,只要我们心里认定就可以了,有谁敢说三道四?'带领一班不善之徒,在王室中制造混乱。他们的欲望没有满足,贪求没有限度,向来亵渎鬼神,轻蔑地抛弃刑法,背叛和触犯盟约,傲视礼仪,诬陷先王。晋国不走正道,支持他们帮助他们,想要放纵他们的贪得无厌。现在不穀(王子朝自称)动荡流离,寄身于荆蛮,还没有归宿。如果我的几位兄弟甥舅(指同姓和异姓诸侯)顺应天命,不要帮助狡猾之徒,以服从先王的命令,避免招致上天的惩罚,除去不穀的烦恼并为不穀谋划,那就是不穀所愿了。谨敢完全吐露心声,公布先王的命令,希望诸侯们认真考虑一下:从前先王命令说,王后没有嫡子,则选择立年长的为君。年龄相同则立德行好的,德行相当则通过占卜来选择。天子不立偏爱的儿子,公卿没有私心,这是古代的制度。穆后和太子寿早年去世,单氏、刘氏怀着私心废长立少,以此违犯先王的命令,请老少诸侯都认真考虑一下这件事!"

　　周朝实行嫡长子继承制,国也罢,家也罢,儿子们的继承顺序大致遵循这样的原则:1.嫡子排在庶子前面,不分长幼;2.嫡子中以长幼排序;3.如果没有嫡子,则庶子们按照王子朝所说的原则,先是立长,其次立德,再次立祥。周景王的太子寿确实是早夭,可是还有嫡次子王子猛作为顺位继承人,轮不到王子朝上位啊!王子朝这封信,罔顾王子猛才是法定继承人这一事实,只挑对自己有利的说,文采虽然了得,却没有任何说服力。闵马父听到王子朝的说辞,便说:"文辞是为了推行礼的。王子朝违背周景王的命令,疏远晋国这个大国,一门心思要做天子,无礼到了极点,就算文辞再好又有什么用?"

　　齐有彗星,齐侯使禳之。晏子曰:"无益也,只取诬焉。天道不謟,不贰其命,若之何禳之? 且天之有彗也,以除秽也。君无秽德,又何禳焉? 若德之秽,禳之何损?《诗》曰:'惟此文王,小心翼翼,昭事上帝,聿怀多

晏嬰
諫襄
替

福。厥德不回，以受方国。'君无违德，方国将至，何患于彗？《诗》曰：'我无所监，夏后及商。用乱之故，民卒流亡。'若德回乱，民将流亡，祝史之为，无能补也。"公说，乃止。

齐国观察到彗星经过，齐景公命人祭祀禳灾。晏婴说："没有用的，只能自欺欺人。天命不可置疑，也不可更改，祭祀祈祷又有什么用？而且上天有扫帚，是用来清除污秽的。如果国君的品德没有污秽，又祈祷什么呢？如果德行有污秽，祈祷又能减少这污秽吗？《诗》上说：'就是这位文王，小心翼翼，隆重地侍奉天帝，祈求各种福气。他的德行不违天命，以此接受四方诸侯的拥戴。'国君没有恶德，四方诸侯将要来到，又何必怕那个大扫帚？《诗》上说：'我没有什么借鉴，要用就是夏朝和商朝。因为昏乱，老百姓终于流亡。'如果德行违背天命而昏乱，百姓将要流亡，祝官史官做什么都于事无补。"齐景公心悦诚服，于是停止祭祀。

　　齐侯与晏子坐于路寝，公叹曰："美哉室，其谁有此乎？"晏子曰："敢问何谓也？"公曰："吾以为在德。"对曰："如君之言，其陈氏乎！陈氏虽无大德，而有施于民。豆区釜钟之数，其取之公也薄，其施之民也厚。公厚敛焉，陈氏厚施焉，民归之矣。《诗》曰：'虽无德与女，式歌且舞。'陈氏之施，民歌舞之矣。后世若少惰，陈氏而不亡，则国其国也已。"公曰："善哉！是可若何？"对曰："唯礼可以已之。在礼，家施不及国，民不迁，农不移，工贾不变，士不滥，官不滔，大夫不收公利。"公曰："善哉，我不能矣。吾今而后知礼之可以为国也。"对曰："礼之可以为国也久矣，与天地并。君令臣共，父慈子孝，兄爱弟敬，夫和妻柔，姑慈妇听，礼也。君令而不违，臣共而不贰，父慈而教，子孝而箴，兄爱而友，弟敬而顺，夫和而义，妻柔而正，姑慈而从，妇听而婉，礼之善物也。"公曰："善哉，寡人今而后闻此礼之上也。"对曰:"先王所禀于天地,以为其民也,是以先王上之。"

　　齐景公和晏婴坐在寝宫里聊天。齐景公突然叹息:"这屋子多漂亮啊!将来会是谁占有这里呢?"这句话问得奇怪,按理说,接下来就是你的儿子、孙子、曾孙占有这里嘛!齐景公这个时候大概已经感到了公室的衰落,预计卿大夫阶层将会取而代之,所以才有此一叹吧!晏婴更是心如明镜,却故意说:"敢问您这是什么意思呢?"齐景公也不拐弯抹角,说:"我以为在于德行。"意思是,有德之人将成为这里的主人。

　　晏婴也就不再装了,说:"如您所言,那就应该是陈氏吧!陈氏虽然没有什么大德,但是经常对百姓施舍。豆、区、釜、钟这几种容器,从他们的田地里征税就用小的,向百姓施舍就用大的。公室厚敛,陈氏厚施,百姓自然归附他们。《诗》上说:'虽然没有德行给予你,也应当且歌且舞。'陈氏的施舍,已经令百姓为之歌舞了。您的后代如果稍微懈怠,陈氏如果没有灭亡的话,他的封地就变成国家了。"齐景公说:"是这样啊!可是怎么办呢?"晏婴说:"唯有礼可以阻止他们。如果合于礼,家族的施舍不可以扩大到国内,百姓不迁徙,农夫不迁移,工商不变更职业,士人不失职守,官吏不怠慢,大夫不侵占公室的利益。"齐景公说:"是啊,只是我不能做到了。我从今而后知道礼是可以用来治国的了。"晏婴说:"礼可以用来治国,由来已久,和天地一样长久。国君善良,臣下恭敬,父亲慈祥,儿子孝顺,兄长友爱,弟弟尊敬,丈夫和蔼,妻子温顺,婆婆慈惠,媳妇听话,这就是礼。国君善良而不违天命,臣下恭敬而无二心,父亲慈祥而教育儿子,儿子孝顺而规劝父亲,兄长仁爱而友善,弟弟尊敬兄长而顺服,丈夫和蔼而合理,妻子温柔而正直,婆婆慈惠而听得进意见,媳妇顺从而能委婉陈词,这又是礼中的好事情。"齐景公说:"是啊,寡人从今而后知道礼应该加以崇尚了。"晏婴说:"先王有感于天地而治理百姓,所以先王崇尚它。"

鲁昭公二十七年

公元前 515 年，鲁昭公二十七年。

二十七年春，公如齐。公至自齐，处于郓，言在外也。

> 二十七年春，鲁昭公在外流亡进入第三个年头。《春秋》记载："国君去到齐国。""国君从齐国回来，住在郓城。"这是说他住在国都之外。

吴子欲因楚丧而伐之，使公子掩余、公子烛庸帅师围潜。使延州来季子聘于上国，遂聘于晋，以观诸侯。楚莠尹然、王尹麇帅师救潜。左司马沈尹戌帅都君子与王马之属以济师，与吴师遇于穷。令尹子常以舟师及沙汭而还。左尹郤宛、工尹寿帅师至于潜，吴师不能退。

> 吴王僚想趁楚国有丧事（上年楚平王去世）而讨伐它，派公子掩余、公子烛庸带兵包围潜地。同时派季札访问中原诸国，最主要是访问晋国，以观察诸侯的气象。原文中的"延州来季子"即季札，他最早受封于延陵，曾被称为"延陵季子"；后来又加封州来，便有了现在这个称呼。
>
> 楚国积极应对吴国的进攻，派莠尹（官名）然、王尹（官名）麇带兵救援潜地，左司马沈尹戌带领"都君子"（楚王的私卒，兵源来自各大城市的士大夫家庭）与"王马之属"（楚王直属的战车部队）前去增援，与吴军在穷地相遇。令尹囊瓦带着水军前进至沙汭然后返回。左尹郤宛、工尹寿

带兵抵达潜地。吴军陷入进退两难的困境。

吴公子光曰："此时也,弗可失也。"告鱄设诸曰："上国有言曰:'不索,何获?'我,王嗣也,吾欲求之。事若克,季子虽至,不吾废也。"鱄设诸曰："王可弑也。母老,子弱,是无若我何?"光曰："我,尔身也。"

夏四月,光伏甲于堀室而享王。王使甲坐于道及其门。门、阶、户、席,皆王亲也,夹之以铍。羞者献体改服于门外。执羞者坐行而入,执铍者夹承之,及体,以相授也。光伪足疾,入于堀室。鱄设诸置剑于鱼中以进,抽剑刺王,铍交于胸,遂弑王。阖庐以其子为卿。

吴王僚趁着楚国有丧事而讨伐楚国,当然是非礼的行为。大军出动又没捞到便宜,反而陷入进退两难的困境,更使他饱受国内外批评。这种情况下,一直觊觎王位的公子光认为机不可失。他对专诸说:"中原国家有句话说得好,自己不去寻找,哪里会有收获?我本来是王位的继承人,我现在就要寻回自己的王位。事情如果成功,就算季子回来,也不能废除我。"专诸自然明白公子光是什么意思,说:"大王是可以杀掉。只不过我的母亲老了,儿子又小,我拿他们没办法。"意思是,我可以为你卖命,但你要照顾好我的家人。公子光很爽快地说:"我就是你。"

四月,公子光宴请吴王僚,在宴会厅的地下室里埋伏了甲士。吴王僚的戒备心很重,派甲士坐在路边守卫,从王宫一直排到公子光的府上。不仅仅是这样,从公子光的大门口到台阶,再到内室的门口,再到宴会的座席,都有吴王僚的亲兵,手持长铍(古代的一种武器,类似于将剑装在长柄上,可砍可刺)夹道警戒。端菜的人要在门外先脱光衣服,再换上另外一套衣服,膝行而入,左右都有持铍的武士监视,长铍的锋刃挨着他的身体,这样进到宴会厅,然后才交给上菜的人。

在这种情况下要想行刺吴王僚,几乎是不可能的。但是专诸想了一个计谋,将一把短剑藏在鱼肚子里,然后端进去。公子光借口腿脚有毛病暂时退下,先躲进了地下室。专诸进到宴会厅,突然抽出短剑,飞身刺向吴王僚。两边的长钹刺透了他的胸膛。几乎与此同时,他也杀死了吴王僚。

专诸刺吴王的故事,在历史上广为传播,司马迁的记载更为精彩,而且带有褒扬的意思。反观老左的记载,则显得有点干巴巴,完全没有感情色彩。我想这也代表了老左的价值观:公子光刺杀吴王僚,并不见得有多少正义的成分。专诸在其中充当的角色,也就是一个不要命的刺客而已。不管怎么样,公子光的目的达到了。吴王僚死后,公子光自立为王,也就是吴王阖庐(又作阖闾)。他没有食言,将专诸的儿子封为卿。对于吴国来说,一个新的时代开始了。

季子至,曰:"苟先君无废祀,民人无废主,社稷有奉,国家无倾,乃吾君也。吾谁敢怨? 哀死事生,以待天命。非我生乱,立者从之,先人之道也。"复命哭墓,复位而待。吴公子掩余奔徐,公子烛庸奔钟吾。楚师闻吴乱而还。

季札从中原回到吴国,说:"只要先君的祭祀没有废弃,百姓的主人没有废除,社稷有人奉养,国家没有颠覆,他就是我的国君。我敢怨恨谁? 哀悼死者,侍奉生者,以等待天命。不是我发起了动乱,谁立为国君,我就服从谁,这是先人的常道。"到吴王僚墓前哭着回复使命,回到自己的官位上等待吴王阖庐的命令。

季札的态度可以这样理解:从政治上讲,他只忠于国家,不是忠于某位君主,因此谁来当吴王,他都不在意,只要能把国家治理好就可以了。从道德上讲,他不能认同阖庐的做法,但是事情已经发生了,他又能怎么样呢? 只能面对现实,继续做好自己的工作,为国家尽自己的绵薄之力。从感情上讲,吴王僚是他的旧主,对他也不错,他必须到吴王僚的墓前表达自己的哀悼之意,就算阖庐对此不满也无所谓。

吴国国内的政变导致在外征战的吴军士气低落，他们本来就进退两难，现在更是有国难归。吴军的两位统帅，公子掩余逃到了徐国，公子烛庸逃到了钟吾，整支部队实际上就崩溃了。楚军听到吴国内乱的消息，也收兵回去。

郤宛直而和，国人说之。鄢将师为右领，与费无极比而恶之。令尹子常赇而信谗，无极谮郤宛焉，谓子常曰："子恶欲饮子酒。"又谓子恶："令尹欲饮酒于子氏。"子恶曰："我，贱人也，不足以辱令尹。令尹将必来辱，为惠已甚，吾无以酬之，若何？"无极曰："令尹好甲兵，子出之，吾择焉。"取五甲五兵，曰："置诸门，令尹至，必观之，而从以酬之。"及飨日，帷诸门左。无极谓令尹曰："吾几祸子。子恶将为子不利，甲在门矣。子必无往！且此役也，吴可以得志。子恶取赂焉而还，又误群帅，使退其师，曰'乘乱不祥'。吴乘我丧，我乘其乱，不亦可乎？"令尹使视郤氏，则有甲焉。不往，召鄢将师而告之。将师退，遂令攻郤氏，且焚之。子恶闻之，遂自杀也。国人弗焚，令曰："不焚郤氏，与之同罪。"或取一编菅焉，或取一秉秆焉，国人投之，遂弗焚也。令尹炮之，尽灭郤氏之族、党，杀阳令终与其弟完及佗与晋陈及其子弟。晋陈之族呼于国曰："鄢氏、费氏自以为王，专祸楚国，弱寡王室，蒙王与令尹以自利也，令尹尽信之矣，国将如何？"令尹病之。

楚国的左尹郤宛（字子恶）为人正直而和蔼可亲，国人都喜欢他。鄢将师担任右领（官名），与费无极勾结在一起而讨厌郤宛。令尹囊瓦贪求贿赂而且喜欢听信谗言，费无极便在囊瓦面前构陷郤宛，说："子恶想请您喝酒呢。"又对郤宛说："令尹想到您家喝酒。"郤宛不知是计，说："我乃卑贱之人，不足以让令尹屈尊前来。令尹如果一定要赏脸，赐给我的恩惠就太大了，我又没有东西可以答谢，怎么办？"费无极说："令尹喜欢盔甲武器，您摆出来，我来选。"于是选了五副盔甲、五件兵器，说："摆在门口。令尹来了，一定会观看它们，就趁机答谢他。"等到举行宴会那天，郤宛将盔甲兵器放在门边的帷帐里。费无极却对囊瓦说："我几乎害了您！子恶将要对您不利，埋伏了甲兵在门里。您一定不要前去。而且上一次作战，本来楚国可以得志于吴国，郤宛受了吴国的贿赂回来，又误导诸将，让他们都退兵，说什么'乘乱不祥'。吴国乘我们有丧事而进攻，我们乘他们有内乱而反攻，有什么不可以？"

费无极陷害人的本事，当世无出其右。囊瓦听了他的话，派人去郤宛家打探，果然有甲兵在门里。囊瓦于是不去赴宴，将鄢将师召来面授机宜。鄢将师就等着这一天了，退下之后，便下令攻打郤氏，而且放火烧郤宛家的房子。郤宛听说这件事，就自杀了。郢都的居民都不肯参与火攻，鄢将师就下令："谁不烧郤家，和他同罪。"这种情况下，有人拿了一块席子，有人拿了一把秸秆，随随便便投过去，火始终没烧起来。鄢将师一看不对劲，下令郢都城里的里长、胥吏举火去烧，终于把火烧起来了，将郤氏族人、亲属全部消灭，杀了阳令终（阳匄之子）和他的两个弟弟阳完、阳陀，以及大夫晋陈和他的子弟。晋陈的族人在郢都呼号："鄢氏、费氏以君王自居，专权而祸乱楚国，削弱和孤立王室，欺骗大王和令尹以谋求私利，令尹全都相信他们了，国家将要怎么办？"

囊瓦听到了，也许是有所醒悟吧，很担心。

秋，会于扈，令戍周，且谋纳公也。宋、卫皆利纳公，固请之。范献子取货于季孙，谓司城子梁与北宫贞子曰："季孙未知其罪，而君伐之。请囚、请亡，于是乎不获，君又弗克，而自出也。夫岂无备而能出君乎？季氏之复，天救之也。休公徒之怒，而启叔孙氏之心。不然，岂其伐人而说甲执冰以游？叔孙氏惧祸之滥，而自同于季氏，天之道也。鲁君守齐，三年而无成。季氏甚得其民，淮夷与之，有十年之备，有齐、楚之援，有天之赞,有民之助,有坚守之心,有列国之权,而弗敢宣也,事君如在国。故鞅以为难。二子皆图国者也,而欲纳鲁君,鞅之愿也,请从二子以围鲁。无成,死之。"二子惧,皆辞。乃辞小国,而以难复。

　　秋天,诸侯大夫在扈地相会,下达戍守雒邑的命令,同时商量帮助鲁昭公复位之事。据《春秋》记载,参加这次会议的有晋国士鞅、宋国乐祁(字子梁,官居司城)、卫国北宫喜(谥贞)以及曹国、邾国、滕国的代表。宋国和卫国都认为送回鲁昭公是有利的,坚决请求采取行动。但是,士鞅从季孙意如那里索取了贿赂,对乐祁和北宫喜说:"季孙还不知道自己犯了什么罪,国君就讨伐他。他请求囚禁、逃亡,在当时都没获得同意,而国君又没有获胜,就自己出国了。这难道不是季孙从头到尾都没有逼迫,而他的国君却自己逃亡吗?可见季氏恢复原有的地位,乃是上天拯救了他,压住了国君手下的愤怒,引导了叔孙氏的心志。如果不是这样,怎么解释去讨伐别人反而脱掉盔甲拿着箭壶在那里游玩?叔孙氏害怕灾祸漫延,而自愿与季氏同一阵线,这是上天的意志。鲁侯在齐国请求帮助,三年而一事无成。季氏在鲁国甚得民心,淮夷亲附他,有打十年的准备,有齐国、楚国的人支援,有上天的赞同,有百姓的帮助,有坚守的决心,有诸侯的权势,但是不敢骄傲,侍奉鲁侯如同他在国内。所以我以为这件事情很难。二位都是为国家打算的,想要把鲁侯送回去,这也是我的愿望,请让我跟随二位去围攻鲁国。如果不成功,我就为此而死。"

　　士鞅贪财好货,而且话说得很绝,先是告诉乐祁和北宫喜,这件事情不好办;然后表示如果你们一定要干,那我就跟着干,就算死了也无所谓。这个茬儿谁敢接啊!乐祁和北宫喜都表示不干了,于是统一思想,辞退了曹国、邾国、滕国那几个小国家,向晋顷公复命说:"这事很难办。"

　　孟懿子、阳虎伐郓。郓人将战,子家子曰:"天命不慆久矣,使君亡者,必此众也。天既祸之,而自福也,不亦难乎!犹有鬼神,此必败也。

乌呼！为无望也夫！其死于此乎！"公使子家子如晋，公徒败于且知。

　　既然晋国对鲁昭公的遭遇不闻不问，季孙意如便放开手脚了。他派家臣阳虎讨伐郓城，要把鲁昭公彻底从鲁国赶走。这位阳虎，就是《论语》里出现过的阳货，在春秋后期也是位风云人物。当然，季孙意如还没有狂妄到派自己的家臣担任统帅，而是请十六岁的仲孙何忌出马，担任了名义上的总指挥。

　　郓城人还是很忠君的，打算决一死战。子家羁说："天命不在公室，这一点无可怀疑，已经很久了。让国君逃亡的，必定是这些人。上天既然降祸于他，而自求福分，不也是很难的吗？如果有鬼神作证，这一战必败。呜呼！没有希望了啊！恐怕要死在这里了。"子家羁是个有头脑的人，从一开始就想避免公室与季氏的直接冲突，鲁昭公逃亡后又积极安排他回国的事，做什么事情总是面对现实，从不意气用事。但是，在当时这种情况下，要鲁昭公不战而逃反而是不现实的，是人都会拼一把！所以鲁昭公将子家羁打发去了晋国。双方交战，鲁昭公这方在且知被打败。

　　楚郤宛之难，国言未已，进胙者莫不谤令尹。沈尹戌言于子常曰："夫左尹与中厩尹，莫知其罪，而子杀之，以兴谤讟，至于今不已。戌也惑之：仁者杀人以掩谤，犹弗为也。今吾子杀人以兴谤，而弗图，不亦异乎！夫无极，楚之谗人也，民莫不知。去朝吴，出蔡侯朱，丧大子建，杀连尹奢，屏王之耳目，使不聪明。不然，平王之温惠共俭，有过成、庄，无不及焉。所以不获诸侯，迩无极也。今又杀三不辜，以兴大谤，几及子矣。子而不图，将焉用之？夫鄢将师矫子之命，以灭三族，国之良也，而不愆位。吴新有君，疆场日骇。楚国若有大事，子其危哉！知者除谗以自安也，今子爱谗以自危也，甚矣，其惑也！"子常曰："是瓦之罪，敢不良图！"九月己

未,子常杀费无极与鄢将师,尽灭其族,以说于国。谤言乃止。

楚国郤宛蒙难,朝野议论纷纷,批评令尹囊瓦的声音从未停歇。士大夫无不指责囊瓦。沈尹戌对囊瓦说:"左尹(郤宛)和中厩尹(阳令终)没有人知道他们犯了什么罪,您就把他们杀掉了,因此产生指责,到今天都没有平息。我也感到迷惑,仁者为了掩盖批评而杀人,尚且不想这么做。现在您杀人而招致批评,又不图谋补救之策,不是很奇怪吗?那个费无极在楚国是出了名的逸人,没有谁不知道他。去掉朝吴,赶走蔡侯朱,丧失太子建,杀死连尹伍奢,遮蔽大王的耳目,使之目不明耳不聪。不然的话,以楚平王的温惠恭俭,比楚成王、楚庄王有过之而无不及,却不能获得诸侯的拥戴,就是因为亲近费无极。现在又杀了三个无辜的人,引起大大的指责,几乎要骂到您头上了。您不为这件事情操心,还当这个令尹做什么?还有那个鄢将师,假传您的命令,灭了郤氏、阳氏、晋陈氏三族。这三大家族都是楚国的良臣,在位上没有过错。吴国新近立了国君,边境的局势一天比一天紧张。楚国如果发生战事,您就危险了!智者清除逸人以自求安定,您却爱惜逸人以自处险境,太让人迷惑了。"

囊瓦恍然大悟,说:"是我的罪过,岂敢不认真考虑!"九月十四日,囊瓦杀掉费无极和鄢将师,并将他们的族人全部诛灭,以取悦国人,这样才让批评的声音平息下来。说句多余的话,最大的问题难道不是出在囊瓦本人身上吗?没有囊瓦的默许,仅凭费无极和鄢将师之力,能够夷灭三族?眼看局面控制不住了,就拿费无极和鄢将师来搪塞责任,这种丢车保帅的伎俩,委实令人不齿。

冬,公如齐,齐侯请飨之。子家子曰:"朝夕立于其朝,又何飨焉?其饮酒也。"乃饮酒,使宰献,而请安。子仲之子曰重,为齐侯夫人,曰:"请使重见。"子家子乃以君出。

鲁昭公继续他的流亡生活,冬天又来到齐国。齐景公还是很客气,要隆重地宴请他。子家羁说:"早晚都站在他的朝堂上,又何必费事宴请,喝喝酒就算啦!"于是就喝酒。齐景公让宰臣(卿)向鲁昭公敬酒,自己却请求退席。说白了,齐景公真没把鲁昭公当外人,而是当作自己的臣子来对待了。十六年前,鲁国的公子憖(子仲)谋划驱逐季氏,事败而逃奔齐国,他的女儿名重,嫁给齐景公为夫人。现在,齐景公对鲁昭公说:"请让重出来见您。"也就是让自己的夫人来陪鲁昭公喝酒。这都什么搞法?子家羁一看不对劲,赶紧陪着鲁昭公退席了。

十二月,晋籍秦致诸侯之戍于周,鲁人辞以难。

十二月,晋国的籍秦带着诸侯的戍卒来到雒邑,鲁国人以国家有难为借口推辞,没有参加这次行动。

鲁昭公二十八年

公元前514年,鲁昭公二十八年。

二十八年春,公如晋,将如乾侯。子家子曰:"有求于人,而即其安,人孰矜之?其造于竟。"弗听。使请逆于晋。晋人曰:"天祸鲁国,君淹恤在外,君亦不使一个辱在寡人,而即安于甥舅,其亦使逆君?"使公复于竟,而后逆之。

鲁昭公继续漂泊。二十八年春,他从齐国前往晋国,将要去到乾侯。子家羁说:"有求于别人,而又想舒舒服服地待着,谁会同情?还是到晋国的国境上等着吧。"鲁昭公不听,派使者请求晋国派人来迎接。晋国人说:"上天降祸鲁国,君侯滞留在外,也不派一个人来屈尊问候一下寡人,而是安安稳稳地待在甥舅之国(指齐国),难道还要派人去那里迎接您?"让鲁昭公回到齐国和鲁国的边境上,然后派人去迎接。说白了,晋国不当接盘侠,鲁昭公要来,就从鲁国来,不要从齐国来。

没有国家的国君,也只能任人摆布了。

晋祁胜与邬臧通室。祁盈将执之,访于司马叔游。叔游曰:"《郑书》有之:'恶直丑正,实蕃有徒。'无道立矣,子惧不免。《诗》曰:'民之多辟,无自立辟。'姑已,若何?"盈曰:"祁氏私有讨,国何有焉?"遂执之。祁胜赂荀跞,荀跞为之言于晋侯。晋侯执祁盈。祁盈之臣曰:"钧将皆死,慭使吾君闻胜与臧之死以为快。"乃杀之。夏六月,晋杀祁盈及杨食我。食我,祁盈之党也,而助乱,故杀之,遂灭祁氏、羊舌氏。

初,叔向欲娶于申公巫臣氏,其母欲娶其党。叔向曰:"吾母多而庶鲜,吾惩舅氏矣。"其母曰:"子灵之妻杀三夫、一君、一子,而亡一国、两卿矣。可无惩乎?吾闻之:'甚美必有甚恶。'是郑穆少妃姚子之子,子貉之妹也。子貉早死,无后,而天钟美于是,将必以是大有败也。昔有仍氏生女,鬒黑而甚美,光可以鉴,名曰玄妻。乐正后夔取之,生伯封,实有豕心,贪婪无餍,忿颣无期,谓之封豕。有穷后羿灭之,夔是以不祀。且三代之亡、共子之废,皆是物也,女何以为哉?夫有尤物,足以移人。苟非德义,则必有祸。"叔向惧,不敢取。平公强使取之,生伯石。伯石始生,子容之母走谒诸姑,曰:"长叔姒生男。"姑视之。及堂,闻其声而还,曰:"是豺狼之声也。狼子野心。非是,莫丧羊舌氏矣。"遂弗视。

晋国的祁胜和邬藏都是祁盈的家臣。二人"通室",也就是共妻,淫乱得不像话。祁盈想要将他们都抓起来,去问司马叔游的意见,叔游说:"《郑书》上说:'讨厌正直,大有人在。'无道之人当权,您要操心的是不能免除祸患。《诗》上说:'百姓多有邪恶,不要自作清高。'姑且不理这件事,如何?"祁盈说:"祁氏自己清理门户,与国家有什么关系?"于是逮捕他们。祁胜向荀跞行贿,荀跞拿钱办事,在晋顷公这里说了这件事。晋顷公不分青红皂白,下令逮捕了祁盈。祁盈的家臣说:"反正都是死,不如让我们的主人听到祁胜和邬藏的死讯以图一快。"于是杀了这两个人。六月,晋国杀死祁盈和杨食我——杨食我即羊舌肸之子,字伯石,因受封于杨地,故以杨为氏。此时羊舌肸应该已经去世,杨食我继承家业。杨食我与祁盈私交甚深,又助祁盈为乱,所以被杀。祁氏和羊舌氏作为晋国的名门,从此成为历史。

回想起来,当初羊舌肸想娶申公巫臣与夏姬的女儿为妻。羊舌肸的母亲却想他娶自己的家人,也就是中表结亲。羊舌肸说:"我的母亲多而庶兄弟少,我可不敢娶舅氏的人。"

话说当时的诸侯或世家大族,很多是两家世代通婚,亲上加亲,却没有想到即使不是同姓,近亲结婚也会造成遗传上的种种问题。羊舌肸的父亲有很多女人,但是生下的儿子不多。羊舌肸由此怀疑母亲娘家的女人不能生育,所以不愿意服从母亲的安排。当然,更重要的原因是,夏姬是位绝世美女,她的女儿想必也是个美人坯子。哪个男人不爱美女呢?智者如羊舌肸也不例外。他的母亲便给他来了一番长篇大论——

子灵(即巫臣)的妻子死了三任丈夫、一位国君、一个儿子,而且灭亡了一个国家、两位卿,你就不怕了?(夏姬的故事,前面有记录,在此不赘)我听说,太美必有大恶。她是郑穆公的少妃姚子的女儿,子貉(郑灵公)的妹妹。子貉死得早,没有后代,而上天将美丽都汇集到她身上,必然是要用她来大肆败坏伦常。从前有仍氏生了个女儿,头发又黑又密,人也很漂亮,光艳照人,名叫玄妻。乐正(官名)后夔娶了她,生了伯封,心和猪一样,贪婪没有满足,暴戾没有底线,人们叫他大猪。有穷氏的后羿灭了他,后夔因此而失去了祭祀。而且,夏、商、周三代的灭亡,共子(即晋献公的太子申生)被废,都是因为美色作怪。你娶她做什么呢?那些尤物啊,足以改变人生。如果不是有德有义之人娶她,必然产生祸害。

这位老太太的话,自古为人称道,其中的逻辑只有四个字:红颜祸水。在她看来,越是漂亮的女人,越是男人的祸害,连她们生下的后代都带有原罪,这得对美丽有多大的仇恨啊!羊舌肸被她吓坏了,不敢娶夏姬的女儿。当时的国君晋平公却是个好管闲事的,硬是要羊舌肸娶了她,生了杨食我。杨食我刚出生的时候,子容的母亲(羊舌肸的嫂子)跑去告诉婆婆(即羊舌肸的母亲):"大弟媳生了个男孩。"老太太过去看孙子,走到堂前,听到孩子的哭声就往回走,说:"这是豺狼的声音。狼子野心啊,如果不是这个人,别人谁也不能毁掉羊舌氏。"于是不去看他。

对于老左的这段记载,我无话可说。至于后人对老太太的各种称颂,我只想说:毛病!

秋,晋韩宣子卒,魏献子为政。分祁氏之田以为七县,分羊舌氏之田以为三县。司马弥牟为邬大夫,贾辛为祁大夫,司马乌为平陵大夫,魏戊为梗阳大夫,知徐吾为涂水大夫,韩固为马首大夫,孟丙为盂大夫,乐霄为铜鞮大夫,赵朝为平阳大夫,僚安为杨氏大夫。谓贾辛、司马乌为有力于王室,故举之;谓知徐吾、赵朝、韩固、魏戊,余子之不失职、能守业者也;其四人者,皆受县而后见于魏子,以贤举也。

秋天,晋国的中军元帅韩起去世,接替他执掌大权的是魏舒。祁氏和羊舌氏既然被消灭,本来应该将他们的土地归还公室,但这是不可能的。在魏舒的主持下,一场打土豪分田地的运动开始了。祁氏的土地被分为七个县,羊舌氏的土地被分为三个县,全部封给大家:司马弥牟为邬大夫,贾辛为祁大夫,司马乌为平陵大夫,魏戊为梗阳大夫,知徐吾为涂水大夫,韩固为马首大夫,孟丙为盂大夫,乐霄为铜鞮大夫,赵朝为平阳大夫,僚安为杨氏大夫。

当然,封给这些人也是有理由的。贾辛、司马乌参加了平定王室动乱的军事行动,对王室有功,所以推举他们。知徐吾、赵朝、韩固、魏戊身为卿的庶子,不失职守,能够守住家业;其余四个人,都是接受了封地后才去见魏舒,是由于有贤有能而被众人推举的。一场分赃大会,被老左写得清清白白,一尘不染,倒是司马迁一语道破:"晋之宗家祁傒孙,叔向子,相恶于君。六卿欲弱公室,乃遂以法尽灭其族。而分其邑为十县,各令其子为大夫。晋益弱,六卿皆大。"

魏子谓成鱄:"吾与戊也县,人其以我为党乎?"对曰:"何也?戊之为人也,远不忘君,近不逼同,居利思义,在约思纯,有守心而无淫行,虽与之县,不亦可乎!昔武王克商,光有天下。其兄弟之国者十有五人,姬姓之国者四十人,皆举亲也。夫举无他,唯善所在,亲疏一也。《诗》曰:'惟此文王,帝度其心。莫其德音,其德克明。克明克类,克长克君。王此大国,克顺克比。比于文王,其德靡悔。既受帝祉,施于孙子。'心能制义曰度,德正应和曰莫,照临四方曰明,勤施无私曰类,教诲不倦曰长,赏庆刑威曰君,慈和遍服曰顺,择善而从之曰比,经纬天地曰文。九德不愆,作事无悔,故袭天禄,子孙赖之。主之举也,近文德矣,所及其远哉!"

魏戊是魏舒的庶子,在这一次分赃中得到了梗阳。魏舒到底心虚,问大夫成鱄:"我给了魏戊一个县,人们认为我这是偏私吗?"成鱄又不傻,立刻回答:"这是什么话?魏戊的为人,远不忘国君,近不逼同事,处境顺利就想到坚持道义,处境困难就想到保持操守,有恪尽职守之心而没有过分的行为,即使给他一个县,不也是可以的吗?当年周武王克灭商朝,广有天下,他的兄弟得到封国的十五人,姬姓得到封国的四十人,都是推举自己的亲戚。推举这件事，没有其他原则，只要是善的就好，亲疏都是一样的。"

成鱄还引用了《诗经·大雅·皇矣》中的诗句，大概意思是："唯有这位周文王，天帝审度他的内心，将他美名传颂。他的品德端正，是非分明，能为师长，也能当国君。统治大国，万民亲附，百姓顺从。亲附周文王，他的德行无怨无悔，已经承受上天的福禄，延及子孙万代。"然后以魏舒比拟周文王，说："内心能够受道义约束叫作度，品德端正应对和谐叫作莫，光照四方叫作明，勤于施舍没有私心叫作类，诲人不倦叫作长，赏罚分明叫作君，慈和待人天下臣服叫作顺，选择好的而追随叫作比，经天纬地叫作文。这九种品德不出差错，做事情没有悔恨，所以能够继承上天的福禄，子子孙孙依赖它。您的推举，已经接近周文王的品德了，影响深远啊！"在周朝人眼中，如果说周公是圣，周文王就是神。任何好的品德，好的教诲，好的制度，最后都难免归结到周文王身上。成鱄拿魏舒和周文王等量齐观，马屁也拍得太狠了。

贾辛将适其县，见于魏子。魏子曰："辛来！昔叔向适郑，鬷蔑恶，欲观叔向，从使之收器者，而往，立于堂下，一言而善。叔向将饮酒，闻之，曰：'必鬷明也。'下，执其手以上，曰：昔贾大夫恶，娶妻而美，三年不言不笑。御以如皋，射雉，获之，其妻始笑而言。贾大夫曰：'才之不可以已。我不能射，女遂不言不笑夫！'今子少不扬，子若无言，吾几失子矣。言不可以已也如是！'遂如故知。今女有力于王室，吾是以举女。行乎！敬之哉！毋堕乃力！"

仲尼闻魏子之举也，以为义，曰："近不失亲，远不失举，可谓义矣。"又闻其命贾辛也，以为忠，"《诗》曰'永言配命，自求多福'，忠也。魏子之举也义，其命也忠，其长有后于晋国乎！"

贾辛将要到他的封地上任,先来拜见魏舒。魏舒大大咧咧地说:"贾辛,你过来!从前叔向(即羊舌肸)去到郑国,羈蔑长得丑,想要看看叔向,就跟着收拾器皿的人进去,站在堂下,说了一句话,说得很有水平。叔向正要饮酒,听到这句话便说,这一定是然明(羈蔑字然明)!下堂来拉着羈蔑的手请他上来,说:'当年贾国有位大夫,长得很丑,娶了个老婆却很漂亮,三年不说话也不笑。这位大夫驾车带着老婆来到如皋打猎,射野鸡,射中了,她才笑着说话。大夫感叹说,才能不可以没有,我如果不能射的话,你就不说话不笑了啊!而今您的外貌不太好看,您如果再不说话,我几乎就错过您了。话不能不说就是这样啊!'叔向说完,两个人就像老朋友一样。现在你有功于王室,我因此推举你。去吧,保持恭敬,不要毁了你的功劳。"

孔子听到魏舒推举人才的事,认为合于道义,说:"近而不失亲族,远而不失去应当选拔的人,可以说是合于道义了。"又听说他命令贾辛的话,认为这是忠言,说:"《诗》上说,永配天命,自求多福。这就是忠。魏舒推举人才符合道义,他的命令体现了忠诚,他的后代应该在晋国长久吧!"

魏舒的后代在晋国确实长久,但是魏舒主持瓜分羊舌氏和祁氏土地这件事,无论如何不能说是合于道义。至于他对贾辛说的这番话,也不过是倚老卖老罢了,与忠诚有什么关系?

冬,梗阳人有狱,魏戊不能断,以狱上。其大宗赂以女乐,魏子将受之。魏戊谓阎没、女宽曰:"主以不贿闻于诸侯,若受梗阳人,贿莫甚焉。吾子必谏。"皆许诺。退朝,待于庭。馈入,召之。比置,三叹。既食,使坐。魏子曰:"吾闻诸伯叔,谚曰:'唯食忘忧。'吾子置食之间三叹,何也?"同辞而对曰:"或赐二小人酒,不夕食。馈之始至,恐其不足,是以叹。中置,自咎曰:'岂将军食之而有不足?'是以再叹。及馈之毕,愿以小人之腹为君子之心,属厌而已。"献子辞梗阳人。

冬天，梗阳人有宗官司，魏戊断不了，只能将案件上报魏舒处理。诉讼双方中的大宗（实力比较强的一方）将舞女和乐器送给魏舒，魏舒打算收下来。魏戊对大夫阎没、女宽说："家父以不受贿赂闻名于诸侯，如果收下梗阳人的舞女和乐器，那就没有比这更大的贿赂了。您二位一定要劝劝他。"两个人都答应了，退朝之后，在魏氏的庭院里等着。等到饭菜送进来，魏舒招呼他们来吃。到摆上饭菜的工夫，两个人三次叹气。吃完了，魏舒让他们坐下，说："我从长辈那里听说，吃饭的时候要忘记忧愁。你们在摆放食物时叹了三次气，这是为什么？"两个人异口同声地说："有人把酒赏赐给小人，我们便没有吃晚餐。饭菜刚刚摆上来的时候，我们怕不够吃，所以叹气。上了一半，自我责备说，难道将军请我们吃饭还会不够吃？因此再次叹气。等到饭菜上完，愿以小人之腹欲作为君子的内心，刚刚满足就行了。"魏舒一听就明白了，于是辞退梗阳人送的礼物。

原文所谓"以小人之腹为君子之心"，意思是小人的肚子已经吃饱了，但愿君子的内心也和小人的肚子一样，有满足的时候。至于后人说"以小人之腹度君子之心"，那就完全是另外一种意思了。

鲁昭公二十九年

公元前 513 年，鲁昭公二十九年。

二十九年春，公至自乾侯，处于郓。齐侯使高张来唁公，称主君。子家子曰:"齐卑君矣,君只辱焉。"公如乾侯。

二十九年春,鲁昭公从乾侯返回鲁国,住在郓城。齐景公派高张来慰问鲁昭公,称鲁昭公为"主君"。春秋时期的惯例,卿大夫的家臣称卿大夫为主君。所以子家羁说:"齐国这是看不起国君了,国君只是自取其辱罢了。"鲁昭公一气之下,又想去晋国,但是晋国仍然拒绝他入境,所以只好还待在乾侯。

三月己卯,京师杀召伯盈、尹氏固及原伯鲁之子。尹固之复也,有妇人遇之周郊,尤之,曰:"处则劝人为祸,行则数日而反,是夫也,其过三岁乎?"

夏五月庚寅,王子赵车入于鄻以叛,阴不佞败之。

三月十三日,王室秋后算账,在京师雒邑杀了召简公、尹氏固以及原伯鲁的儿子。当年王子朝逃奔楚国,尹氏固也跟随他前去,但是半路又跑回来。有个妇人在雒邑郊外看到他,责备说:"住在这里就怂恿别人作乱,跑出去了没几天又回来,这样的人岂能再活过三年?"这不,被她说中了。

五月二十五日,王子赵车跑到鄻叛乱,被阴不佞打败。赵车也是王子朝的余党,大概是看到召简公等人的下场才又作乱的吧。

平子每岁贾马,具从者之衣屦,而归之于乾侯。公执归马者,卖之,乃不归马。

卫侯来献其乘马,曰启服,堑而死,公将为之椟。子家子曰:"从者病矣,请以食之。"乃以帏裹之。

公赐公衍羔裘,使献龙辅于齐侯,遂入羔裘。齐侯喜,与之阳谷。公衍、公为之生也,其母偕出。公衍先生。公为之母曰:"相与偕出,请相与偕告。"三日,公为生,其母先以告,公为为兄。公私喜于阳谷,而思于鲁,曰:"务人为此祸也。且后生而为兄,其诬也久矣。"乃黜之,而以公衍为大子。

鲁昭公流亡在外,季孙意如每年都买马,准备好随行人员的衣服鞋子等用品,派专人送到乾侯去。鲁昭公逮住送马的人,卖掉马,季孙意如从此不再送马过去。

卫灵公前来看望鲁昭公,将自己驾车的马(名叫启服)送给鲁昭公。不料马掉到坑里死了,鲁昭公很伤心,要给马做棺材下葬。子家羁看不下去,说:"随从们已经病了,需要补充营养,请把马肉赏给他们吃吧。"于是才用破帷布将马包裹起来埋了。

公衍是鲁昭公的儿子。鲁昭公赐给他一块羔羊皮,派他把一块龙纹宝玉献给齐景公,公衍把羔羊皮也一并献了。齐景公一高兴,就把阳谷赏给了公衍。回想当年,公衍和公为将要出生的时候,他们的母亲按照当时的规矩,都出了寝宫住在产室。公衍先出生。公为的母亲耍了一个心眼,说:"我们一起出来,那就一起去报喜吧。"过了三天,公为才出生,但是他的母亲抢先去鲁昭公那里报告,所以公为做了哥哥。鲁昭公为得到阳谷而沾沾自喜,又想起当年在鲁国的往事,说:"是公为带来了这场灾祸(公为提出要除掉季氏),而且后出生却当了兄长,这事冤枉得也太久了。"于是废黜公为,立公衍为世子。

国家没了,宫斗还在继续,有的人也许从骨子里就有一种宫斗情结吧。

秋,龙见于绛郊。魏献子问于蔡墨曰:"吾闻之,虫莫知于龙,以其不生得也。谓之知,信乎?"对曰:"人实不知,非龙实知。古者畜龙,故国有豢龙氏,有御龙氏。"献子曰:"是二氏者,吾亦闻之,而不知其故,是何谓也?"对曰:"昔有飂叔安,有裔子曰董父,实甚好龙,能求其耆欲以饮食之,龙多归之。乃扰畜龙,以服事帝舜。帝赐之姓曰董,氏曰豢龙,封诸鬷川,鬷夷氏其后也。故帝舜氏世有畜龙。及有夏孔甲,扰于有帝,帝赐之乘龙,河、汉各二,各有雌雄。孔甲不能食,而未获豢龙氏。有陶唐氏既衰,其后有刘累,学扰龙于豢龙氏,以事孔甲,能饮食之。夏后嘉之,赐氏曰御龙,以更豕韦之后。龙一雌死,潜醢以食夏后。夏后飨之,既而使求之。惧而迁于鲁县,范氏其后也。"献子曰:"今何故无之?"对曰:"夫物,物有其官,官修其方,朝夕思之。一日失职,则死及之。失官不食。官宿其业,其物乃至。若泯弃之,物乃坻伏,郁湮不育。故有五行之官,是谓五官。实列受氏姓,封为上公,祀为贵神。社稷五祀,是尊是奉。木正曰句芒,火正曰祝融,金正曰蓐收,水正曰玄冥,土正曰后土。龙,水物也。水官弃矣,故龙不生得。不然,《周易》有之,在《乾》☰之《姤》☴,曰:'潜龙勿用。'其《同人》☲曰:'见龙在田。'其《大有》☲曰:'飞龙在天。'其《夬》☱曰:'亢龙有悔。'其《坤》☷曰:'见群龙无首,吉。'《坤》之《剥》☶曰:'龙战于野。'若不朝夕见,谁能物之?"献子曰:"社稷五祀,谁氏之五官也?"对曰:"少暤氏有四叔,曰重、曰该、曰修、曰熙,实能金、木及水。使重为句芒,该为蓐收,修及熙为玄冥,世不失职,遂济穷桑,此其三祀也。颛顼氏有子曰犁,为祝融;共工氏有子曰句龙,为后土,此其二祀也。后土为社;稷,田正也。有烈山氏之子曰柱,为稷,自夏以上祀之。周弃亦为稷,自商以来祀之。"

秋天,有龙出现在绛都郊外。魏舒问大夫蔡墨:"我听说,虫族没有比龙更聪明的了,因为它不会被人活捉,所以说它聪明,是这样吗?"蔡墨说:"那是人不聪明,不是龙聪明。古代是有养龙的,所以有国家叫豢龙氏、御龙氏。"魏舒说："这两家我也听过，但是不知道他们的来龙去脉，是怎么说的呢？"蔡墨回答："从前有飂氏的叔安，有位后裔叫作董父，实在是很喜欢龙，能够了解龙的嗜好来喂养它们，很多龙都跑到他那里去，于是驯养它们，带着它们侍奉舜帝，舜帝赐其姓董，氏豢龙，将鬷川封给他，鬷夷氏就是他的后代。所以舜帝的后裔世代都有养龙的。到了夏朝的孔甲，顺应天帝，天帝赐给他驾车之龙，黄河之龙和汉水之龙各两条，皆为一雌一雄。孔甲不能喂养它们，而又没有找到豢龙氏。那时候陶唐氏已经衰落了，其后人有位叫刘累的，曾经在豢龙氏那里学过驯龙之术，以此侍奉孔甲，能够给龙喂水喂食。孔甲嘉奖他，赐其氏御龙，以取代豕韦（祝融的后代）的后人。有一条雌龙死了，刘累偷偷将它剁成肉酱给孔甲吃。孔甲吃了，觉得不过瘾，不久又来要这种肉。刘累害怕，就迁到了鲁县，范氏就是他的后人。"前面说过，范氏即晋国的士氏家族，因获封范地而称为范氏。晋灵公年间，士会自晋国逃奔秦国，后来又回到晋国，他的族人有自愿留在秦国的，即为秦国刘氏的先祖。

魏舒继续问道："而今为什么没有龙了呢？"蔡墨说："但凡事物，都有管理的官吏，官吏修习管理之道，每天早晚都想着这事。一旦失职，则死亡到来。丢了官职就吃不了国家的俸禄，官吏安于从事自己的工作，他管理的事物才会到来。如果泯灭丢弃它们，它们就自己潜伏，抑郁而不能生长。所以有管理五行的官吏，叫作五官，代代继承姓氏，爵位封为上公，祭祀则为贵神。社稷神庙里的五种祭祀，对它们尊敬奉养。木官叫句芒，火官叫祝融，金官叫蓐收，水官叫玄冥，土官叫后土。龙是水物，水官被废弃了，所以龙不能被人活捉。不然的话，《周易》有这样的话：在'乾之姤'，叫作'潜龙勿用'；'乾之同人'，叫作'见龙在田'；'乾之大有'，叫作'飞龙在天'；'乾之夬'，叫作'亢龙有悔'。乾卦变为坤卦，说'见群龙无首，吉'。在'坤之剥'，叫作'龙战于野'。如果不是朝夕相见，怎么能够描写得如此生动？"

有必要解释一下，《周易》的乾、坤二卦，其爻辞多用龙说事。《乾》卦六爻皆阳，所谓"乾之姤"，是指《乾》卦的初爻（其爻辞为"潜龙勿用"）由阳变阴，变成了上《乾》☰下《巽》☴，成了《姤》卦。"乾之同人"，则是《乾》卦的第二爻由阳变阴，变成了上《乾》☰下《离》☲，成了《同人》卦。其余"乾之大有""乾之夬""坤之剥"，均同此例。《乾》卦六爻中，有四爻的爻辞提到了龙；《坤》卦六爻中，有一爻的爻辞提到了龙。所以蔡墨以为，古人必是见到了龙，熟知龙的习性，才能作此描写。

魏舒又问："社稷神庙里的五种祭祀，是哪一位帝王的五官？"蔡墨回答："少皞有四位叔辈，分别叫作重、该、修、熙，能够管理金、木、水。命重为句芒，该为蓐收，修和熙为玄冥，世代不失职守，后来便帮助穷桑氏治理天下，这是其中的三种祭祀。颛顼有个儿子叫犁，命他为祝融；共工有个儿子叫句龙，命他为后土，这是其中的两种祭祀。后土即为社神（土地神）。稷神（谷物神）则是田官。有烈山氏（即炎帝）有个儿子叫柱，命他为稷神，自夏朝以上的年代都祭祀他。周朝的先祖弃也是稷神，自商朝以后的年代都祭祀他。"

中国古代的神谱，基本是一本糊涂账。就连最基本的三皇五帝，也是众说纷纭，至少有七八个版本。所以，蔡墨说的这些神神怪怪，咱们也就姑妄听之，不必细究了。

冬，晋赵鞅、荀寅帅师城汝滨，遂赋晋国一鼓铁，以铸刑鼎，著范宣子所为刑书焉。

仲尼曰："晋其亡乎！失其度矣。夫晋国将守唐叔之所受法度，以经纬其民，卿大夫以序守之。民是以能尊其贵，贵是以能守其业。贵贱不愆，所谓度也。文公是以作执秩之官，为被庐之法，以为盟主。今弃是度也，而为刑鼎，民在鼎矣，何以尊贵？贵何业之守？贵贱无序，何以为国？且夫宣子之刑，夷之蒐也，晋国之乱制也，若之何以为法？"蔡史墨曰："范氏、中行氏其亡乎！中行寅为下卿，而干上令，擅作刑器，以为国法，是法奸也。又加范氏焉，易之，亡也。其及赵氏，赵孟与焉。然不得已，若德，可以免。"

　　冬天，晋国赵鞅、荀寅带兵在汝水之滨筑城，于是向晋国的百姓征收铁一鼓（当时的计量单位，约四百八十斤），用来铸造刑鼎，将当年士匄主持制定的刑法铸在上面。

　　孔子听说这件事，说："晋国恐怕要灭亡了吧，失掉它的法度了。晋国应该遵守唐叔传下来的法度，以治理它的百姓，卿大夫按照他们的地位来维护它，百姓才能尊重贵族，贵族才能守住家业。贵贱没有产生错乱，这就是所谓的法度。晋文公因此设立维护秩序的官员，制定被庐之法（鲁僖公二十七年，晋文公在被庐检阅部队，修订唐叔的法令），以此成为诸侯的盟主。现在抛弃这个法度，而制作刑鼎，贵贱无序，怎么能够治理国政？而且范宣子的刑法，是夷之蒐的时候制定的，晋国因此陷入混乱，怎么能够将它作为法律呢？"蔡墨也说："范氏、中行氏恐怕要灭亡了。中行寅（荀寅）为下卿，而干涉上面的政令，擅自铸造刑鼎，以此为国家的法律，这是'法奸'啊。又加上范氏，改用被庐制定的法律，他们也要灭亡了。恐怕还要算上赵氏，赵鞅也参与了。不过他是不得已，如果修养德行的话，可以免除祸患。"

　　这里要多说几句。所谓铸刑书也好，铸刑鼎也好，在当时已经不是新鲜事，郑国的子产早就干过。在先秦儒家看来，上古时期采用德治，那是最好的社会管理模式；周朝采用礼治，已经是退而求其次；如果采用法治的话，社会的风气就会败坏，老百姓就不会听统治者的话，转而以法律为准则，因而法治是不可取的。就算是子产这样的圣贤，因为铸刑鼎的事，也是饱受批评。但是，社会在发展，生产力在提高，人口在增加，上古时期的小国寡民，鲜少往来，自然可以德治；西周时期，列国相当稳定，互不侵犯，礼治也能应付；到了春秋时期，列国争霸，国与国之间、地区与地区之间的交流急剧增加，人心已经发生变化，社会管理远比从前复杂，国家机器必须进一步完善，不靠法律靠什么？孔子认为晋国还要用几百年前唐叔制定的法度，还想回到那种田园牧歌的时候，那就真是刻舟求剑、食古不化了。

鲁昭公三十年

公元前 512 年，鲁昭公三十年。

三十年春王正月，公在乾侯。不先书郓与乾侯，非公，且征过也。

三十年正月，鲁昭公在乾侯。前几年的《春秋》不写"公在郓"或"公在乾侯"，而现在加以记载，是认为鲁昭公不对，而且说明过失所在。

夏六月，晋顷公卒。秋八月，葬。郑游吉吊，且送葬。魏献子使士景伯诘之，曰："悼公之丧，子西吊，子蟜送葬。今吾子无贰，何故?"对曰："诸侯所以归晋君，礼也。礼也者，小事大、大字小之谓。事大在共其时命，字小在恤其所无。以敝邑居大国之间，共其职贡，与其备御不虞之患，岂忘共命？先王之制：诸侯之丧，士吊，大夫送葬；唯嘉好、聘享、三军之事，于是乎使卿。晋之丧事，敝邑之间，先君有所助执绋矣。若其不间，虽士、大夫有所不获数矣。大国之惠，亦庆其加，而不讨其乏，明底其情，取备而已，以为礼也。灵王之丧，我先君简公在楚，我先大夫印段实往——敝邑之少卿也。王吏不讨，恤所无也。今大夫曰：'女盍从旧？'旧有丰有省，不知所从。从其丰，则寡君幼弱，是以不共。从其省，则吉在此矣。唯大夫图之。"晋人不能诘。

六月，晋顷公去世。八月举行葬礼，郑国派游吉前往晋国吊唁，而且参加送葬。魏舒派士弥牟责问游吉：当年晋悼公去世，郑国派公孙夏(子西)吊唁，公孙虿(子蟜)送葬，是两个人来，现在却只有您一个人来，这是为什么？

游吉回答："诸侯之所以归顺晋国，是因为晋国有礼。所谓礼，就是小国侍奉大国，大国安抚小国。小国侍奉大国，在于恭敬地按时执行命令；大国安抚小国，在于体谅小国的匮乏。像敝国这样处于大国之间，供应它所需要的贡品与服务，参加它的守备以应对意外的忧患，岂敢忘记恭敬地执行吊丧之礼？先王的制度规定，诸侯去世，士吊唁，大夫送葬，只有朝会、聘问、军事行动才派卿。晋国的丧事，当敝国闲暇之时，先君也曾经亲自来执绋送葬；如果不闲，就算是士、大夫有时也很难派出。大国的恩惠，也是嘉许敝国在闲时提高规格，而不追究敝国在不闲时的礼数不周，明察我们的真情，只是要求大体上过得去，就算是合于礼了。周灵王去世的时候，我先君郑简公在楚国，只能派先大夫印段前往，他是敝国的下卿，而王室的官吏不加以追究，是体谅我们实在派不出人。现在您说：'你何不依照旧例？'旧例有丰厚的也有节省的，不知道依照哪一个？按照丰厚的来，那么寡君还小，所以不能前来；按照节省的来，那么我已经在这里了。请您认真考虑一下！"

晋国人被说得哑口无言，只得作罢。

吴子使徐人执掩余，使钟吾人执烛庸，二公子奔楚。楚子大封，而定其徙。使监马尹大心逆吴公子，使居养。莠尹然、左司马沈尹戌城之，取于城父与胡田以与之。将以害吴也。子西谏曰："吴光新得国，而亲其民，视民如子，辛苦同之，将用之也。若好吴边疆，使柔服焉，犹惧其至。吾又强其仇，以重怒之，无乃不可乎！吴，周之胄裔也，而弃在海滨，不与姬通。今而始大，比于诸华。光又甚文，将自同于先王。不知天将以为

虐乎,使翦丧吴国而封大异姓乎,其抑亦将卒以祚吴乎,其终不远矣。我
盍姑亿吾鬼神,而宁吾族姓,以待其归,将焉用自播扬焉?"王弗听。

吴子怒。冬十二月,吴子执钟吴子。遂伐徐,防山以水之。己卯,灭
徐。徐子章禹断其发,携其夫人以逆吴子。吴子唁而送之,使其迩臣从
之,遂奔楚。楚沈尹戌帅师救徐,弗及。遂城夷,使徐子处之。

鲁昭公二十七年,吴王阖庐上台的时候,公子掩余逃奔徐国,公子烛
庸逃奔钟吾。现在,阖庐派使者,要求徐国逮捕掩余,钟吾逮捕烛庸。两
位公子便逃到了楚国。楚昭王封给他们土地,给他们安排迁居的地方:
派监马尹(官名)大心到边境上迎接他们,让他们住在养地;派莠尹然、左
司马沈尹戌为他们修筑城池,从城父与胡地各取一部分土地给他们。这
样做的目的,当然是希望借助他们的力量来危害吴国。公子宜申劝道:
"吴王光刚刚得到国家,亲近百姓,视民如子,和他们一起辛苦劳累,是想
要他们来卖命。如果在边境上与吴国修好,用温和的手段让他们顺服,
尚且害怕他们派兵前来。现在我们又增强他们的仇人的力量,以加重他
们的愤怒,这样做恐怕不好吧!吴国是周朝的后裔,而被抛弃在海滨,不
与姬姓诸国互通。现在才开始壮大,可以与中原诸国等量齐观。吴王光
又颇有知识,想建立和先王一样的功勋。不知道上天是要使他暴虐,让
他灭亡吴国而使异姓诸侯强大呢,还是要最终保护吴国呢?不管怎么
样,这个答案很快要揭晓了。我们何不姑且安定我们的鬼神,休养我们
的百姓,以等待这个结果,哪里用得着自己采取主动呢?"

楚昭王当年不过十一岁,公子宜申这番话,自然是说给楚国的当权
者——令尹囊瓦等人听的,但是没有被采纳。吴王阖庐果然大怒。十
二月,他派兵捉拿了钟吾子,顺势讨伐徐国,堵住山上的水,用水来攻
城。二十三日,吴国消灭徐国。徐子章禹剪断头发,带着夫人来迎接阖
庐。阖庐对他回以慰劳后送他走,又派亲信跟着他。章禹于是逃到了
楚国。楚国派沈尹戌带兵救援徐国,没有赶上,于是在夷地筑城,让章

禹住在那里。

吴子问于伍员曰："初而言伐楚，余知其可也，而恐其使余往也，又恶人之有余之功也。今余将自有之矣，伐楚何如？"对曰："楚执政众而乖，莫适任患。若为三师以肄焉，一师至，彼必皆出。彼出则归，彼归则出，楚必道敝。亟肄以罢之，多方以误之。既罢而后以三军继之，必大克之。"阖庐从之，楚于是乎始病。

吴王阖庐问伍子胥："当初你说要攻打楚国，我知道事情能够成功，但是怕他（指吴王僚）派我前往，又讨厌人家占了我的功劳。现在是我自己将要占有这份功劳了，告诉我怎么讨伐楚国。"伍子胥早就等着这一天了，说："楚国的执政很多，而又互相不和，没有人敢承担责任。如果将吴军分为三军去挑逗楚国，一军前去，他们必定全军出战。他们出战，我们就撤回；他们撤走，我们就派另外一军出击，楚国必定疲于奔命。这样搞他几次，用各种方法使他们判断失误，等到他们疲惫不堪，然后派三军跟上，必然大获全胜。"

伍子胥的计谋，可以叫作车轮战，颇有"敌进我退，敌驻我扰，敌疲我打，敌退我追"的意味。阖庐听从了他的建议，派吴军不断骚扰楚国，楚国从此陷入了困顿疲乏。

鲁昭公三十一年

公元前 511 年，鲁昭公三十一年。

这样读 **左传** 4

三十一年春王正月，公在乾侯，言不能外内也。

晋侯将以师纳公。范献子曰："若召季孙而不来，则信不臣矣，然后伐之，若何？"晋人召季孙。献子使私焉，曰："子必来，我受其无咎。"季孙意如会晋荀跞于适历。荀跞曰："寡君使跞谓吾子：'何故出君？有君不事，周有常刑。子其图之！'"季孙练冠、麻衣，跣行，伏而对曰："事君，臣之所不得也，敢逃刑命？君若以臣为有罪，请囚于费，待君之察也，亦唯君。若以先臣之故，不绝季氏，而赐之死。若弗杀弗亡，君之惠也，死且不朽。若得从君而归，则固臣之愿也。敢有异心？"

夏四月，季孙从知伯如乾侯。子家子曰："君与之归。一惭之不忍，而终身惭乎？"公曰："诺。"众曰："在一言矣，君必逐之！"荀跞以晋侯之命唁公，且曰："寡君使跞以君命讨于意如，意如不敢逃死，君其入也！"公曰："君惠顾先君之好，施及亡人，将使归粪除宗祧以事君，则不能见夫人。已所能见夫人者，有如河！"荀跞掩耳而走，曰："寡君其罪之恐，敢与知鲁国之难！臣请复于寡君。"退而谓季孙："君怒未怠，子姑归祭。"子家子曰："君以一乘入于鲁师，季孙必与君归。"公欲从之。众从者胁公，不得归。

三十一年正月，鲁昭公在乾侯，这是说他内外交困，在国内没有人支持他，在国外齐国和晋国也不待见他。

晋顷公去世后，晋定公即位。对于鲁昭公的遭遇，晋定公想必深表同情吧，准备派部队送鲁昭公回国。士鞅说："如果召季孙意如而他不来，那么可以相信他有失臣道了，然后再讨伐他，怎么样？"晋定公还能怎么样？当然是听从他的建议，于是派人宣召季孙意如前来。

前面说过，士鞅曾经收受季孙意如的贿赂，自然要为季孙意如打算。

他私下派人找季孙意如,说:"您一定要来,我保证您不会受到责罚。"季孙意如便到适历拜见了晋国的荀跞。荀跞说:"为什么要赶走国君?有国君而不服侍,周朝是有刑罚的,您可要考虑清楚了。"季孙意如再一次发挥演戏的天赋,头戴练冠,身穿麻衣,光着两脚,伏在地上回答:"侍奉国君,那是下臣求而不得的,岂敢逃避刑罚?国君如果认为下臣有罪,请将我囚禁在费地,接受国君的审查,我也只能唯命是听。如果由于先君的缘故,不断绝季氏的香火,而赐下臣一死,也唯命是从。如果不杀我也不流放我,那是国君的恩惠,死而不朽。如果能够跟随国君回去,则下臣本来就是这么想的,岂敢有其他的念头?"

四月,季孙意如跟随荀跞到了乾侯。子家羁劝鲁昭公:"您跟他一起回国,一次的羞辱不能忍受的话,终身的羞辱反而能忍受吗?"鲁昭公说:"对。"但是,其他人并不这么看这件事,他们还幻想着晋国人是来主持公道的,对鲁昭公说:"成败就在您一句话了,这次一定要驱逐他!"

荀跞以晋定公的名义慰问鲁昭公,说:"寡君派我奉您的命令责罚意如,意如不敢逃避,您还是回国吧!"平心而论,晋国的调解,也只能做到这个地步了,既顾及了鲁昭公的颜面,也解决了他流离失所的问题。鲁昭公却突然强硬起来:"君侯顾念先君的友好,延及逃亡之人,打算让我回去打扫宗庙以侍奉君侯,那就不能见那个人。我要是能见那个人,请河神降罪!"这哪里是解决问题的态度?就像小孩子满地打滚蛮不讲理。荀跞捂着耳朵跑开,说:"寡君诚恐获罪,哪里敢干预鲁国的祸难!下臣请求向寡君汇报情况。"退下来之后就对季孙意如说:"君侯的怒气还没有减轻,您姑且回去主持祭祀吧。"主持祭祀是国君的权力,荀跞这样说,可以理解为晋国支持季孙意如代摄鲁国之政。鲁昭公这边,子家羁也在劝他:"您驾一乘车进入鲁军,季孙一定会和您一道回去。"鲁昭公大概也认清形势了,想听从子家羁的建议,其他人却威胁他,所以没能回去。事实上,鲁昭公已经被跟随他的人绑架,身不由己了。

薛伯谷卒,同盟,故书。

薛伯谷去世,因为是同盟的关系,所以《春秋》记载了他的名字。

秋,吴人侵楚,伐夷,侵潜、六。楚沈尹戌帅师救潜,吴师还。楚师迁潜于南冈而还。吴师围弦。左司马戌、右司马稽帅师救弦,及豫章,吴师还。——始用子胥之谋也。

秋天,吴军入侵楚国,进攻夷地,入侵潜地、六地。楚国沈尹戌带兵救援潜地,吴军便撤回。楚军将潜地人迁到南冈然后回去。吴军又包围弦地。楚国的左、右司马带兵救援弦地,抵达豫章。吴军撤回。这是吴王阖庐开始实施伍子胥的计谋,志不在攻城略地,而是使楚军疲于奔命。

冬,邾黑肱以滥来奔。贱而书名,重地故也。

君子曰:“名之不可不慎也如是:夫有所名而不如其已。以地叛,虽贱,必书地,以名其人,终为不义,弗可灭已。是故君子动则思礼,行则思义;不为利回,不为义疚。或求名而不得,或欲盖而名章,惩不义也。齐豹为卫司寇,守嗣大夫,作而不义,其书为‘盗’。邾庶其、莒牟夷、邾黑肱以土地出,求食而已,不求其名,贱而必书。此二物者,所以惩肆而去贪也。若艰难其身,以险危大人,而有名章彻,攻难之士将奔走之。若窃邑叛君以徼大利而无名,贪冒之民将置力焉。是以《春秋》书齐豹曰‘盗’,三叛人名,以惩不义,数恶无礼,其善志也。故曰,《春秋》之称微而显,婉而辨。上之人能使昭明,善人劝焉,淫人惧焉,是以君子贵之。”

冬天,邾国大夫黑肱逃奔鲁国,将滥地献给鲁国。此人地位低贱,但是《春秋》记载了他的名字,是因为看重土地的缘故。

君子以为,名义不可以不慎重对待就是这样了,有的时候有名还不如无名。窃取土地叛投他国，虽然地位低贱，也必须要记载地名，以此来记录这个人，最终将不义写到史书上，不可磨灭。所以君子有任何行动，首先要想到合不合于礼义道德，不因为利益而违背原则，不因为违反道义而内疚。有的人想在史书上留名而不得，有的人想掩盖自己的名字而被清清楚楚地记录下来，这就是对不义的惩罚。齐豹在卫国做司寇，世袭大夫，行事不义，就被记载为"盗"（鲁昭公二十年，齐豹杀卫灵公的哥哥公孟絷，《春秋》记为："盗杀卫侯之兄絷。"）。邾国的庶其、黑肱以及莒国的牟夷窃取土地出逃，只是为了谋生而已，不求留名，就算地位低贱也必然加以记载。写这两件事情，是为了惩罚放肆而去除贪婪。如果经历艰难困苦，使上面的人陷入险境，反而名声显扬，发动祸难的人就会为此而奔走。如果盗取城邑背叛国君以获得巨大利益而在史料上无名，贪婪的人就会卖力去干坏事。因此《春秋》记载齐豹为"盗"，也记载三个叛徒的名字，用来惩戒不义，斥责无礼，这是善于记述。所以说，《春秋》的记录文字简练而意义显著，用词委婉而是非清晰。在上面掌权的人能够发扬《春秋》大义的话，好人就会受到鼓励，坏人就会害怕，所以君子看重《春秋》。

中国的古人很重视"生前身后名"，活着的时候要受人尊重，死了之后还想流芳千古，谁也不想遗臭万年。很多时候，"身后"的名声甚至比"生前"的名声更重要，因为那是盖棺论定，是历史对一个人的总结陈词。《春秋》行文简约，字里行间却充满了对人物价值的判断。坏人不想留名，偏偏让他留名，将他挂在历史的耻辱柱上，以供后人永久批判。所以孟子说"孔子成《春秋》而乱臣贼子惧"，一部史书不仅仅是写历史，而且是批判现在，光照未来，这便是《春秋》的意义。当然，乱臣贼子惧，惧的是死后不得安宁，惧的是子孙后代因为自己而抬不起头做人。知道害怕，做坏事的时候至少还有些顾忌。如果一个人不事鬼神，不修来世，无惧报应，其实也就没有什么好惧的，《春秋》对他也就没什么作用了。

十二月辛亥朔，日有食之。是夜也，赵简子梦童子裸而转以歌。旦占诸史墨,曰:"吾梦如是,今而日食,何也?"对曰:"六年及此月也,吴其入郢乎,终亦弗克。入郢必以庚辰,日月在辰尾。庚午之日,日始有谪。火胜金,故弗克。"

十二月初一,又发生日食。说句题外话,鲁昭公年间的日食记录可真够多的。前天夜里,赵鞅梦见一位童子赤裸着身子,和着歌声跳舞。第二天早上,赵鞅让史墨占梦,说:"我做了个这样的梦,今天又发生日食,预示着什么?"史墨回答:"六年之后的这个月,吴军恐怕要进入郢都吧,但最终还是不能胜利。进入郢都必定在庚辰日,日月在东方苍龙七宿的尾部。庚午那一天,太阳开始有灾。火胜过金,所以不能胜利。"从后面发生的事来看,史墨基本上也说对了。可是,赵鞅的梦为什么与吴国和楚国的事有牵连,恐怕就没有人说得清了。

鲁昭公三十二年

公元前510年,鲁昭公三十二年。

三十二年春王正月,公在乾侯。言不能外内,又不能用其人也。

三十二年正月,鲁昭公在乾侯,这是说他内外交困,又不能重用子家羁这样的贤臣。

夏,吴伐越,始用师于越也。史墨曰:"不及四十年,越其有吴乎!越

得岁而吴伐之,必受其凶。"

夏天,吴国讨伐越国,这是吴国对越国用兵的开始。史墨说:"不用四十年,越国就要占有吴国了。越国得到岁星,吴国却讨伐它,必定受到岁星的降灾。"

岁星即木星。原文所谓"越得岁"是什么意思,后人众说纷纭,却都难以自圆其说。按照汉朝以前的分野学说,吴国和越国同属星纪。当年如果是岁在星纪的话,越国得岁,吴国也得岁,上天何故厚越薄吴?对这些难以理解的记载,咱们没有必要太过深究,姑妄听之吧。

秋八月,王使富辛与石张如晋,请城成周。天子曰:"天降祸于周,俾我兄弟并有乱心,以为伯父忧。我一二亲昵甥舅不遑启处,于今十年。勤成五年。余一人无日忘之,闵闵焉如农夫之望岁,惧以待时。伯父若肆大惠,复二文之业,驰周室之忧,徼文、武之福,以固盟主,宣昭令名,则余一人有大愿矣。昔成王合诸侯城成周,以为东都,崇文德焉。今我欲徼福假灵于成王,修成周之城,俾戍人无勤,诸侯用宁,蟊贼远屏,晋之力也。其委诸伯父,使伯父实重图之,俾我一人无征怨于百姓,而伯父有荣施,先王庸之。"

关于成周这个地方,有必要说明一下。周朝刚刚建立的时候,统治者们在首都镐京以东八百里的洛水北岸营建了一座巨大的城,并且在那里驻扎了强大的军队,以威慑尚未心悦诚服的殷商遗民。这座城就是雒邑,又被称为成周。相对应地,首都镐京则被称为宗周。从字面上理解,宗周是周朝兴起之地,成周则是周朝大功告成之地。成周即是雒邑,这么说是没错的。但是实际上,雒邑由一东一西两座相邻的城池组成。西边的大城是主城,又叫作王城,或者京师。东边的小城,用于驻扎军队和安置殷商遗民，也叫作成周。《左传》中提到成周，基本上是指雒邑的东城，而非相对于宗周的成周。

话说王子朝作乱的时候，雒邑城中有不少人是支持王子朝的。周敬王在晋国的帮助下平定了叛乱，却感觉到雒邑已经不安全。想住到成周吧，城池又确实太小。于是这一年八月，周敬王派大夫富辛与石张前往晋国，请求晋国帮助扩建成周，说："上天降祸于周朝，让王室兄弟都萌生乱心，造成伯父的担忧，几个亲近的甥舅之国也不得休息，到现在已经十年了。诸侯派兵勤王，前来戍守京师也已经五年。我本人没有一天忘记诸侯的辛劳，心心念念有如农夫渴望丰收，诚惶诚恐地等待收获的时候。伯父如果施与大恩大惠，再建晋文侯、晋文公的大业，缓解王室的忧患，求取周文王、周武王的赐福，以此巩固盟主之位，向天下宣扬美名，这就是我本人最大的愿望。从前周成王召集诸侯修建成周，以作为王室的东都，尊崇文治之德。而今我想向周成王求取福佑，修缮成周的城墙，好让戍守的诸侯将士不再辛劳，诸侯得以安宁，将坏人屏蔽于远方，这都必须依赖晋国的力量。谨此委托伯父，请伯父慎重考虑，让我本人不要招致百姓怨恨，同时伯父也有光荣的功绩，先王会有奖赏的。"

范献子谓魏献子曰："与其戍周，不如城之。天子实云，虽有后事，晋勿与知可也。从王命以纾诸侯，晋国无忧，是之不务，而又焉从事？"魏献子曰："善！"使伯音对曰："天子有命，敢不奉承以奔告于诸侯，迟速衰序，于是焉在。"

冬十一月，晋魏舒、韩不信如京师，合诸侯之大夫于狄泉，寻盟，且令城成周。魏子南面。卫彪傒曰："魏子必有大咎。干位以令大事，非其任也。《诗》曰'敬天之怒，不敢戏豫；敬天之渝，不敢驰驱'，况敢干位以作大事乎？"

己丑，士弥牟营成周，计丈数，揣高卑，度厚薄，仞沟恤，物土方，议远迩,量事期,计徒庸,虑材用,书糇粮,以令役于诸侯。属役赋丈,书以授帅,而效诸刘子。韩简子临之,以为成命。

接到天子的请求,士鞅对魏舒说:"与其戍守京师,不如修缮那里的城池。天子都这样说了,就算以后有事,晋国也可以不管了。服从天子的命令以缓解诸侯的压力,晋国没有忧患,这种事情都不干,还干什么事?"魏舒说:"说得好。"派韩不信(韩起之孙,字伯音,谥简)应对王室的使臣,说:"天子有命令,岂敢不接受而奔告诸侯?工程的各项安排,都由我们来负责。"

晋国人说干就干。十一月,魏舒、韩不信来到京师,在狄泉会合各国大夫,重温过去的誓言,下达了修缮成周城墙的命令。魏舒南面而坐,发号施令。这当然是不合适的!卫国的彪傒说:"魏子必定有大灾,侵犯君位而颁布重大的命令,这不是他应该做的。《诗》上说:'要敬畏上天的愤怒,不敢当作儿戏;要敬畏上天的变化,不敢放纵随意。'何况是逾越身份来做大事呢?"

十四日,士弥牟制定了成周的修建方案,测量城墙的长度、高度、厚度,度量壕沟的深度,安排土方,计算远近,预估工程进度,计算人工数量,考虑物料耗材,记载所需粮食,以命令各国出人、出物、出粮。划分好工程段,书面分配任务给各国大夫,汇总到刘文公那里。韩不信负责监工,以此作为工程实施方案。

十二月,公疾,遍赐大夫,大夫不受。赐子家子双琥、一环、一璧、轻服,受之。大夫皆受其赐。己未,公薨。子家子反赐于府人,曰:"吾不敢逆君命也。"大夫皆反其赐。书曰"公薨于乾侯",言失其所也。

十二月,鲁昭公颠沛流离的人生走到了尽头。病重之际,对随行的人员都有赏赐,大伙都不接受。赐给子家羁一对玉虎、一只玉环、一块玉璧，以及精细的服装。子家羁接受了，于是大伙都接受了赏赐。十四日，鲁昭公去世。子家羁将赏赐的东西都归还给府人（国君的仓库管理员），说："我不敢违抗君命。"大伙也跟着归还了赏赐。

《春秋》记载："公薨于乾侯。"是说他死的地方不对。

赵简子问于史墨曰："季氏出其君，而民服焉，诸侯与之，君死于外而莫之或罪，何也？"对曰："物生有两、有三、有五、有陪贰。故天有三辰，地有五行，体有左右，各有妃耦。王有公，诸侯有卿，皆有贰也。天生季氏，以贰鲁侯，为日久矣。民之服焉，不亦宜乎？鲁君世从其失，季氏世修其勤，民忘君矣。虽死于外，其谁矜之？社稷无常奉，君臣无常位，自古以然。故《诗》曰：'高岸为谷，深谷为陵。'三后之姓于今为庶，主所知也。在《易》卦，雷乘《乾》曰《大壮》☳，天之道也。昔成季友，桓之季也，文姜之爱子也，始震而卜，卜人谒之，曰：'生有嘉闻，其名曰友，为公室辅。'及生，如卜人之言，有文在其手曰'友'，遂以名之。既而有大功于鲁，受费以为上卿。至于文子、武子，世增其业，不废旧绩。鲁文公薨，而东门遂杀適立庶，鲁君于是乎失国，政在季氏，于此君也四公矣。民不知君，何以得国？是以为君慎器与名，不可以假人。"

鲁昭公死得波澜不惊，赵鞅问史墨："季氏赶走自己的国君，而百姓顺服，诸侯和他来往，国君死在国外也没有人追究他的罪责，这是为什么？"史墨说："但凡事物，有的成双成对，有的成三成五，有的有辅助。所以天有三辰（日、月、星），地有五行，身体有左右，相互配对。天子有公，诸侯有卿，都有辅助。上天生了季氏来作为鲁侯的辅佐，已经是很久以前的事了。百姓顺服，不也是很正常的吗？鲁侯世代放纵安逸，季氏世代勤勤恳恳，百姓已经忘记他们的国君了，就算他死在外面，又有谁会可怜他？社稷本无常主，君臣本无常位，自古以来都是这样。所以《诗》上说:高高的河岸变成山谷,深深的山谷变成丘陵。三皇之后,现在已经是庶民,这您也是知道的。《周易》的卦象,雷(即震)在乾上叫作《大壮》卦,这是上天之道(震代表诸侯,乾代表天子,下居上位,如天上有雷)。从前季氏的先祖季友,是鲁桓公的小儿子,文姜最疼爱的小孩。文姜刚刚怀孕的时候占卜,占卜师向鲁桓公报告,说这孩子'生来有好名声,他的名字叫作友,成为公室的辅佐'。等到出生,如占卜师所言,在他手掌心有个'友'字,于是以此命名。后来他在鲁国立下大功,受封费地,成为上卿。此后的季文子、季武子世代扩大家业,不废弃过去的功绩。鲁文公逝世,公子遂杀嫡立庶,鲁侯从那个时候起就失去了对国家的控制,政权被季氏掌握,到这一位已经是四代了。百姓都不知道有国君,国君怎么能够享有国家?所以为君者必须慎重对待公器和名位,千万不能假手于人。"

第十三章

鲁定公

鲁定公名宋,鲁襄公之子,鲁昭公之弟。

鲁定公元年

公元前 509 年,鲁定公元年。

元年春王正月辛巳,晋魏舒合诸侯之大夫于狄泉,将以城成周。魏子莅政。卫彪傒曰:"将建天子,而易位以令,非义也。大事奸义,必有大咎。晋不失诸侯,魏子其不免乎!"是行也,魏献子属役于韩简子及原寿过,而田于大陆,焚焉,还,卒于宁。范献子去其柏椁,以其未复命而田也。

元年正月初七日,晋国魏舒在狄泉会合各国大夫,准备带着他们去修筑成周的城墙。魏舒主持大局。卫国大夫彪傒说:"打算为天子筑城,却逾越自己的身份来发号施令,这是不义的。做大事违背道义,必然招致大大的灾祸。晋国如果不失去诸侯的拥护,魏子恐怕不能免于灾祸了吧!"最后一句话的意思是,魏舒此举,上天必然降祸,如果不是降到晋国头上,那就必然降到魏舒头上。事实上,这一次组织各国为天子筑城,魏舒也确实做得不像话。他把任务布置下去之后,就委托韩不信和原寿过去监督执行,自己则跑到大陆(地名)去打猎,放火焚烧草木(将猎物从藏身之地赶出来),应该是玩得很尽兴。回来的路上,魏舒死在宁地。魏舒死后,士鞅执政,下令撤去魏舒的柏木外椁,这是因为魏舒还没有完成使命就跑去打猎,必须有所惩罚。

孟懿子会城成周,庚寅,栽。宋仲几不受功,曰:"滕、薛、郳,吾役也。"薛宰曰:"宋为无道,绝我小国于周,以我适楚,故我常从宋。晋文公为践土之盟,曰:'凡我同盟,各复旧职。'若从践土,若从宋,亦唯命。"仲几曰:"践土固然。"薛宰曰:"薛之皇祖奚仲居薛,以为夏车正,奚仲迁于邳,仲虺居薛,以为汤左相。若复旧职,将承王官,何故以役诸侯?"仲几曰:"三代各异物,薛焉得有旧?为宋役,亦其职也。"士弥牟曰:"晋之从政者新,子姑受功,归,吾视诸故府。"仲几曰:"纵子忘之,山川鬼神其忘诸乎?"士伯怒,谓韩简子曰:"薛征于人,宋征于鬼。宋罪大矣。且已无辞,而抑我以神,诬我也。'启宠纳侮',其此之谓矣。必以仲几为戮。"乃执仲几以归。三月,归诸京师。

仲孙何忌代表鲁国参与修筑成周城,正月十三日接受任务,十六日就开始夯土。而宋国的仲几拒不接受任务,说:"有滕国、薛国、郳国为我们服役。"薛国的执政大臣说:"那是宋国无道,让我们这些小国和周朝断绝联系,带着我们去侍奉楚国,所以我们一直听从宋国。晋文公举行践土之盟,说:'但凡同盟诸侯,各自恢复旧职。'或者听从践土之盟,或者听从宋国,我们都唯命是从。"

听从践土之盟,那就是恢复旧职,直接听命于天子,宋国无权使唤薛国。听从宋国,那就替宋国服役,薛国也没意见,但是要晋国发句话。这等于是将了宋国一军,而且将球踢给晋国了。仲几说:"践土之盟固然是说过那样的话。"言下之意,说归说,但薛国还是得听宋国的。当着晋国人的面说这样的话,显然不太聪明。薛国的执政大臣是个老江湖,接着把仲几往坑里带,继续抓住践土之盟说事:"薛国的先祖奚仲在薛地居住,在夏朝担任车正(官名)。后来奚仲迁居邳地,他的后人仲虺住在薛地,做了商汤的左相(官名)。如果恢复旧职,那就要承接天子的命令,为什么要为诸侯服役呢?"仲几果然上当,说:"三代的事情各不相同,薛国怎么能够按旧章办事? 为宋国服役,也是它的职分。"士弥牟听不下去了,这样说岂不是将晋文公的话当作放屁? 于是出面干涉,对仲几说:"晋国的执政者刚刚履新,您姑且接受任务,我到故府(资料库)去查一下旧档案再说。"仲几不依不饶:"就算您不记得这些事,难道山川鬼神会忘记吗?"士弥牟被惹怒了,对韩不信说:"薛国取证于人,宋国取证于鬼,宋国的罪大了。而且自己无话可说,就拿鬼神来压我,这是欺骗我们。给予宠信却得到侮辱,说的就是这种事了。必须给仲几惩戒。"于是抓了仲几回晋国,三月又将他移送到京师。

> **城三旬而毕,乃归诸侯之戍。齐高张后,不从诸侯。晋女叔宽曰:"周苌弘、齐高张皆将不免。苌叔违天,高子违人。天之所坏,不可支也;众之所为,不可奸也。"**

这次修城倒是效率很高,三十天就完工了,于是将诸侯派来戍守京师的部队遣送回去。齐国的高张迟到,没有赶上工期。晋国大夫女叔宽说:"王室的苌弘、齐国的高张都将不免于祸难。苌弘违背天意,高张违背人意。上天要毁坏的,谁也不能支持;众人要办的事,谁也不能抗命。"

所谓苌弘违背天意,《左传》只是一笔带过,难免让人一头雾水。倒是《国语》中有一段记载可以作为注解——

敬王十年,刘文公与苌弘欲城周,为之告晋。魏献子为政,说苌弘而与之。卫彪傒适周,闻之,见单穆公曰:"苌、刘其不殁乎!《周诗》有之曰:'天之所支,不可坏也。其所坏,亦不可支也。'"

彪傒这段话的意思是:上天令周室凋敝,刘文公与苌弘策动诸侯修建成周城,乃是违背天意,所以将要受到惩罚。

> **夏,叔孙成子逆公之丧于乾侯。季孙曰:"子家子亟言于我,未尝不**

中吾志也。吾欲与之从政，子必止之，且听命焉。"子家子不见叔孙，易几而哭。叔孙请见子家子，子家子辞，曰："羁未得见，而从君以出。君不命而薨，羁不敢见。"叔孙使告之曰："公衍、公为实使群臣不得事君，若公子宋主社稷，则群臣之愿也。凡从君出而可以入者，将唯子是听。子家氏未有后，季孙愿与子从政，此皆季孙之愿也，使不敢以告。"对曰："若立君，则有卿士、大夫与守龟在，羁弗敢知。若从君者，则貌而出者，入可也；寇而出者，行可也。若羁也，则君知其出也，而未知其入也，羁将逃也。"丧及坏隤，公子宋先入，从公者皆自坏隤反。

叔孙成子即叔孙婼的儿子叔孙不敢。

夏天，叔孙不敢到乾侯迎接鲁昭公的灵柩。临行前，季孙意如交代："子家羁多次和我谈话，未尝不合我的心意。我想让他参与政事，您一定要留住他，别让他去了其他国家，而且凡事多听听他的意见。"

子家羁却不想见叔孙不敢。为了避免相见，还"易几而哭"。几，在这里是指丧事时号哭的时间。古人办丧事，什么时候在什么地方号哭，都有明确规定。叔孙不敢要见子家羁，找准时间到鲁昭公灵前，和子家羁同哭一场是最自然而然的方式。可是子家羁改变了号哭的时间，或者提早或者推迟，叔孙不敢总是遇不着他，只得正式登门求见。子家羁还是推辞，说："我未能得见您，就跟随国君出来了。国君没有命令就去世，我不敢见到您。"

子家羁当然不是没见过叔孙不敢。回想当年，鲁昭公刚从鲁国逃出来的时候，叔孙婼为之奔走，千方百计想迎接鲁昭公回国，却因季孙意如阻挠而未能成功，以致自求早死，郁郁而终。此后叔孙不敢继承家业，担任了鲁国的卿，这是没有经过鲁昭公任命的。子家羁以这个理由拒见叔孙不敢，当然只是找个借口，同时也是在指责叔孙不敢：你的父亲被季孙意如气死了，你怎么还能淡定自若地和他共事呢？叔孙不敢派人解释：

"实际上是公衍、公为使得群臣不能够侍奉国君。如果由公子宋来主持社稷，那就是群臣的愿望了。但凡跟随国君出去的人，谁可以回国，全凭您说了算。子家氏在鲁国没有继承人，季孙愿意让您参与政事。这些都是季孙的愿望，派我来告诉您。"

应该说，季孙意如对这群流亡者开出的条件是很宽容的，尤其是对子家羁，可谓优遇有加。可是，子家羁并不领情，对这三件事一一表明态度：

第一件事："如果问立谁为君，有卿士、大夫和占卜的官员在，我不敢过问。"公子宋是鲁昭公的弟弟，跟着鲁昭公逃亡在外。按照"父死子替，兄终弟及"的原则，鲁昭公死了，其子公衍有优先继承权。季孙意如却不愿意公衍即位，所以提出要立公子宋为君。子家羁对此的态度是，你们要立谁为君，那是你们的事，爱怎么着就怎么着，我反对也无效，你也不要假惺惺地问我的意见。

第二件事："跟随国君出国的人，那些表面上跟随出国的人，可以回去；和季氏结了仇而出国的，可以离去。"跟随鲁昭公流亡的人有很多，绝大多数跟季氏有过节。季孙意如提出要子家羁来决定谁能够回国，谁能保证他不会对这些人秋后算账？将来如果这些人在鲁国遭到政治迫害，岂不是都会抱怨子家羁？子家羁才不会上这个当。

第三件事："至于我本人，国君只知道我跟着他出国，而不知道我会回去——我将逃走。"意思是，我如果回去了，而且还跟季孙意如共事，先君泉下有知，会怎么看待我？我对先君，事死如事生，宁可继续逃亡，也不会违背良心做事。

鲁昭公的灵柩回到鲁国的坏隤，公子宋先行一步进入曲阜，鲁昭公的其他随从则从这里回头，没有一个人傻到回去看季孙意如的脸色吃饭，全部选择了逃亡。

六月癸亥，公之丧至自乾侯。戊辰，公即位。季孙使役如阚公氏，将

沟焉。荣驾鹅曰："生不能事，死又离之，以自旌也？纵子忍之，后必或耻之。"乃止。季孙问于荣驾鹅曰："吾欲为君谥，使子孙知之。"对曰："生弗能事，死又恶之，以自信也？将焉用之？"乃止。

秋七月癸巳，葬昭公于墓道南。孔子之为司寇也，沟而合诸墓。

昭公出故，季平子祷于炀公。九月，立炀宫。

六月二十一日，鲁昭公的灵柩从乾侯抵达曲阜。二十六日，公子宋即位，是为鲁定公。鲁昭公都已经死了，按理说，他和季孙意如之间的恩怨也应该一笔勾销。可是季孙意如显然意犹未尽，派下人到阚公氏（历代鲁侯的公墓），打算挖一条沟，将鲁昭公的坟墓和历代先祖的坟墓隔开来。大夫荣驾鹅（即荣成伯）说："在他生的时候不能侍奉他，死了又要隔离他，您这是要向世人宣扬自己的所作所为吗？就算您忍心这么做，日后必会有人因此而感到羞耻。"季孙意如于是下令停下来，又问荣驾鹅："我打算为国君拟定谥号，让子子孙孙都知道。"所谓谥号，本来就是由后人拟定，只不过季孙意如想献给鲁昭公的谥号，想必不是什么美谥。荣驾鹅说："在他生的时候不能侍奉他，死了又要给他一个恶名，您是想用这个来表明自己讨厌他吗？犯得着吗？"季孙意如这才作罢。

七月二十二日，鲁昭公下葬。季孙意如还是留了一手。鲁国先君的墓地都在道路以北，唯独将鲁昭公葬在道路以南。后来孔子当上了鲁国的司寇，下令在鲁昭公的墓地外围挖沟，扩大墓地范围，才让他和列祖列宗得以在同一片区域安息。

季孙意如到底是心虚。因为鲁昭公流亡国外这件事，他特地向鲁炀公祈祷。鲁炀公是鲁国早期的君主。据《史记》记载，鲁国的始封君伯禽死后，其子鲁考公即位。鲁考公去世，其弟公子熙即位，是为鲁炀公。季孙意如不立公衍而立公子宋为君，总得找到一点合法性依据，所以用这种方式提醒鲁国人，祖宗也有这种做法！这一年九月，更是重新修建了鲁炀公的宗庙。此乃政治上的借尸还魂之术，后世统治者多有借鉴。

周巩简公弃其子弟而好用远人。

王室卿士巩简公抛弃自己的子弟而喜欢任用家族之外的人。这是老左常用的手法,说话说一半,吊起读者的胃口,欲知后事如何,请听下年分解。

鲁定公二年

公元前 508 年,鲁定公二年。

二年夏四月辛酉,巩氏之群子弟贼简公。

接着上年的事,二年四月二十四日,巩氏的子弟们刺杀了巩简公。

桐叛楚。吴子使舒鸠氏诱楚人,曰:"以师临我,我伐桐,为我使之无忌。"
秋,楚囊瓦伐吴,师于豫章。吴人见舟于豫章,而潜师于巢。冬十月,吴军楚师于豫章,败之。遂围巢,克之,获楚公子繁。

桐国是楚国的附庸小国。舒鸠在桐国附近,原本也是楚国的附庸,早在鲁襄公二十五年就被楚国灭掉,原文所谓"舒鸠氏",应该是舒鸠国的遗民。

不知什么原因,桐国背叛了楚国。吴王阖闾抓住这个机会,命舒鸠氏引诱楚国人讨伐吴国,而吴国就去讨伐桐国,以示害怕楚国,愿意为楚国惩罚叛徒,以此使楚国人对吴国放松警惕。

楚国果然上当。秋天,楚国令尹囊瓦讨伐吴国,陈师于豫章。吴国人也让战船出现在豫章,摆出一副准备攻打桐国的样子,但实际上将部队偷偷集结在巢地。十月,吴军向豫章的楚军发动突袭,将他们打败,顺势包围巢地,攻占了它,俘虏楚将公子繁。

邾庄公与夷射姑饮酒,私出。阍乞肉焉,夺之杖以敲之。

邾庄公与大夫夷射姑饮酒,夷射姑因为要小便,就走出来。看门人见到他,向他讨要肉脯,他抢过看门人手里的棍子就打过去。这不像是一个国家宫廷里发生的事,倒像是一家乡村小酒肆前经常可以看到的场景。

鲁定公三年

公元前 507 年,鲁定公三年。

三年春二月辛卯,邾子在门台,临廷。阍以瓶水沃廷,邾子望见之,怒。阍曰:"夷射姑旋焉。"命执之。弗得,滋怒,自投于床,废于炉炭,烂,遂卒。先葬以车五乘,殉五人。庄公卞急而好洁,故及是。

三年二月二十九日，邾庄公站在公宫的门楼上，看着下面的庭院。看门人正拿着瓶装水浇洒庭院。邾庄公看到了就生气，看门人解释："那是因为夷射姑曾在这里小便。"乖乖，就算是夷射姑真的在这里小便过，那也早就干了啊。你迟不洒水，早不洒水，偏偏等到国君看到才洒水，这不是故意恶心人吗？邾庄公一听就生气了，下令逮捕夷射姑。结果没有抓到，邾庄公更加生气，自己从床上跳下来，摔倒在火炉里的木炭上，被烧得皮肉溃烂，死了！用了五辆车、五个人为他殉葬。原来，邾庄公有两个毛病：一是性急，一是有洁癖，所以才搞到这个地步。

我说老左啊，您这个故事真不是从《笑林广记》里抄来的吗？

秋九月，鲜虞人败晋师于平中，获晋观虎，恃其勇也。

九月，鲜虞人在平中打败晋军，俘获晋将观虎，那是因为观虎自恃勇猛。

冬，盟于郊，修邾好也。

《春秋》记载，这一年冬天，仲孙何忌与邾子在郊地结盟，这是为了和邾国重修旧好。

蔡昭侯为两佩与两裘以如楚，献一佩一裘于昭王。昭王服之，以享蔡侯。蔡侯亦服其一。子常欲之，弗与，三年止之。唐成公如楚，有两肃爽马，子常欲之，弗与，亦三年止之。唐人或相与谋，请代先从者，许之。饮先从者酒，醉之，窃马而献之子常。子常归唐侯。自拘于司败，曰："君以弄马之故，隐君身，弃国家。群臣请相夫人以偿马，必如之。"唐侯曰："寡人之过也。二三子无辱！"皆赏之。蔡人闻之，固请，而献佩于子常。

子常朝，见蔡侯之徒，命有司曰："蔡君之久也，官不共也。明日礼不毕，将死。"蔡侯归，及汉，执玉而沉，曰："余所有济汉而南者，有若大川。"蔡侯如晋，以其子元与其大夫之子为质焉，而请伐楚。

蔡昭公带着两块玉佩和两件皮衣到楚国，把一块玉佩和一件皮衣献给楚昭王。楚昭王穿上皮衣，配上玉佩，设宴招待蔡昭公。蔡昭公也穿上另一件皮衣，配上了另一块玉佩。囊瓦看到了，想要同样的一份礼物。蔡昭公不给，于是被扣留在楚国三年。唐成公到楚国，有两匹骏马，名叫"肃爽"。囊瓦想要这两匹马，唐成公不给，也被扣留了三年。唐国有人商量这件事，请求代替原先跟着唐成公去楚国的随从，获得批准。他们到了楚国，请原先那些随从喝酒，灌醉了，将马偷出来献给囊瓦。囊瓦便放走了唐成公。回国之后，这些人把自己绑起来，到司败那里自首，说："国君因为玩马的缘故，隐身于楚国，抛弃了国家。我们请求帮助那个人（指马夫）来赔偿，一定要得到像原来那两匹一样好的马。"唐成公说："这是寡人的过错，你们几位不要羞辱自己了。"对他们全部给予奖赏。蔡国人听到这件事，坚决向蔡昭公请求，将玉佩献给了囊瓦。囊瓦上朝的时候见到蔡昭公的手下，就命令官吏说："蔡侯之所以长期留在我国，都是由于你们不准备好饯行的礼物。如果到了明天还没准备好，就处死你们。"蔡昭公就这样回到了蔡国。经过汉水的时候，拿起玉沉入水中，说："我要是再向南渡过汉水，请河神降罪！"于是前往晋国，将公子元和大夫的儿子作为人质，请求晋国讨伐楚国。

鲁定公四年

公元前 506 年,鲁定公四年。

四年春三月,刘文公合诸侯于召陵,谋伐楚也。晋荀寅求货于蔡侯,弗得。言于范献子曰:"国家方危,诸侯方贰,将以袭敌,不亦难乎!水潦方降,疾疟方起,中山不服,弃盟取怨,无损于楚,而失中山,不如辞蔡侯。吾自方城以来,楚未可以得志,只取勤焉。"乃辞蔡侯。

晋人假羽旄于郑,郑人与之。明日,或旆以会。晋于是乎失诸侯。

四年三月,王室派刘文公在召陵会合诸侯,谋划讨伐楚国。据《春秋》记载,参加这次行动的有晋、宋、鲁、卫、蔡、陈、郑、许、曹、莒、邾、顿、胡、滕、薛、杞、小邾,共计十七国诸侯。齐景公虽然没有与会,但也派来了上卿国夏,所以实际上是十八国联军,比当年齐桓公的召陵之盟,声势更为浩大。

这次行动的起因,是蔡昭公不堪忍受囊瓦的贪婪,转而投向晋国,请求晋国讨伐楚国。但是让蔡昭公想不到的是,天下乌鸦,没有最黑,只有更黑。晋国的荀寅也向他索要贿赂,遭到拒绝。荀寅便对士鞅说:"国家正面临危险,诸侯正产生二心,在这种情况下带着他们去袭击敌人,不也是很难的吗?大雨正滂沱,疟疾正肆虐,中山(鲜虞人建立的国家)又不服,背弃盟约(指当年的弭兵会盟)而招来怨恨,无损于楚国而失去中山,不如辞掉蔡侯。我国自入侵方城(鲁襄公十六年晋军在湛阪战胜楚军,

"遂侵方城之外")以来,从来没有得志于楚国,出兵只是白费力气。"士鞅本来就是个老饕,无利不起早,从来没把晋国的霸业放在心上,于是听从荀寅的建议,推辞了蔡昭公。

十八国联军就这样倏然而聚,又倏然而散。而且,在聚会的过程中,晋国人向郑国人借用羽旄(羽毛做成的饰物),郑国人给了。第二天,晋国人就把羽旄插在旗杆上去参加会议,完全没有归还的意思。晋国因此失去了诸侯的拥护。

将会,卫子行敬子言于灵公曰:"会同难,啧有烦言,莫之治也。其使祝佗从!"公曰:"善。"乃使子鱼。子鱼辞,曰:"臣展四体,以率旧职,犹惧不给而烦刑书。若又共二,徼大罪也。且夫祝,社稷之常隶也。社稷不动,祝不出竟,官之制也。君以军行,被社、衅鼓,祝奉以从,于是乎出竟。若嘉好之事,君行师从,卿行旅从,臣无事焉。"公曰:"行也。"

及皋鼬,将长蔡于卫。卫侯使祝佗私于苌弘曰:"闻诸道路,不知信否。若闻蔡将先卫,信乎?"苌弘曰:"信。蔡叔,康叔之兄也,先卫,不亦可乎?"子鱼曰:"以先王观之,则尚德也。昔武王克商,成王定之,选建明德,以蕃屏周。故周公相王室,以尹天下,于周为睦。分鲁公以大路、大旂,夏后氏之璜,封父之繁弱,殷民六族,条氏、徐氏、萧氏、索氏、长勺氏、尾勺氏。使帅其宗氏,辑其分族,将其类丑,以法则周公,用即命于周。是使之职事于鲁,以昭周公之明德。分之土田陪敦、祝、宗、卜、史,备物、典策,官司、彝器;因商奄之民,命以《伯禽》而封于少皞之虚。分康叔以大路、少帛、綪茷、旃旌、大吕,殷民七族,陶氏、施氏、繁氏、锜氏、樊氏、饥氏、终葵氏;封畛土略,自武父以南及圃田之北竟,取于有阎之土以共王职;取于相土之东都以会王之东蒐。聃季授土,陶叔授民,命以《康诰》而封于殷虚。皆启以商政,疆以周索。分唐叔以大路、密须之鼓、阙巩、沽洗,怀姓九宗,职官五正。命以《唐诰》而封于夏虚,启以夏政,疆以戎索。三者皆叔也,而有令德,故昭之以分物。不然,文、武、成、康之伯犹多,而不获是分也,唯不尚年也。管、蔡启商,惎间王室,王于是乎杀管叔而蔡蔡叔,以车七乘、徒七十人。其子蔡仲改行帅德,周公举之,以为己卿士,见诸王,而命之以蔡。其命书云:'王曰:胡!无若尔考之违王命也!'若之何其使蔡先卫也?武王之母弟八人,周公为大宰,康叔为司寇,聃季为司空,五叔无官,岂尚年哉!曹,文之昭也;晋,武之穆也。曹为伯甸,非尚年也。今将尚之,是反先王也。晋文公为践土之盟,卫成公不在,夷叔,其母弟也,犹先蔡。其载书云:'王若曰,晋重、鲁申、卫武、蔡甲午、郑捷、齐潘、宋王臣、莒期。'藏在周府,可覆视也。吾子欲复文、武之略,而不正其德,将如之何?"苌弘说,告刘子,与范献子谋之,乃长卫侯于盟。

前往参加召陵之会前,卫国大夫子行敬子对卫灵公说:"开会难得统一意见,你一言我一语争论不休,没有办法应付,还是将祝佗带去吧!"

祝佗又作祝鮀,字子鱼。《论语》上说:"不有祝鮀之佞,而有宋朝之美,难乎免于今之世矣!"意思是,没有祝鮀的口才,却有宋朝的美貌,在当今之世很难逃脱祸害啊!可知祝佗是以口才好而闻名于世的。卫灵公觉得子行敬子说得对,把祝佗带上,正好应付会上的吵吵嚷嚷,于是下令祝佗一起去。祝佗推辞说:"我张开四肢,手忙脚乱,从事祖传的职业,犹且害怕不能完成任务而获罪。如果又去从事第二职业,那就是大大的罪过了。而且祝官本是社稷之神日常使唤的小吏。社稷之神不动,祝官就不出境,这是官制规定的。国君带着军队出行,祭祀社神之庙,杀牲以血衅鼓,祝官奉着社神的神位跟随,这种情况下才能出境。如果是友好相会,国君去就带一师之众(二千五百人)相随,卿去就带一旅之众(五百人)相随,下臣是无事可干的。"卫灵公说:"你还是去吧。"

到达皋鼬,诸侯排座次,准备把蔡国排在卫国前面。卫灵公派祝佗私下对王室大夫苌弘说："我道听途说，不知道可不可信。好像说蔡国要排在卫国前面，是真的吗？"苌弘说："是真的。蔡叔是康叔的兄长，蔡国排在卫国前面，不也是可以的吗？"

蔡国的始封君蔡叔度和卫国的始封君卫康叔都是周武王的胞弟，蔡叔度年长于卫康叔，是以苌弘有此一说。祝佗反驳："如果从先王的角度来看，那是更看重德行的。当年周武王克灭商朝，周成王平定天下，选择有明德之人建立国家，以作为王室的屏障。所以周公辅佐王室，以治理天下，诸侯都亲附王室。分给鲁公伯禽（鲁国始封君，周公之子）大路车、双龙旗、夏后氏的玉璜、封父（古国名）的繁弱（弓名），以及殷商遗民六族——条氏、徐氏、萧氏、索氏、长勺氏、尾勺氏，让他们率领大宗，聚集小宗，带领属下的家臣、仆役、奴隶，服从周公制定的法令，以此服从周朝的统治。这是让他们在鲁国履行职责，以宣扬周公的明德。分赐给鲁国附庸小国、祝官、宗人、卜官、史官、服用器物、典籍简册、百官体制、祭祀礼器，安抚商奄（商朝的奄国，即鲁国所在地）的遗民，以此策命伯禽，将他封在少皞的故城。分给卫康叔大路车、少白旗、大红旗、旃旗和旌旗、大吕之钟，以及殷商遗民七族——陶氏、施氏、繁氏、锜氏、樊氏、饥氏、终葵氏。划定边界，从武父以南到圃田以北，获得有阎氏的土地以履行王室赋予的职责，获得相土的东都（相土为商朝的先祖，其东都即商丘）以参与天子对东方的检阅。聃季（时任司空）授予土地，陶叔（时任司徒）授予百姓，以《康诰》策命，将他封在殷商故城。这两个国家，都是沿用商朝的政事来开国，而用周朝的制度来划分土地。分给唐叔虞大路车、密须鼓、阙巩甲、沽洗钟，以及怀姓九宗、职官五正（怀姓九大宗族，世居五正之职），以《唐诰》策命，将他封在夏朝的故城，用夏朝的政事来开国，而用戎人的制度来划分土地。上述三人，都是天子的兄弟而有美好的德行，所以分赏器物来宣扬他们。不然的话，周文王、周武王、周成王、周康王几代的子弟比他们三位年长的多的是，而没有获得这样的分赏，就是因为不以年长而优先考虑。"

祝佗这段话，一开始让人觉得啰唆，但是说到结论，便明白了他的良苦用心:这是通过讲历史、摆事实来破除苌弘"年长为先"的理论。然后,祝佗又针对蔡国的历史,说:"管叔、蔡叔利用殷商遗民,阴谋侵犯王室,天子因此杀了管叔,流放蔡叔,给了蔡叔七辆车,七十名步卒。蔡叔的儿子蔡仲(字仲,名胡)弃恶从善,周公举荐他,让他当了自己的助手,让他晋见天子,策命他做了蔡侯。策书上写着,天子说:'胡啊,不要像你父亲那样违背王命!'怎么能够让蔡国排在卫国前面呢?"

前面说到,周朝刚刚建立的时候,最重要的任务是防止殷商遗民作乱,所以将商纣王的儿子武庚封在商朝的王畿故地,用以安抚殷商遗民。同时又将管叔鲜、蔡叔度、霍叔处封在武庚的周围,命他们监视武庚,号称"三监"。周武王死后,周公旦摄政,三监却与武庚勾结起来作乱。于是周公旦带兵东征,平定了叛乱,杀管叔鲜,流放蔡叔度,将霍叔处废为庶民。蔡叔度的儿子蔡胡弃恶从善,才又被封为诸侯。由此可知,蔡国虽然也是姬姓诸侯,在周朝的地位是远远不及鲁国、卫国、晋国的。

祝佗接着说:"周武王的胞弟八人,周公为太宰,康叔为司寇,聃季为司空,其余五位都没有在王室担任官职,这难道是以年长为尊吗?曹叔(曹国的先祖,名振铎)是周文王的儿子(与周武王异母),晋国的先祖叔虞,是周武王的儿子。曹叔被封为伯爵,居住在甸服(远离王畿一千里的地区),这也说明不是以年长为尊。而今反倒是要以年长为尊,那就是反对先王的做法了。晋文公举行践土之盟的时候,卫成公不在场,派他的胞弟夷叔参加,尚且排在蔡国前面。当时的盟书说:'晋重(晋文公重耳)、鲁申(鲁僖公申)、卫武(卫大夫叔武)、蔡甲午(蔡庄侯)、郑捷(郑文公捷)、齐潘(齐昭公潘)、宋王臣(宋成公王臣)、莒期(莒兹丕公期)。'收藏在王室的盟府,可以去翻查。您想要恢复周文王、周武王的法度,而不端正自己的德行,到底是想干什么?"

祝佗一番话,说得苌弘心悦诚服。苌弘告诉了刘文公,刘文公去与士鞅商量,于是在结盟的时候将卫灵公排在前面。

反自召陵,郑子大叔未至而卒。晋赵简子为之临,甚哀,曰:"黄父之

会,夫子语我九言,曰:'无始乱,无怙富,无恃宠,无违同,无敖礼,无骄能,无复怒,无谋非德,无犯非义。'"

诸侯大军从召陵回国,郑国的游吉还没有到新郑就去世了。晋国的赵鞅前去吊唁,哭得很伤心,说:"黄父之会上,老先生对我说了九句话:不要发起动乱,不要倚仗富有,不要凭借宠信,不要违背共同的意愿,不要傲视有礼之人,不要自负有才能,不要因为同一件事而再次生气,不要谋划不合道德的事,不要参与不合道义的事情。"

沈人不会于召陵,晋人使蔡伐之。夏,蔡灭沈。

秋,楚为沈故,围蔡。伍员为吴行人以谋楚。

楚之杀郤宛也,伯氏之族出。伯州犁之孙嚭为吴大宰以谋楚。楚自昭王即位,无岁不有吴师。蔡侯因之,以其子乾与其大夫之子为质于吴。

召陵之会虎头蛇尾,草草收场。但是,因为这次没有任何实际意义的聚会,却引发了一系列的连锁反应:

沈国没有派人参加召陵之会——其实这是很正常的事,沈国早就臣服于楚国,怎么敢听命于晋国?但是,晋国也许是为了补偿一下蔡国的失望吧,以沈国没有参会为由,下令蔡国讨伐沈国。夏天,蔡国灭了沈国。

秋天,楚国因为沈国的缘故,围攻蔡国。吴国迅速做出反应,以伍子胥为行人,穿行于各国,策划对付楚国的事。

鲁昭公二十七年,楚国杀死郤宛,伯氏一族因为与郤宛关系密切而出逃。伯州犁之孙伯嚭被吴王阖庐任命为太宰以谋划对付楚国。有伍子胥和伯嚭在吴国,楚国的日子就不好过了。自从楚昭王即位,没有哪一年没有吴军入侵,楚国上下疲于奔命。蔡昭公从中看到了希望,又将公子乾和大夫的儿子送到吴国当人质。

一场针对楚国的大规模军事行动,很快就要开始了。

　　冬,蔡侯、吴子、唐侯伐楚。舍舟于淮汭,自豫章与楚夹汉。左司马戍谓子常曰:"子沿汉而与之上下,我悉方城外以毁其舟,还塞大隧、直辕、冥厄。子济汉而伐之,我自后击之,必大败之。"既谋而行。武城黑谓子常曰:"吴用木也,我用革也,不可久也。不如速战。"史皇谓子常:"楚人恶子而好司马。若司马毁吴舟于淮,塞城口而入,是独克吴也。子必速战! 不然,不免。"乃济汉而陈,自小别至于大别。三战,子常知不可,欲奔。史皇曰:"安,求其事,难而逃之,将何所入? 子必死之,初罪必尽说。"

　　冬天,蔡昭公、吴王阖庐、唐成公联合出兵讨伐楚国。吴军乘船而来,在淮水拐弯处弃船登岸,从豫章出发和楚军隔着汉水对峙。楚国左司马沈尹戍对令尹囊瓦说:"您沿着汉水和吴军周旋,我带领方城之外的部队去毁坏他们的战船,回来的时候堵塞大隧、直辕、冥厄(汉水以东的三条交通要道)。您渡过汉水发动进攻,我从后方夹击,必可大获全胜。"计是好计,囊瓦也采纳了,把具体事情都商量好,沈尹戍就出发了。偏偏这时候武城黑(武城大夫,名黑)向囊瓦建议:"吴军用木,我军用革,不可以持久,不如速战速决。"

　　据后人推测,所谓吴军用木,是指吴军用木头制造的战车;楚军用革,则是说楚军的战车蒙上了皮革。相比之下,楚军的战车更为皮实,但是在江汉一带作战,河渠众多,皮革容易脱胶而散落,所以说不可以持久。大夫史皇也建议囊瓦:"楚国人都讨厌您而喜欢司马。如果司马摧毁了淮水里的吴军战船,堵塞了三座关口而回来,那就是他独自战胜吴军了。您一定要速战速决! 不然的话,不免于祸。"囊瓦于是命令全军渡过汉水,从小别山直到大别山摆开阵势。和吴军交战三次,囊瓦知道吴军不可战胜,想要逃跑。史皇说:"平平安安待在那里的时候您想要求取胜利,现在遇到一点困难就想逃跑,能够跑到哪里去?您一定要决一死战,定能逃脱当初违背约定的罪责。"

十一月庚午,二师陈于柏举。阖庐之弟夫槩王晨请于阖庐曰:"楚瓦不仁,其臣莫有死志。先伐之,其卒必奔;而后大师继之,必克。"弗许。夫槩王曰:"所谓'臣义而行,不待命'者,其此之谓也。今日我死,楚可入也。"以其属五千先击子常之卒。子常之卒奔,楚师乱,吴师大败之。子常奔郑。史皇以其乘广死。吴从楚师,及清发,将击之。夫槩王曰:"困兽犹斗,况人乎?若知不免而致死,必败我。若使先济者知免,后者慕之,蔑有斗心矣。半济而后可击也。"从之,又败之。楚人为食,吴人及之,奔。食而从之,败诸雍澨,五战,及郢。

十一月十八日,吴、楚两军在柏举对阵。阖庐的弟弟夫槩王早上向阖庐请战:"囊瓦为人不仁,他的手下没有人愿意为他卖命。请让我先进攻,他们的士兵一定会逃散。然后全军跟上去掩杀,必可大获全胜。"阖庐不同意。夫槩王出来便说:"所谓'臣下合于道义就可行事,不必等待命令',说的就是现在这种情况了。今天我拼死作战,部队就可以长驱直入楚国了。"于是带着自己的属下五千人抢先进攻囊瓦的部队。囊瓦的部队果然一触即溃,楚军大乱,吴军大胜。囊瓦不敢回国,逃奔郑国。史皇带着自己的亲兵战死。吴军追击楚军到清发,将要发动攻击。夫槩王说:"困兽犹斗,何况是人?如果对方知道不能免于一死而拼死反击,必然打败我们。如果让他们一部分先渡过河,知道能够免死,后面的人就会羡慕前面的人,那就没有斗志了。等他们渡过一半人才可以进攻。"阖庐这次听从了夫槩王的建议,又一次大败楚军。楚军连输二阵,好不容易停歇下来,做好饭准备吃,吴军又杀到,楚军只好再逃。吴军吃了楚军的饭,继续追击,在雍澨又赢一阵。就这样打了五仗之后,吴军来到了郢都城下。

己卯,楚子取其妹季芈畀我以出,涉雎。鍼尹固与王同舟,王使执燧象以奔吴师。

楚国自打楚武王崛起以来,两百年间,还从来没有外敌能够入侵到郢都。当年齐桓公带领中原联军讨伐楚国,不过是到了召陵就回去了。晋文公在城濮之战中大败楚军,晋厉公在鄢陵之战中打败楚共王,也没能威胁到楚国本土。楚国在北部边境的防线几乎坚不可摧。但是,自从晋国采用申公巫臣的计谋,扶持吴国从东方威胁楚国,形势便逆转了。楚国东部以江河湖泊和丘陵地带为主,难以凭借地形构筑坚固的防线。吴国人乘船而来,交通十分便利,随时能够深入楚国腹地。而且,楚国人历来以野蛮剽悍而著称,吴国人竟然比楚国人更为野蛮剽悍,再加上有伍子胥和伯嚭为吴国出谋划策,辅以囊瓦的贪婪和无能,楚国的失败也就是可以预料的了。

十一月二十七日,楚昭王带着自己的妹妹季芈畀我(楚国芈姓,季芈即最小的妹妹,名畀我)逃出郢都,渡过了雎水。鍼尹固和楚昭王坐同一条船,楚昭王令他驱赶着尾巴上点了火的大象冲向吴军,以此获得了逃亡的时间。

庚辰,吴入郢,以班处宫。子山处令尹之宫,夫槩王欲攻之,惧而去之,夫槩王入之。

二十八日,吴军进入郢都,按照身份高低入住楚国的宫室。阖庐的儿子公子山住进了令尹囊瓦家,夫槩王也看中这个宅子,两个人互不相让。夫槩王仗着自己有战功,手下的将士又是身经百战、强悍无比,想要对公子山动武。公子山害怕了，被迫离开，夫槩王住了进去。

单从这件事来看，吴国作为一个国家，虽然具备了足以傲视群雄的军事实力，但是从政治上和文化上讲，还只能说是处于半成熟状态。这也不奇怪，在长达数千年的冷兵器时代，在文明和野蛮的直面交锋中，后者往往更具有压倒性的优势。

关于吴国人在楚国的所作所为，老左也就写到了这里。《谷梁传》则发挥想象，说吴国人不但住进了楚国的宫室，还各自霸占了宫室的女主人（当然这也不是不可能）。《吴越春秋》则写得更具体，指名道姓地说阖庐霸占了楚昭王夫人，伍子胥、孙武、伯嚭也霸占了囊瓦、沈尹戌等人的妻子。需要说明的是，作为中国兵法界的第一人——孙武并未出现在《左传》的记载中。如果他真的参与了上述行为，"兵圣"的形象无疑要大打折扣了。而且，另一桩尽人皆知的历史事件，在《吴越春秋》和《史记》中均有记载，也未经老左的笔墨，那就是伍子胥为了报仇雪恨，将楚平王的尸体挖出来，鞭打了三百下，史称"掘墓鞭尸"。

左司马戌及息而还，败吴师于雍澨，伤。初，司马臣阖庐，故耻为禽焉。谓其臣曰："谁能免吾首？"吴句卑曰："臣贱，可乎？"司马曰："我实失子，可哉！"三战皆伤，曰："吾不用也已。"句卑布裳，刭而裹之，藏其身，而以其首免。

再说楚国左司马沈尹戌带着方城山外的部队去抄吴军的后路，听到楚军主力溃败的消息，到达息县就回来了，在雍澨打败吴军。但是，沈尹戌也受了伤，而且局部的胜利不足以扭转大局。

当初，沈尹戌曾经在吴国待过一段时间，在阖庐手下当差，所以耻于被吴军俘虏。沈尹戌问自己的家臣："谁能够不让吴国人得到我的首级？"有位叫句卑的家臣，大概是当年从吴国跟着沈尹戌回楚国的吧，所以原文中记为"吴句卑"，站出来说："下臣卑贱，能够有幸接受这个任务吗?"沈尹戌说:"我过去竟然没有重视您,可以啊!"于是和吴军又打了三次仗,每一仗沈尹戌都受伤。最后,沈尹戌支撑不住了,说:"我已经不行了。"句卑展开裙摆,割下沈尹戌的脑袋包裹起来,藏好尸体,带着他的脑袋逃走了。

楚子涉雎,济江,入于云中。王寝,盗攻之,以戈击王,王孙由于以背受之,中肩。王奔郧。锺建负季芈以从,由于徐苏而从。郧公辛之弟怀将弑王,曰:"平王杀吾父,我杀其子,不亦可乎?"辛曰:"君讨臣,谁敢仇之? 君命,天也,若死天命,将谁仇?《诗》曰'柔亦不茹,刚亦不吐。不侮矜寡,不畏强御',唯仁者能之。违强陵弱,非勇也;乘人之约,非仁也;灭宗废祀,非孝也;动无令名,非知也。必犯是,余将杀女。"斗辛与其弟巢以王奔随。吴人从之,谓随人曰:"周之子孙在汉川者,楚实尽之。天诱其衷,致罚于楚,而君又窜之,周室何罪? 君若顾报周室,施及寡人,以奖天衷,君之惠也。汉阳之田,君实有之。"楚子在公宫之北,吴人在其南。子期似王,逃王,而己为王,曰:"以我与之,王必免。"随人卜与之,不吉,乃辞吴曰:"以随之辟小,而密迩于楚,楚实存之,世有盟誓,至于今未改。若难而弃之,何以事君? 执事之患不唯一人,若鸠楚竟,敢不听命。"吴人乃退。镬金初宦于子期氏,实与随人要言。王使见,辞,曰:"不敢以约为利。"王割子期之心以与随人盟。

楚昭王过雎水,渡长江,进入云中。在野外休息的时候,有一群强盗发现了他们,偷偷靠近,发起了进攻。其中一个强盗挥起长戈朝楚昭王击去,王孙由于惊醒过来,用自己的背挡住这一击,被砍中了肩膀,当场晕过去。楚昭王逃到了郧县,大夫锺建背着季芈跟着他,王孙由于慢慢地苏醒过来也跟了上来。

關年勸弟涅君

郧公斗辛,即楚国前令尹蔓成然的儿子。鲁昭公十四年,楚平王杀蔓成然,但是又顾念他的功绩,封斗辛为郧县的县公。现在楚昭王逃亡至此,斗辛的弟弟斗怀就想杀了他,说:"楚平王杀了我父亲,我杀他儿子,不也是可以的吗?"斗辛说:"国君讨伐臣下,谁敢仇恨他?君命就是天命。如果死于天命,该去仇恨谁?《诗》上说:'柔亦不茹,刚亦不吐,不侮矜寡,不畏强御。'不就是说不欺辱弱者,不畏惧强者吗?只有仁义之人能够做到。逃强凌弱,不算勇敢;乘人之危,不算仁义;灭亡宗主,废弃祭祀,不是孝道;采取行动而没有正当的名义,不是智慧。你如果一定要这么做,我就会杀了你。"斗辛还是不放心,和另外一个弟弟斗巢保护楚昭王逃到了随国。

前面说过,"汉东之国随为大"。周朝刚刚建立的时候,为了加强对南方的控制,在汉水流域分封了一批姬姓诸侯,其中随国最大。自楚武王时,楚国便将随国纳入了自己的势力范围。然而有意思的是,汉水流域的绝大部分姬姓诸侯,早就被楚国灭掉,唯有随国一直生存下来。吴军追杀楚昭王,阖庐派使者对随国人说:"周室的子孙在汉水流域定居的,楚国将他们都灭掉了。上天开启其欲望,降罪于楚国,君侯却又将他藏匿起来,请问周室有什么罪过?君侯如果想报答周室,延及寡人,以成就天意,那就是君侯的恩惠了。汉水以南的土地,全部归君侯所有。"

当时,楚昭王一行人住在随国的公宫之北,吴国派来的使者住在公宫之南。站在随国的角度,两边都不想开罪。吴国虽说也是姬姓后裔,但是长期不与中原来往,历来被视为蛮夷之人;随国虽然地处江汉,但是历来保持了与王室的联系,留存了中原的文化与习俗。两国之间,只有一些远到说不上来的亲戚关系,并没有真正的感情维系。再说,远亲不如近邻,吴国远在江苏,楚国近在湖北,该跟谁搞好关系,随国人心里还是有数的。只不过吴国的武力实在太强大了,随国也不敢轻言得罪。纠结之际,倒是楚国人不想让随国人为难。楚昭王的哥哥公子结(字子期)和楚昭王长得很像,安排楚昭王赶紧逃走,自己穿上楚昭王的服装,说:"把我交给他们,大王就可以逃脱了。"楚国人把公子结交给随国人,随国人很慎重,在把这个伪楚王交给吴国人之前,举行了占卜,结果是"不吉",于是推辞吴国使者:"像随国这样偏僻弱小的国家而紧挨着楚国,楚国确实保存了我们,世世代代都有盟誓,到现在也没有更改。如果现在楚国有困难就抛弃盟约,我们又拿什么来侍奉君王? 您的忧患也不在楚王一人,如果能够安抚楚国境内,敝国岂敢不听从命令?"看到随国的态度如此坚决,吴国使者只得返回。

楚昭王摆脱这次危机,还有一个人物起到了关键作用。他叫鬻金,原本是公子结的家臣,是他千方百计劝说随国人不要把楚王交给吴国人,所以公子结也平安无事。楚昭王为此召见他,鬻金辞谢说:"不敢因为主人处于困境而谋求私利。"

最终,楚昭王割破了公子结的胸口与随国人结盟。古人歃血盟誓,一般是割破手指或手臂,割破胸口可以说是最高等级的诚意了。

初,伍员与申包胥友。其亡也,谓申包胥曰:"我必覆楚国。"申包胥曰:"勉之! 子能覆之,我必能兴之。"及昭王在随,申包胥如秦乞师,曰:"吴为封豕、长蛇,以荐食上国,虐始于楚。寡君失守社稷,越在草莽,使下臣告急,曰:'夷德无厌,若邻于君,疆埸之患也。逮吴之未定,君其取分焉。若楚之遂亡,君之土也。若以君灵抚之,世以事君。'"秦伯使辞焉,曰:"寡人闻命矣。子姑就馆,将图而告。"对曰:"寡君越在草莽,未获所伏,下臣何敢即安?"立,依于庭墙而哭,日夜不绝声,勺饮不入口七日。秦哀公为之赋《无衣》,九顿首而坐。秦师乃出。

当初,伍子胥和申包胥是好朋友。伍子胥从楚国逃亡的时候对申包胥说:"我一定会颠覆楚国。"申包胥说:"那您就努力吧! 不过,您能够颠覆楚国,我必定能够复兴楚国。"作为好朋友,申包胥明白伍子胥失去父亲和兄长的痛苦,理解他复仇心切。但是,作为楚国人,申包胥认为自己

申包胥乞秦師

有责任挽救国家于危亡。当楚昭王逃到随国的时候,申包胥便前往秦国,请求出兵救援楚国。他对秦哀公说:"吴国就像是封豕、长蛇(大野猪和大蟒蛇),将要不断地吞食华夏各国,为害从楚国开始。寡君失守社稷,流亡在草莽之中,派下臣前来告急,说:'夷人的本性就是贪得无厌,如果成为君侯的邻居,那就是边境的忧患了。现在趁吴国还没有平定楚国,君侯可以与其共分楚地。如果楚国就此灭亡,那就是君侯的土地了。如果以您的威灵来镇抚楚国,楚国将世代侍奉君侯。'"

当时的秦国,偏安一隅,东有晋国阻隔与中原的交通,早就没有争霸天下的雄心壮志——当然国力也不允许。秦哀公派人推辞申包胥,说:"寡人听到命令了,您暂且到宾馆休息,容我们商量好了再告诉您。"申包胥说:"寡君流亡在草莽之中,还没有得到安身之所,下臣哪里敢安然处之?"靠在秦宫的院墙上哭泣,日夜不绝于耳,一连七日没有喝一勺水(夸张了,不吃饭可以,不喝水肯定不行)。秦哀公被他感动了,为他赋了一首《无衣》之诗:

"岂曰无衣?与子同袍。王于兴师,修我戈矛。与子同仇!岂曰无衣?与子同泽。王于兴师,修我矛戟。与子偕作!岂曰无衣?与子同裳。王于兴师,修我甲兵。与子偕行!"

这实际上是秦军的一首战歌,写的是战友之情、同袍之义。申包胥听到这首诗,便知道秦哀公决定出兵了,叩首九次以示感谢,然后才坐下。

纷纷攘攘的鲁定公四年,在秦军出动的号角声中降下了帷幕。

鲁定公五年

公元前 505 年，鲁定公五年。

五年春，王人杀子朝于楚。

鲁昭公二十六年，王子朝出逃楚国。他可能没有想到，像楚国这么强大的国家，竟然也有崩溃的一天。鲁定公五年春，王室趁楚国动荡，派人到楚国刺杀了王子朝。

夏，归粟于蔡，以周亟，矜无资。

周亟即周济。

夏天，鲁国向蔡国输送粮食，用来周济救急，可怜他们没有粮食。

越入吴，吴在楚也。

吴国和越国世代为仇。吴军入侵楚国，必然国内空虚，所以越国趁机入侵吴国。这倒不见得是趁火打劫，而是吴国如果真的消灭了楚国，下一个必定是轮到越国了。所以，越国的这次军事行动，也是为了自保。

六月，季平子行东野，还，未至，丙申，卒于房。阳虎将以玙璠敛，仲

梁怀弗与,曰:"改步改玉。"阳虎欲逐之,告公山不狃。不狃曰:"彼为君也,子何怨焉?"既葬,桓子行东野,及费。子泄为费宰,逆劳于郊,桓子敬之。劳仲梁怀,仲梁怀弗敬。子泄怒,谓阳虎:"子行之乎?"

六月,季孙意如巡视自家的领地东野,回来的时候,还没到曲阜,十七日,死在房地。季氏家臣阳虎打算用玙璠(玉名)为其入殓随葬,另外一位家臣仲梁怀不给,说:"步伐改了,佩玉也要随之改变。"

周朝的等级制度相当烦琐,体现在每一个细节上。据《礼记》记载,在祭祀、朝见等正规场合,越是尊贵之人,走路的步伐越慢,步距越短。天子与诸侯走的是"接武",也就是第一步与第二步紧紧相接,后脚不能超过前脚的一半;卿大夫走的是"继武",后脚紧跟前脚;士人走的是"中武",第一步与第二步之间要有一脚的距离。走不同的步伐,要佩戴不同的玉。如果说身份改变了,步伐也就改变了,佩玉也要随之改变,这就叫"改步改玉"。玙璠是鲁侯在正式场合佩戴的宝玉,鲁昭公出逃后,季孙意如摄理国政,主持祭祀,堂而皇之地将玙璠佩到了自己身上。阳虎想用玙璠为其陪葬。仲梁怀则以为,现在鲁定公已经即位,季孙意如还得改回卿大夫的步伐,也就没有资格佩戴玙璠,更不能拿它去陪葬了。阳虎是个暴脾气,一言不合,就想驱逐仲梁怀,并且把这个想法告诉了公山不狃(季氏家臣,字子泄,时任费宰)。公山不狃替仲梁怀辩解:"他是为国君考虑,您有什么好怨恨的呢?"

等到季孙意如下葬,其子季孙斯(谥桓)继承家业,巡视东野,来到了费邑。公山不狃以费宰的身份在郊外迎候,季孙斯对公山不狃很尊重。仲梁怀当时是季孙斯的随行人员,公山不狃也对仲梁怀表示慰劳,仲梁怀却对公山不狃表现出不敬。公山不狃大为生气,对阳虎说:"您还打算驱逐他吗?"

申包胥以秦师至。秦子蒲、子虎帅车五百乘以救楚。子蒲曰:"吾未知吴道。"使楚人先与吴人战，而自稷会之，大败夫槩王于沂。吴人获薳射于柏举，其子帅奔徒以从子西，败吴师于军祥。

秋七月，子期、子蒲灭唐。

九月，夫槩王归，自立也，以与王战，而败，奔楚，为堂溪氏。吴师败楚师于雍澨。秦师又败吴师。吴师居麇，子期将焚之，子西曰："父兄亲暴骨焉，不能收，又焚之，不可。"子期曰："国亡矣，死者若有知也，可以歆旧祀？岂惮焚之？"焚之，而又战，吴师败，又战于公婿之溪。吴师大败，吴子乃归。囚闉舆罢。闉舆罢请先，遂逃归。叶公诸梁之弟后臧从其母于吴，不待而归。叶公终不正视。

申包胥带着秦军回到了楚国。秦将子蒲、子虎率领兵车五百乘来救援楚国。子蒲说："我们还不知道吴军的战法。"要楚国人先与吴军交战，秦军则从稷地出发与楚军会合。沂地一战，秦、楚联军大败夫槩王。吴军在柏举俘虏了楚将薳射。薳射的儿子收拢溃逃的部队，追随公子宜申（字子西），又在军祥打败吴军。

七月，楚国的公子结、秦国的子蒲带兵消灭唐国。

吴军节节败退，内部也出了问题。九月，夫槩王回到吴国，自立为君，带兵与阖庐作战，结果失败。夫槩王逃奔楚国，也是后来的堂溪氏。战争继续进行，吴军在雍澨打败楚军，秦军又打败吴军。吴军坚守麇地，双方陷入了苦战。公子结想要发动火攻，公子宜申说："父兄们的尸骨还暴露在那里，不能够为他们收尸，又要烧掉，这可不行。"宜申所谓"父兄"，是指在麇地战死的楚国王族子弟，也可泛指在那里战死的楚国人，称"父兄"是对他们表示尊重。公子结说："国家就要灭亡了，死去的人如果泉下有知，哪里还能歆享过去的祭祀？还怕什么尸骨被焚？"于是统一思想，发动火攻，然后短兵相接，吴军战败。此后又在公婿之溪交战，吴军又大败。吴王阖庐支撑不住，终于撤军回国。

吴军俘虏了楚国大夫闉舆罢。撤退的时候,闉舆罢请求先走,于是趁机逃回了楚国。

叶公诸梁(叶县县公,沈尹戌之子,名诸梁,字子高)的母亲被吴军俘虏到吴国,他弟弟后臧一直跟随着。听到楚国光复的消息,后臧便自己一个人逃了回来。叶公从此不用正眼看他。

顺便说一下,沈诸梁在叶县主政期间,政治清明,百姓安乐;后来楚国有难,他又力挽狂澜,居功至伟。后世有好事之徒编撰了一个"叶公好龙"的故事,而且指名道姓地写道:"叶公子高好龙……"导致他在中国历史上以一个可笑的形象出现,真是太委屈他了。

乙亥,阳虎囚季桓子及公父文伯,而逐仲梁怀。冬十月丁亥,杀公何藐。己丑,盟桓子于稷门之内。庚寅,大诅,逐公父歜及秦遄,皆奔齐。

公父歜,字文伯,是季孙斯的堂兄弟。

公何藐也是季氏族人。

秦遄是鲁国大夫,其妻娶自季氏,所以他是季家的姑爷。

九月二十八日,阳虎发动叛乱,囚禁了季孙斯和公父歜,驱逐了仲梁怀。十月十日,杀了公何藐。十二日,阳虎逼迫季孙斯在曲阜的稷门内与他盟誓。十三日,"大诅",也就是狠狠地发誓诅咒,表示互不背弃盟约。同时驱逐了公父歜和秦遄,他们都逃到了齐国。

阳虎与季孙斯盟誓,正是所谓的"以臣盟君",显然是不合于礼的。自周平王东迁以来,诸侯各自为政,天子沦为摆设。在鲁国,"三桓"以下犯上,联合架空公室,成了鲁国的实际控制人。现在,季氏内部也出现了阳虎这样的强人,将自己的意志强加于宗主,党同伐异,为所欲为。周朝封建体制的金字塔,至此已经完全崩塌。

楚子入于郢。初,斗辛闻吴人之争宫也,曰:"吾闻之:'不让则不和,

不和不可以远征。'吴争于楚，必有乱。有乱则必归，焉能定楚？"

楚昭王又回到了郢都。当初，斗辛听说吴国人在郢都争夺宫室，就说："我听说不谦让就不和睦，不和睦就不可以发动远征。吴国人在楚国内斗，必然发生动乱。有动乱就必然要回去，怎么能够平定楚国？"

确实，吴国凭借武力战胜楚国，内部却没有建立完善的统治机制，争起房子来就像一群土匪。连自己的人都管不住，又怎么能够管理楚国这么大的国家？

王之奔随也，将涉于成臼，蓝尹亹涉其帑，不与王舟。及宁，王欲杀之。子西曰："子常唯思旧怨以败，君何效焉？"王曰："善。使复其所，吾以志前恶。"王赏斗辛、王孙由于、王孙圉、钟建、斗巢、申包胥、王孙贾、宋木、斗怀。子西曰："请舍怀也。"王曰："大德灭小怨，道也。"申包胥曰："吾为君也，非为身也。君既定矣，又何求？且吾尤子旗，其又为诸？"遂逃赏。王将嫁季芈，季芈辞曰："所以为女子，远丈夫也。钟建负我矣。"以妻钟建，以为乐尹。

回想楚昭王逃奔随国的时候，要渡过成臼河。大夫蓝尹亹要让他的妻子儿女渡河，不把船让给楚昭王。等到楚国平定，楚昭王就想杀了蓝尹亹。以当时的伦理道德来看，蓝尹亹确实也该死。但是公子宜申提醒楚昭王："囊瓦就是因为总记着过去的恩怨而失败，大王为什么要学他？"楚昭王立马醒悟，说："说得好，让他官复原职，我通过这件事来牢记前人的教训。"

楚昭王封赏群臣，包括斗辛、王孙由于、王孙圉、钟建、斗巢、申包胥、王孙贾、宋木、斗怀等人。公子宜申以为斗怀不应该受赏（斗怀曾经想杀死楚昭王为父报仇），楚昭王说："以大德消除小怨，这才是正道。"意思是,斗怀虽然曾有弑君之心,但最终还是听从了斗辛的劝告,没有付诸实施,而且斗辛勤王有大功。寡人记得斗家的大德,不记得斗家的小怨,所谓王道,不就是这样的吗?

真正对楚国的光复贡献最大的人是申包胥。申包胥却说:"我是为国君做这些事,不是为了自己。国君既然已经安定了,我还有什么要求?而且我讨厌子旗,难道又要学他吗?"子旗即蔓成然,因为有拥立楚平王之功被封为令尹,后来又因为贪得无厌而被杀。申包胥以蔓成然为戒,主动逃走,不受封赏。申包胥的明智之处,在于他对人性有充分的认识:一个人立了大功,难免沾沾自喜;因此,当了大官,周围都是唱赞歌的人,更容易迷失自我;再加上功高盖主,更是危如积卵,还不如功成身退,守着家人和几亩田宅,自由自在地安度余生。

一场变乱中,有人收获了权势,有人收获了名声,还有人收获了——爱情。楚昭王打算让季芈出嫁,季芈推辞说:"女人之所以为女人,就是要与男人保持一定距离。锺建可是背过我了。"嘿,你喜欢就喜欢,找什么借口啊?楚昭王便将季芈嫁给了锺建,还封锺建做了乐尹。

王之在随也,子西为王舆服以保路,国于脾泄。闻王所在,而后从王。王使由于城麇,复命。子西问高厚焉,弗知。子西曰:"不能,如辞。城不知高厚,小大何知?"对曰:"固辞不能,子使余也。人各有能有不能。王遇盗于云中,余受其戈,其所犹在。"袒而示之背,曰:"此余所能也。脾泄之事,余亦弗能也。"

楚昭王在随国的时候,公子宜申假借楚王的车服仪仗,在脾泄建立了国都,以稳定民心,收容逃难的国人。打听到楚昭王在哪里,然后赶去。楚昭王派王孙由于在麇地筑城,回来复命的时候,公子宜申问城墙有多高多厚,由于却答不上来。宜申责备道:"如果没有能力,就应该推辞这个工作。不知道城墙的高度与厚度,哪里会知道城的大小?"由于回答:"坚决推辞说干不了,是您要我这么做的。每个人都有他能干的事,也有他干不了的事。大王在云中遇到强盗,我替他受了一戈,伤口还在。"脱去衣服把背部展示给宜申看,说:"这是我干得了的。脾泄的事情,是我干不了的。"

晋士鞅围鲜虞,报观虎之败也。

晋国士鞅围攻鲜虞,这是为了报复鲁定公三年观虎被鲜虞人打败。

这一年,还有一件事情在《春秋》中有记载,《左传》则没有录入,那就是叔孙氏的宗主叔孙不敢去世了,其子叔孙州仇(武叔)继承了家业。

鲁定公六年

公元前504年,鲁定公六年。

六年春,郑灭许,因楚败也。

六年春,郑国出兵消灭许国,这是因为楚国被吴国打败,现在虽然复国,但是元气大伤,顾不上保护周边像许国这样的附庸小国。

二月,公侵郑,取匡,为晋讨郑之伐胥靡也。往不假道于卫;及还,阳虎使季、孟自南门入,出自东门,舍于豚泽。卫侯怒,使弥子瑕追之。公叔文子老矣,辇而如公,曰:"尤人而效之,非礼也。昭公之难,君将以文之舒鼎,成之昭兆,定之鬐鉴,苟可以纳之,择用一焉。公子与二三臣之子,诸侯苟忧之,将以为之质。此群臣之所闻也。今将以小忿蒙旧德,无乃不可乎? 大姒之子,唯周公、康叔为相睦也,而效小人以弃之,不亦诬乎? 天将多阳虎之罪以毙之,君姑待之,若何?"乃止。

二月,鲁定公带兵入侵郑国,攻取匡地,这是为晋国追讨郑国进攻胥靡(这件事下面很快会提到,先不解释)的责任。鲁军去的时候不向卫国借道;回来的时候,阳虎要季孙斯、仲孙何忌从卫国首都帝丘的南门进入,东门出来,并在东门外的豚泽驻扎了一晚。这简直是欺人太甚! 就算是奉晋国的命令行事,也不能够这样无视东道国的尊严啊! 卫灵公震怒,派大夫弥子瑕带兵去追击鲁军。卫国大夫公叔发(即文子)已经告老退休了,坐着人力车去见卫灵公说:"怨恨人家而效仿他的行为,非礼也。鲁昭公遭难的时候,您准备以先君文公的舒鼎、成公的昭兆(宝龟)、定公的鐾鉴作为奖赏,谁能够将鲁昭公送回去,就可任选其中一件。各位公子和大夫的儿子,诸侯中有谁为鲁昭公的事操心,就可以将他们作为人质送去。这是群臣都听到的。而今要因为小小的愤怒而抹杀过去的大德,这样恐怕不好吧! 大姒(周文王夫人)的儿子中,唯有周公和康叔最为和睦友好,如果我们效仿小人的行为而抛弃这种友好,不是被人蒙蔽了吗?上天将增加阳虎的罪好灭亡他,您姑且忍耐一下,如何?"

阳虎此时的权势,竟然已经膨胀到可以指令季孙斯和仲孙何忌行事了,鲁定公更不在话下。所以,鲁军的无礼之举,绝非鲁定公的决定,也不是季孙斯、仲孙何忌的意思。公叔发正是看到了这一点,才建议卫灵公不要冲动。卫灵公也想明白了,于是下令停止追击。

夏,季桓子如晋,献郑俘也。阳虎强使孟懿子往报夫人之币。晋人兼享之。孟孙立于房外,谓范献子曰:"阳虎若不能居鲁,而息肩于晋,所不以为中军司马者,有如先君!"献子曰:"寡君有官,将使其人。鞅何知焉?"献子谓简子曰:"鲁人患阳虎矣。孟孙知其衅,以为必适晋,故强为之请,以取入焉。"

夏天,季孙斯前往晋国进献郑国的战俘。阳虎大概是想讨好吧,强迫仲孙何忌也前去向晋定公夫人进献财礼。晋国人设宴同时招待两位客人。仲孙何忌站在房外,对士鞅说:"阳虎如果不能在鲁国待下去,而栖身于晋国,晋国不能让他做中军司马的话,请先君降罪!"

春秋时期的贵族的脑回路,或者说他们的说话方式,和后人不太一样。仲孙何忌恨阳虎,表达的也是要将阳虎赶出鲁国的意思,却强烈要求晋国给阳虎一个显赫的官位,甚至不惜以先君的名义诅咒,大有"求你们行行好,给他找个事做,好让他快点离开吧"之意。士鞅是老政客了,打着哈哈回答:"寡君有各种各样的官职,将要选择适当的人选,我哪里知道这些事?"又对赵鞅说:"鲁国人以阳虎为患了。孟孙知道有些事将要发生,认为他必定会逃到晋国,所以为之强求,以获得他进来的官位。"

四月己丑,吴大子终累败楚舟师,获潘子臣、小惟子及大夫七人。楚国大惕,惧亡。子期又以陵师败于繁扬。令尹子西喜曰:"乃今可为矣。"于是乎迁郢于鄀,而改纪其政,以定楚国。

吴军虽然被赶回吴国,实力仍然强横。四月十五日,吴国太子终累打败楚国的水军,俘虏楚军统帅潘子臣、小惟子以及大夫七人。楚国上下大为恐惧,害怕被灭亡。公子结又带着山地部队在繁扬被打败。令尹公子宜申却很高兴:"现在可以治理了。"

公子宜申的态度值得深思。楚国雄踞南方两百多年,一直是中原各国惧怕的对象,却被一个刚刚崛起的吴国抄了老巢,差点亡国灭种。后来借助了秦国的力量才收复郢都,将吴国人赶回去。很多楚国人难免沾沾自喜,以为战争胜利是自己的功劳,伤口还没愈合就忘了痛。在这种情况下,接连两次失败可以提醒楚国人:敌人还很强大,我们还不能放松警惕,否则的话,历史完全有可能重演。在公子宜申的主持下,楚国在这个时候开始迁都郢地(仍旧叫作郢都),并改革政事,以安定楚国。

周儋翩率王子朝之徒因郑人将以作乱于周,郑于是乎伐冯、滑、胥靡、负黍、狐人、阙外。六月,晋阎没戍周,且城胥靡。

王室大夫儋翩带着王子朝的余党,依靠郑国人的帮助在京师作乱。郑国在那个时候进攻了王畿内的冯、滑、胥靡、负黍、狐人、阙外六地。六月,晋国大夫阎没带兵戍守京师,而且在胥靡筑城。

秋八月,宋乐祁言于景公曰:"诸侯唯我事晋,今使不往,晋其憾矣。"乐祁告其宰陈寅。陈寅曰:"必使子往。"他日,公谓乐祁曰:"唯寡人说子之言,子必往。"陈寅曰:"子立后而行,吾室亦不亡,唯君亦以我为知难而行也。"见溷而行。赵简子逆,而饮之酒于绵上,献杨楯六十于简子。陈寅曰:"昔吾主范氏,今子主赵氏,又有纳焉,以杨楯贾祸,弗可为也已。然子死晋国,子孙必得志于宋。"范献子言于晋侯曰:"以君命越疆而使,未致使而私饮酒,不敬二君,不可不讨也。"乃执乐祁。

八月,宋国乐祁对宋景公说:"诸侯之中,只有我国侍奉晋国最勤,而今不派使者去,恐怕晋国会不满。"下朝之后,乐祁对家宰陈寅说了这件事。陈寅说:"一定会派您前往。"过了几天,宋景公果然对乐祁说:"唯有寡人对您的话感到高兴,您一定得去。"换句话说,除了乐祁,没有人愿意没事找事去讨好晋国。这事既然是乐祁提出来的,理所当然应该乐祁去,这叫求仁得仁。

陈寅建议乐祁:"您立了继承人然后再出发,我们家也不会灭亡,国君也会认为我们是知难而进的。"陈寅的担心并非多余。自从鲁昭公二十八年韩起去世,魏舒、士鞅相继掌权,晋国的政治就日益混乱。中军元帅假公济私,贪财好货;六大家族恃强放纵,各行其是。这个时候去晋国,委实不是什么好差事。乐祁也意识到了问题的严重性,带他的儿子乐溷去拜见宋景公,也就是确立了乐溷为家族的继承人,然后才出发前往晋国。

晋国倒是很热情,赵鞅亲自出来迎接乐祁,并且在绵上请乐祁喝酒。乐祁进献了六十面杨木盾牌给赵鞅。他也不想想,晋国有六卿,赵鞅只是其中之一,给赵鞅这么贵重的礼物,其余几位怎么打发?而且,中军元帅士鞅是出了名的老饕,有没有考虑过他的需求?陈寅便说:"从前我们侍奉范氏,现在您又侍奉赵氏,而且进献了物品,用杨木盾牌买来祸难,已经是没有办法挽救了。不过,您死在晋国,子孙必定会在宋国兴旺发达。"范氏即是士鞅家族。晋国强盛了两百多年,诸侯大夫到晋国办事,想必都要依托某大家族来为自己撑腰,由此形成了较为固定的主从关系。乐氏一直依赖范氏,乐祁却转投赵氏门下,士鞅恼怒之下,对晋定公说:"乐祁奉君命越过国境出使,没有完成使命而私自饮酒,这是对两国国君不敬,不可以不追讨。"于是逮捕了乐祁。

阳虎又盟公及三桓于周社,盟国人于亳社,诅于五父之衢。

阳虎的权势进一步上升,与鲁定公、季孙斯、仲孙何忌、叔孙州仇在周社结盟,与曲阜居民在亳社结盟,并在五父之衢诅咒。

社是土地神庙。鲁国有两社:周社是周人的精神寄托,亳社是殷商遗民的精神寄托。至于五父之衢,可以说是曲阜的"发誓圣地",《左传》中已经有多次在五父之衢诅咒的记载。那个地方想必经常天雷滚滚吧。

冬,十二月,天王处于姑莸,辟儋翩之乱也。

十二月,周敬王在姑莸,这是为了躲避儋翩的祸乱。

鲁定公七年

公元前 503 年,鲁定公七年。

七年春二月,周儋翩入于仪栗以叛。

七年二月,周朝的儋翩进入仪栗发动叛乱。

东周历史上的王子朝之乱,始于鲁昭公二十二年,至今已有十七年,王子朝都已经死了两年多了,余波仍未平息。换个角度来看,王子朝在王室的影响力,还真是不可小觑,此人想必还是有他的过人之处吧。

齐人归郓、阳关,阳虎居之以为政。

齐国人向鲁国归还郓城和阳关,阳虎从此便住在那里主持政事发布政令。换句话说,鲁国的大权已经落到阳虎手里,阳关也就成为鲁国的政治中心了。

夏四月,单武公、刘桓公败尹氏于穷谷。

单武公是单穆公的儿子,刘桓公是刘文公的儿子。

当年王子朝作乱的时候,尹氏是他的铁杆拥趸。现在儋翩作乱,尹氏又起来响应。四月，单武公、刘桓公在穷谷打败尹氏。

秋，齐侯、郑伯盟于咸，征会于卫。卫侯欲叛晋，诸大夫不可。使北宫结如齐，而私于齐侯曰："执结以侵我。"齐侯从之，乃盟于琐。

晋国的影响力持续下降。秋天，齐景公和郑献公在咸地结盟，邀请卫灵公前来参加。卫灵公心动了，想背叛晋国而追随齐国，诸位大臣认为不可。卫灵公便派北宫结到齐国，又私下派人对齐景公说："把北宫结抓起来，侵袭我国。"齐景公答应了。齐国大军压境，卫国的大臣们立刻屈服。于是，齐景公和卫灵公在琐地会盟。

齐国夏伐我。阳虎御季桓子，公敛处父御孟懿子，将宵军齐师。齐师闻之，堕，伏而待之。处父曰："虎不图祸，而必死。"苫夷曰："虎陷二子于难，不待有司，余必杀女。"虎惧，乃还，不败。

齐国的国夏讨伐鲁国。鲁国起兵抵抗，名义上的主帅还是季孙斯。阳虎为季孙斯御戎，家臣公敛处父为孟懿子驾驭战车，准备夜袭齐军。齐军得到情报，摆出一副军容不整的样子，设下伏兵等着鲁国上钩。公敛处父说："阳虎不考虑这样做会带来大祸，你非死不可。"苫夷说："阳虎让两位卿陷入灾难，不用有关部门追责，我一定会杀了你。"阳虎害怕了，于是撤军，也免于陷入失败。

冬十一月戊午，单子、刘子逆王于庆氏。晋籍秦送王。己巳，王入于王城，馆于公族党氏，而后朝于庄宫。

十一月二十三日，单武公、刘桓公从姑莸大夫庆氏那里迎接回周敬王。晋国也派籍秦来迎接天子。十二月五日，周敬王进入雒邑，在大夫党氏家住宿,然后去朝拜了庄宫。

鲁定公八年

公元前 502 年,鲁定公八年。

八年春王正月,公侵齐,门于阳州。士皆坐列,曰:"颜高之弓六钧。"
皆取而传观之。阳州人出,颜高夺人弱弓,籍丘子鉏射死,与一人俱毙。
偃,且射子鉏,中颊,殪。颜息射人中眉,退曰:"我无勇,吾志其目也。"师
退,冉猛伪伤足而先。其兄会乃呼曰:"猛也殿!"

　　八年正月,鲁定公入侵齐国。当然鲁定公只是傀儡,真正操纵鲁国
军政大局的是阳虎。鲁军正面进攻阳州的城门,武士们都排排坐,说:
"颜高的弓有六钧呢!"古代一钧为三十斤,六钧弓可以说是相当强了,大
伙都拿过来传看,啧啧称赞。正在这时,阳州人杀了出来。颜高一把抢
过别人的弱弓,大概是用得不顺手,和另外一个人都被齐将籍丘子鉏射
死。但是,颜高在倒地之时,还是射了籍丘子鉏一箭,正中他的脸颊,反将
他也射死了。

　　鲁将颜息射中敌人的眉毛,退下来就说:"我没本事啊,我本来是射
他眼睛的。"拜托,谦虚也要有个度,谦虚过了头就等于骄傲了。还有一
名鲁将冉猛,在军队撤退的时候,假装脚受了伤而走在前头。这真叫戏
精上身。他的哥哥冉会看不过眼,大喊:"阿猛,你去殿后!"

二月己丑，单子伐谷城，刘子伐仪栗。辛卯，单子伐简城，刘子伐盂，以定王室。

王室内乱继续。三月二十六日(据后人考证，是年二月无己丑日，原文有误，当为三月)，单武公进攻谷城，刘桓公进攻仪栗。二十八日，单武公进攻简城，刘桓公进攻盂地，以安定王室。

赵鞅言于晋侯曰："诸侯唯宋事晋，好逆其使，犹惧不至。今又执之，是绝诸侯也。"将归乐祁。士鞅曰："三年止之，无故而归之，宋必叛晋。"献子私谓子梁曰："寡君惧不得事宋君，是以止子。子姑使溷代子。"子梁以告陈寅。陈寅曰："宋将叛晋，是弃溷也，不如侍之。"乐祁归，卒于大行。士鞅曰："宋必叛，不如止其尸以求成焉。"乃止诸州。

鲁定公六年，宋国的乐祁出访晋国，遭到扣押，现在已经是第三个年头。赵鞅对晋定公说："诸侯之中，只有宋国坚定不移地侍奉晋国，好好地迎接他们的使者，还担心他不来。现在又逮捕他，那是要断绝诸侯的念想了。"于是打算放乐祁回去。士鞅说："扣押了他三年，无缘无故将他放回去，宋国必然会背叛晋国。"(既然如此，当初为什么要扣押他呢？还不是因为你的私心太重！)士鞅又私下对乐祁说："寡君担心不能侍奉宋君，因此没有让您回去。您姑且让乐溷来代替您。"这就真是用心险恶了。乐祁把这话告诉陈寅，陈寅说："宋国将要背叛晋国，不如等一下。"

陈寅的判断和士鞅一样：晋国这么乱搞，宋国肯定会背叛。但是，当初乐祁从宋国出来，先立乐溷为继承人，就是想到自己可能回不去，不能使家族后继无人。如果再把乐溷叫过来，那不是让人一窝端了？果然，乐祁动身回国，还没出晋国，死在太行。士鞅又做了一个恶心的决定："宋国必然背叛，不如留下乐祁的尸体，以要挟宋国求和。"于是将乐祁的尸体扣在州地。

该怎么说呢，士鞅这个人，真是机关算尽太聪明。

公侵齐，攻廪丘之郛。主人焚冲，或濡马褐以救之，遂毁之。主人出，师奔。阳虎伪不见冉猛者，曰："猛在此，必败。"猛逐之，顾而无继，伪颠。虎曰："尽客气也。"

鲁定公再度出兵入侵齐国，进攻廪丘的外城。廪丘守将放火焚烧攻城的冲车，鲁国人则有人穿着淋湿的麻布短衣去救火，于是攻破了外城。廪丘守将出城迎战，鲁军抵挡不住，四下逃散。阳虎假装没有看见冉猛，说："如果冉猛在这里，一定可以打败敌人。"冉猛像被打了鸡血，一马当先，冲向廪丘人。回过头来一看，却没有人跟着上。冉猛本来就是个戏精，立马装作从车上栽下来，被人救了回去。阳虎大概是又好气又好笑吧，说："都是客气啊！"

所谓客气，就是虚情假意。

苫越生子，将待事而名之。阳州之役获焉，名之曰阳州。

鲁国大夫苫越生了一个儿子，想等到有大事再给他取名。阳州之战俘虏了齐国人，所以就叫他阳州。

夏，齐国夏、高张伐我西鄙。晋士鞅、赵鞅、荀寅救我。公会晋师于瓦，范献子执羔，赵简子、中行文子皆执雁。鲁于是始尚羔。

夏天，齐国发动反攻，派国夏、高张进攻鲁国西部边境。晋国派士鞅、赵鞅、荀寅救援鲁国。鲁定公前往瓦地和晋军会师。正式见面的时候，士鞅手捧羊羔，赵鞅和荀寅拿的都是雁（其实就是鹅）。前面说过，古人相见，以手执物以表敬意，所执之物叫作挚，亦称贽。周礼规定，诸侯执玉,世子及附庸之君执帛,卿执羊羔,士执野鸡,庶人执鹜,工、商执鸡,以明贵贱等级。鲁国本来严格执行周礼,三桓都是执羔。看到晋国人在卿中也分出了等级,只有中军元帅执羔,其余的执雁,鲁国人于是也有样学样,开始以羊羔为尊。换句话说,"三桓"之中,只有担任首席执政大臣的季孙斯可以执羔了。

晋师将盟卫侯于鄟泽,赵简子曰:"群臣谁敢盟卫君者?"涉佗、成何曰:"我能盟之。"卫人请执牛耳。成何曰:"卫,吾温、原也,焉得视诸侯?"将歃,涉佗捘卫侯之手,及捥。卫侯怒,王孙贾趋进,曰:"盟以信礼也,有如卫君,其敢不唯礼是事而受此盟也?"卫侯欲叛晋,而患诸大夫。王孙贾使次于郊。大夫问故。公以晋诟语之,且曰:"寡人辱社稷,其改卜嗣,寡人从焉。"大夫曰:"是卫之祸,岂君之过也?"公曰:"又有患焉,谓寡人'必以而子与大夫之子为质。'"大夫曰:"苟有益也,公子则往,群臣之子敢不皆负羁绁以从?"将行。王孙贾曰:"苟卫国有难,工商未尝不为患,使皆行而后可。"公以告大夫,乃皆将行之。行有日,公朝国人,使贾问焉,曰:"若卫叛晋,晋五伐我,病何如矣?"皆曰:"五伐我,犹可以能战。"贾曰:"然则如叛之,病而后质焉,何迟之有?"乃叛晋。晋人请改盟,弗许。

前年,卫国和齐国结盟,背叛了晋国。晋国这次出兵救援鲁国,还有一个目的是威慑卫国。从鲁国返回晋国途中,晋军将要和卫灵公在鄟泽会盟。赵鞅问:"群臣中有谁敢去和卫侯结盟?"意思是,谁敢在盟誓的时候给卫灵公一点颜色看看? 涉佗、成何说:"我们能和他结盟。"

到了盟誓那一天,卫国人请晋国人执牛耳。这里有必要说明一下,后人以"执牛耳"为当盟主、做领导之意,在春秋时期却不是这样。春秋时期的歃血为盟,由地位低的一方执牛耳,让地位高的一方先行歃血。

卫国虽然小于晋国,卫灵公好歹是个诸侯,所以请晋国的大夫执牛耳,本来也是没问题的。成何却说:"卫国,不过是和我国的温地、原地差不多罢了,怎么能够视为诸侯?"这话说得可就太无礼了。卫国的诸侯身份,是周朝刚刚建立的时候就确立了的,而且当时是重要的诸侯国。虽然现在已经衰落,只要晋国还承认周王室的地位,就应该承认卫国的地位,怎么能够说这样的话呢?更无礼的是,将要歃血的时候,卫灵公已经蘸了血,涉佗突然推了一下卫灵公的手,让血流到了手腕上。卫灵公大怒,卫国大夫王孙贾快步上前,说:"结盟是为了申明礼仪的,就像卫侯所做的那样,岂敢不遵从礼仪而接受这个盟约?"言下之意,卫侯有礼,晋人无礼。既然无礼,那么这个盟约是无法接受的。

外交是为了讲礼,是为了建立共识,不是为了争面子,更不是为了欺负人。晋国这种搞法,当然不会受到卫国的尊重。鄟泽之会后,卫灵公更加坚定了要脱离晋国的决心,但是又害怕朝中大臣们反对。王孙贾让卫灵公待在帝丘郊外,先不入城。大夫们自然觉得奇怪,前来问卫灵公出了什么事。卫灵公将会盟时受的侮辱说给他们听,而且说:"寡人有辱国家,还是改立其他人来继承社稷,寡人从命。"大夫们都说:"这是卫国的祸,难道是国君的过错吗?"卫灵公说:"还有让人操心的事,他们说,一定要寡人的儿子和诸大夫的儿子作为人质。"卫国的这群大臣也都是软骨头,纷纷表示:"只要对国家有益,假如公子要去当人质的话,我们的儿子岂敢不背着马笼头,提着马缰绳跟随前往?"卫灵公一看,那没办法,只能派人质去了。到了出发那一天,王孙贾说:"如果卫国有了灾难,工匠商人未尝没有忧患,让他们也都派人质去,然后才可以。"卫灵公告诉诸位大臣,于是国都的工商界也都准备派人质,而且确定了启程的时间。这样一来,就不仅仅是公卿贵族的事,而是人人有份儿了。在这种情况下,卫灵公按照"国有大故,则致万民于王门"的传统,在公宫门口会见了帝丘的居民。他派王孙贾问大家:"如果卫国背叛晋国,晋国五次进攻我们,会有多危险?"老百姓显然比那群大臣有骨气,都说:"攻打我们五次,我们还是有能力作战。"王孙贾说:"那么应该背叛晋国,有了危险后再派人质，那也不晚。"卫国于是背叛晋国。

晋国人也知道自己理亏，赶紧请求重新结盟，被卫国人拒绝了。

秋，晋士鞅会成桓公，侵郑，围虫牢，报伊阙也。遂侵卫。

两年前，郑国入侵了王室的冯、滑、胥靡、负黍、狐人、阙外六地。这不仅仅是不把王室放在眼里，也是完全藐视晋国的行为。于是这年秋天，晋国的士鞅会合成桓公入侵郑国，围攻虫牢，以作为报复。接着侵袭卫国。

九月，师侵卫，晋故也。

九月，鲁国派兵入侵卫国，这是为了晋国。

季寤、公鉏极、公山不狃皆不得志于季氏，叔孙辄无宠于叔孙氏，叔仲志不得志于鲁，故五人因阳虎。阳虎欲去三桓，以季寤更季氏，以叔孙辄更叔孙氏，己更孟氏。冬十月，顺祀先公而祈焉。辛卯，禘于僖公。壬辰，将享季氏于蒲圃而杀之，戒都车，曰"癸巳至"。

成宰公敛处父告孟孙，曰："季氏戒都车，何故？"孟孙曰："吾弗闻。"处父曰："然则乱也，必及于子，先备诸。"与孟孙以壬辰为期。

阳虎前驱。林楚御桓子，虞人以铍、盾夹之，阳越殿。将如蒲圃。桓子咋谓林楚曰："而先皆季氏之良也，尔以是继之。"对曰："臣闻命后。阳虎为政，鲁国服焉，违之征死，死无益于主。"桓子曰："何后之有？而能以我适孟氏乎？"对曰："不敢爱死，惧不免主。"桓子曰："往也！"孟氏选圉人之壮者三百人以为公期筑室于门外。林楚怒马，及衢而骋。阳越射之，不中，筑者阖门。有自门间射阳越，杀之。阳虎劫公与武叔，以伐孟氏。公敛处父帅成人自上东门入，与阳氏战于南门之内，弗胜；又战于棘下，阳氏败。阳虎说甲如公宫，取宝玉、大弓以出，舍于五父之衢，寝而为食。其徒曰："追其将至。"虎曰："鲁人闻余出，喜于征死，何暇追余？"从者曰："嘻！速驾，公敛阳在。"公敛阳请追之，孟孙弗许。阳欲杀桓子，孟孙惧而归之。子言辨舍爵于季氏之庙而出。阳虎入于讙、阳关以叛。

季寤(季孙斯之弟，字子言)、公鉏极、公山不狃都是季氏家臣，而且都在季家郁郁不得志。叔孙辄(叔孙州仇的庶子)在叔孙州仇这里不受宠信。叔仲志(叔仲带之孙)在鲁国郁郁不得志。所以这五个人投靠了阳虎。而阳虎也正好需要他们。阳虎想除掉"三桓"，用季寤取代季孙斯，用叔孙辄取代叔孙州仇，自己则取代仲孙何忌。十月，阳虎等人按照先后顺序祭祀鲁国的先公并且祈祷成功。初二日，在鲁僖公庙中举行禘祭。初三日，准备在曲阜东门之外的蒲圃设宴招待季孙斯并趁机杀死他，下令都车(大城市的战车部队)在初四日会集曲阜，打算以武力征服孟氏和叔氏。

阳虎谋划这么大的行动，难免走漏风声。孟氏家臣，时任成宰(成地行政长官)的公敛阳(字处父)提醒仲孙何忌："季氏动员了都车，这是为什么？"仲孙何忌还蒙在鼓里，说："我没听说这事啊！"公敛阳说："那就是要叛乱了，必然会牵连到您身上，还是先做好应变的准备吧。"和仲孙何忌约定初三日动员孟氏的部队做好战备。

初三日那天，阳虎先来到蒲圃。季孙斯则以林楚为御者，命掌管山林的虞人拿着钺和盾在左右护卫，阳虎的堂弟阳越殿后。准备前往蒲圃的时候，季孙斯突然意识到什么，对林楚说："你的先人都是季氏的忠良之臣，你要继承他们的忠良啊！"林楚说："下臣听到这个已经太晚了。阳虎掌握政权，鲁国人都臣服于他，违背他的命令等于找死，死了对您也没什么好处。"季孙斯说："哪里太晚了？你能把我带到孟氏那里去吗？"林楚说："下臣倒不是怕死，就是怕不能使您免于一难。"季孙斯果断地说：

"去吧！"

孟氏已经提前做好准备，为了掩人耳目，选了三百个精壮的奴隶在家门外为孟公期（孟氏旁支）修筑房子。林楚载着季孙斯，突然挥鞭策马，在大街上狂奔起来。阳越发现不对劲，张弓搭箭射去，没有射中。季孙斯跑到孟家，那些修筑房子的人放他们进去，然后关上大门。有人从门的缝隙间用箭射阳越，将他杀死。

阳虎的反应也很快，劫持了鲁定公和叔孙州仇，来进攻孟氏。公敛阳带着成地的部队从曲阜的上东门进来，与阳虎的部队在南门内开战，没能获胜；又转到棘下继续作战，阳虎战败。阳虎脱掉盔甲，跑到公宫，盗走鲁国祖传的宝玉和大弓，逃出了曲阜。按理说，这时候他应该拼命逃跑才对，可他到了五父之衢就停下来，若无其事地睡了一觉，并且命令人准备餐食。手下人说："追兵就要到了。"阳虎说："鲁国人听说我出来了，正为了可能晚点死而高兴，哪里得闲来追我？"手下人说："吓，您还是赶紧套上马，公敛阳在那里呢！"

公敛阳确实是准备追赶阳虎，只不过被阳虎言中：仲孙何忌不答应。公敛阳一怒之下，大概是想到麻烦皆因季氏而起吧，便要杀死季孙斯。仲孙何忌害怕了，派人将季孙斯护送回家。

季寤在季氏的宗庙里向列祖列宗一一祭告，摆放好酒杯，然后出逃。

阳虎进入灌地、阳关发动叛乱。

郑驷歂嗣子大叔为政。

继游吉之后，郑国的驷歂（字子然）成了执政大臣。

鲁定公九年

公元前 501 年，鲁定公九年。

九年春，宋公使乐大心盟于晋，且逆乐祁之尸。辞，伪有疾。乃使向巢如晋盟，且逆子梁之尸。子明谓桐门右师出，曰："吾犹衰绖，而子击钟，何也？"右师曰："丧不在此故也。"既而告人曰："己衰绖而生子，余何故舍钟？"子明闻之，怒，言于公曰："右师将不利戴氏。不肯适晋，将作乱也。不然，无疾。"乃逐桐门右师。

　　九年春，宋景公派右师乐大心前往晋国结盟，同时迎回乐祁的尸体。乐大心借口有病，不肯去。宋景公于是改派向巢到晋国结盟，同时迎回子梁（乐祁字子梁）的尸体。乐祁的儿子乐溷（字子明）对此很不满，要求乐大心出国去迎接乐祁的尸体，说："我还穿着丧服，您却敲钟作乐了，这是为什么？"乐大心说："这是因为丧事不在这里。"转身就对别人说："他自己穿着丧服却生了儿子，我为什么不能敲钟？"乐溷听到这话，大怒，对宋景公说："右师将对戴氏不利，不肯去晋国，将要作乱。不然的话，为什么要装病？"

　　戴氏即宋戴公的后人。宋国的乐氏、华氏等世家大族，皆出自宋戴公之后，是宋国公室的重要支撑。从某种意义上讲，对宋国对公室不利。宋景公于是驱逐了乐大心——这是后话，提前预告。

郑驷歂杀邓析,而用其《竹刑》。君子谓子然:"于是不忠。苟有可以加于国家者,弃其邪可也。《静女》之三章,取彤管焉。《干旄》'何以告之',取其忠也。故用其道,不弃其人。《诗》云:'蔽芾甘棠,勿翦勿伐,召伯所茇。'思其人,犹爱其树,况用其道而不恤其人乎? 子然无以劝能矣。"

关于邓析这个人,有必要介绍一下,他是中国历史上第一位专业律师。他替人打官司,收费标准为"大狱一衣,小狱襦裤",在当时也不算贵,而且往往能打赢,因此"民之献衣而学讼者不可胜数"。当律师当然要有好口才,经常要跟人辩论,辩来辩去还让他辩出名堂了。据《吕氏春秋》记载,有一年郑国发大水,有位富翁被大水冲走淹死了。有人打捞起富翁的尸体,富翁的家人得知后,就去赎买尸体,但是对方出价很高,于是来找邓析出主意。邓析说:"你安心回家去吧,那尸体只能卖给你,别人是不会要的。"邓析这么一说,原本是卖方市场,立即变成了买方市场,富翁的家人真的就安心回去了。过了几天,捞到尸体的人也急了,尸体不是干货,放在那里会腐烂啊! 于是也去找邓析出主意。邓析说:"着什么急啊? 他们家除了向你买,还能去其他地方买吗?"同一件事情,给甲方一个说法,给乙方一个说法,而且都说得振振有词,既安抚了甲方,又安抚了乙方,最后什么问题都没解决,这便是邓析的本事。

前面说过,周朝推行礼治,但是到了春秋时期,人口增长,交流增加,生产关系发生变化,礼治已经不适应形势,法治被各国提上了日程。郑国的子产就曾经"铸刑书",把法律条文铸在大鼎上公之于众,在当时还引起了各方的批评。因为是新生事物,没有前人的经验可作参考,子产的刑书并不完善。邓析既然以诉讼为业,难免会发现法律条文的漏洞,通过归纳总结修正,形成了自己的一套法律体系,书写在竹简上,被世人称为《竹刑》。《竹刑》是从实践中来的,可操作性强,在郑国的影响力超过了子产的《刑鼎》。新任执政大臣驷歂一上台,便杀了邓析,但同时又正式采用竹刑作为官方的法律。说句题外话,革其命而用其法,这种事情在中国历史上并不罕见。秦朝末年,刘邦进了关中,宣称"父老苦秦苛法久矣",废除秦法,改用约法三章,获得满堂喝彩。等他当上了皇帝呢,便命萧何以秦法为基础,建立了更为复杂的汉律,早把约法三章丢到了九霄云外。

君子以为:驷歂在这件事情上表现出不忠。如果有人对国家有利,可以不惩罚他的邪恶。《诗经·邶风·静女》,一诗三章,写的是男女私约的情事,其中有"静女其娈,贻我彤管"之句。彤管即朱笔,用以校正文字,所以取彤管之意,以劝人修身。《诗经·鄘风·干旄》,有"彼姝者子,何以告之"之句,说的是忠心可嘉。所以采用一个人的主张,就不抛弃这个人。《诗》上又说:"甘棠的树荫茂密,不要砍伐剪除,召公曾在这树下坐呢!"想念一个人,尚且爱惜他的树,何况是采用一个人的主张而不顾他这个人呢!驷歂是没有办法劝勉贤能之士了。

再多说几句。驷歂用《竹刑》,是因为他知道《竹刑》好。驷歂杀邓析,是因为邓析的影响力太大,影响他的统治。邓析的悲剧,在于他太聪明,而且是聪明过了头——你把执政大臣的事都干了,不死才怪。

夏,阳虎归宝玉、大弓,书曰"得",器用也。凡获器用曰得,得用焉曰获。

六月,伐阳关。阳虎使焚莱门。师惊,犯之而出,奔齐,请师以伐鲁,曰:"三加,必取之。"齐侯将许之。鲍文子谏曰:"臣尝为隶于施氏矣,鲁未可取也。上下犹和,众庶犹睦,能事大国,而无天灾,若之何取之?阳虎欲勤齐师也,齐师罢,大臣必多死亡,己于是乎奋其诈谋。夫阳虎有宠于季氏,而将杀季孙,以不利鲁国,而求容焉。亲富不亲仁,君焉用之?君富于季氏,而大于鲁国,兹阳虎所欲倾覆也。鲁免其疾,而君又收之,无乃害乎?"齐侯执阳虎,将东之。阳虎愿东,乃囚诸西鄙。尽借邑人之车，锲其轴，麻约而归之。载葱灵，寝于其中而逃。追而得之，囚于齐。又以葱灵逃，奔宋，遂奔晋，适赵氏。仲尼曰："赵氏其世有乱乎！"

夏天，阳虎向鲁国归还了他盗走的宝玉和大弓。《春秋》记载："得宝玉、大弓。"是因为他们是器物用品。但凡器物用品，得到了叫作"得"；得到了生物（不管是人还是动物、植物）叫作"获"。

六月，鲁军进攻阳关。阳虎命人放火焚烧阳关的莱门，鲁军受到惊吓。阳虎趁机突围逃到齐国，向齐景公请求派兵讨伐鲁国，说："进攻三次，一定能够占有鲁国。"齐景公想答应他，鲍国劝道："下臣曾经在鲁国施氏家当家臣，知道鲁国还不能够被攻取。上下协调，百姓和睦，能够侍奉大国而没有天灾，怎么能够攻取它？"鲍国寄身于施氏家，不知是从什么时候开始。但是据老左记载，鲁成公十七年，鲍国才从鲁国回到齐国，掐指一算，距今也有七十多年了。以七十多年前的经历来判断鲁国现在的政局，多少有点刻舟求剑的意味。不过，鲍国接下来说的一番话，倒是很有道理："阳虎想要动用齐军攻打鲁国，齐军疲惫，大臣必然多有死亡，他自己就好施展阴谋诡计。阳虎本来受到季氏的宠爱，却想要杀掉季孙斯，以不利于鲁国而讨好别人。阳虎的为人，亲近富人而不亲近仁人，您拿他有什么用？您远比季氏富有，齐国又大于鲁国，这都是阳虎所想要颠覆的。鲁国摆脱了他的祸难，你却要接收他，难道不是害自己吗？"

齐景公恍然大悟，逮捕了阳虎，想要将他安置在齐国东部。阳虎居然表示自己很愿意去东方。齐景公一听，不对啊，他莫非有什么阴谋？于是改变了主意，将阳虎安置在西部边境的一座小城中。阳虎将城里的车都借过来，用刀锲刻车轴，再用麻布缠绕，然后归还。做好这些准备，阳虎将自己藏在一辆葱灵（装载衣物的车辆）中，用衣物盖住自己而逃跑。齐国人发现之后，将他追了回来，囚禁在临淄。阳虎又一次藏身于葱灵而逃，先是逃到宋国，然后逃往晋国，投靠了赵鞅。

孔子听说这件事，说："赵氏大概会有祸乱吧！"意思是，赵鞅收留阳虎这样的乱臣贼子,难道就不怕他给家族带来麻烦吗?《韩非子》也记载了这件事,却是另一番说法——阳虎被鲁国驱逐,被齐国怀疑,逃到晋国投奔了赵氏。赵鞅欢迎他而且委以重用,左右都说:"阳虎善于窃取政权,为什么要重用他?"赵鞅说:"阳虎致力于夺权,我致力于守权。"于是运用权谋驾驭阳虎,阳虎不敢为非作歹,尽心尽力为赵鞅服务,帮助赵氏发展壮大,几乎称霸天下。

按照法家的观点,人皆有用。阳虎虽然狼子野心,只要驾驭得当,照样能够发挥积极的作用。

秋,齐侯伐晋夷仪。敝无存之父将室之,辞,以与其弟,曰:"此役也,不死,反,必娶于高、国。"先登,求自门出,死于霤下。东郭书让登,犁弥从之,曰:"子让而左,我让而右,使登者绝而后下。"书左,弥先下。书与王猛息。猛曰:"我先登。"书敛甲,曰:"曩者之难,今又难焉!"猛笑曰:"吾从子,如骖之靳。"

晋国的霸权遭遇严峻的挑战。秋天,齐景公讨伐晋国的夷仪。大夫敝无存的父亲准备给他娶个媳妇,他推辞了,让自己的弟弟先娶,说:"这一战,我如果能够生还,必定要娶国、高氏的女儿为妻。"

国氏和高氏是齐国世袭的上卿,可以说是名门中的名门,贵族中的贵族。怀着癞蛤蟆要吃天鹅肉的雄心壮志,敝无存上了战场,在进攻夷仪的时候,第一个登上了城墙,然后又想从城门出来放大部队入城,结果战死在城门的门檐之下。东郭书抢着要登上城墙,犁弥(即王猛)跟在后面,说:"您抢攻左边,我抢攻右边,等大伙都上去了然后再下去。"东郭书便从左边登城,犁弥却先下去了。战斗结束,东郭书与犁弥在一起休息。犁弥说:"我先登城哦!"东郭书便整理盔甲,摆出一副要打架的架势,说:"前面跟我为难,现在还要让我为难!"犁弥笑着说:"我跟着您,就像骖马跟着服马。"

春秋时期的马车，一车四马，中间两匹为服，两边各一匹为骖。服马背上有靳，骖马的鞁绳穿过靳而抓在御者手里，御者通过服马即可控制骖马的方向，犁弥这么说，等于说东郭书比自己厉害，这一架自然没打起来。

晋车千乘在中牟，卫侯将如五氏，卜过之，龟焦。卫侯曰："可也！卫车当其半，寡人当其半，敌矣。"乃过中牟。中牟人欲伐之。卫褚师圃亡在中牟，曰："卫虽小，其君在焉，未可胜也。齐师克城而骄，其帅又贱，遇，必败之，不如从齐。"乃伐齐师，败之。齐侯致禚、媚、杏于卫。

晋军的战车一千乘在中牟集结。卫灵公将要带兵前往五氏，途中要经过中牟，为此而占卜吉凶。占卜用的龟甲却被烧焦了，看不清纹路。卫灵公说："可以了！卫国的战车相当于晋国的一半，寡人可以相当于另一半，正好匹敌。"意思是卫国有五百乘战车，自己也顶得上五百乘战车，不用害怕晋军。带着这种迷之自信，卫军大摇大摆地经过了中牟。中牟的晋军想要发动进攻，卫国有位流亡在外的大夫褚师圃，当时正在中牟，说："卫国虽然弱小，他们的国君在军中，未可战胜。齐军因为攻克了夷仪城而骄傲，他们的统帅地位又低贱，遇到齐军必定获胜，不如进攻齐军。"晋军于是进攻齐军，果然获胜。齐景公将禚、媚、杏送给了卫国。

齐侯赏犁弥，犁弥辞，曰："有先登者，臣从之，晳帻而衣狸制。"公使视东郭书，曰："乃夫子也——吾贶子。"公赏东郭书，辞，曰："彼，宾旅也。"乃赏犁弥。

齐师之在夷仪也，齐侯谓夷仪人曰："得敝无存者，以五家免。"乃得其尸。公三襚之，与之犀轩与直盖，而先归之。坐引者，以师哭之，亲推之三。

战后，齐景公赏赐犁弥。犁弥辞谢道："有先登上城墙的人，头上裹着白头巾，披着狸皮斗篷，下臣是跟在他后面。"齐景公让他看看是不是东郭书，犁弥说："正是这位！"又对东郭书说："我把奖赏让给您。"齐景公于是奖赏东郭书，东郭书也辞谢，说："他是羁旅之臣。"——原来犁弥不是齐国人，而是从外国到齐国来效力的。齐景公最终决定赏赐了犁弥。

齐军在夷仪驻扎的时候，齐景公对夷仪人说："得到敝无存的人，赏赐五户，并免除劳役。"于是找到了敝无存的尸体。齐景公三次为其穿寿衣，让其乘坐犀牛皮装饰的高盖大车和长柄伞作为列名葬品，先行回国。齐景公让御者跪着驾车以示尊重，全军痛哭送别，齐景公亲自推车三次。

鲁定公十年

公元前 500 年，鲁定公十年。

十年春，及齐平。

夏，公会齐侯于祝其，实夹谷。孔丘相，犁弥言于齐侯曰："孔丘知礼而无勇，若使莱人以兵劫鲁侯，必得志焉。"齐侯从之。孔丘以公退，曰："士兵之！两君合好，而裔夷之俘以兵乱之，非齐君所以命诸侯也。裔不谋夏，夷不乱华，俘不干盟，兵不逼好。于神为不祥，于德为愆义，于人为失礼，君必不然。"齐侯闻之，遽辟之。

将盟，齐人加于载书曰："齐师出竟而不以甲车三百乘从我者，有如此盟。"孔丘使兹无还揖对,曰:"而不反我汶阳之田,吾以共命者,亦如之。"

齐侯将享公,孔丘谓梁丘据曰:"齐、鲁之故,吾子何不闻焉? 事既成矣,而又享之,是勤执事也。且牺、象不出门,嘉乐不野合。飨而既具,是弃礼也;若其不具,用秕稗也。用秕稗,君辱,弃礼,名恶。子盍图之! 夫享,所以昭德也。不昭,不如其已也。"乃不果享。

齐人来归郓、讙、龟阴之田。

十年春,鲁国和齐国媾和。

夏天,鲁定公和齐景公在祝其会盟。祝其也就是《春秋》里记载的夹谷。孔子第一次以当事人的身份出现在《左传》的记载中,担任了鲁定公的相礼大臣。所谓相礼大臣,必须是卿一级的人物才有资格担任。鲁国自鲁僖公以降,每一次外事活动中担任相礼大臣的都是"三桓",这一次却轮到了家世并不显赫的孔子。后人推测,是阳虎之乱打破了鲁国的政治壁垒,孔子才得以脱颖而出,成为鲁定公的卿。

这一年,孔子已经五十岁了,在国内外都颇有影响力。但是,真正了解他的人并不多。犁弥对齐景公说:"孔丘虽然知礼,但是无勇,如果结盟的时候派莱人(东夷的一支)拿着兵器劫持鲁侯,必定可以如愿。"齐景公听从了犁弥的建议。到了结盟那天,果然叫了一群莱人拿着兵器,吵吵嚷嚷地围上来。孔子临危不乱,保护着鲁定公退下,下令鲁国的卫兵:"将士们,拿起武器干掉他们! 两国国君友好会见,边远的夷人的俘虏却拿着兵器来捣乱,这不是齐侯用来命令诸侯的方式。边远之人不能打中原的主意,蛮夷之人不能扰乱华夏,俘虏不能侵犯盟会,武力不能威逼友好。否则的话,对神来说是不祥,对德来说是不义,对人来说是失礼,这一定不是君侯的主意。"齐景公听到了,赶紧让莱人离开。

将要盟誓的时候,齐国人在盟书上加上一句:"如果齐军出境而鲁国不派三百辆甲车跟随作战,有盟誓为证!"孔子命大夫兹无还作揖应对:

"你们不归还我们的汶阳土地,让我们来满足齐国的需要,也有盟誓为证!"

结盟之后,齐景公要设享礼招待鲁定公。孔子对齐景公的宠臣梁丘据说:"齐国和鲁国的旧典,您为什么没有听过呢?事情已经成了,而又设享礼,这是让办事人员受累。而且,牺尊、象尊不出国门,钟镈、玉磬不在野外演奏,如果在这里举行享礼而将它们都用上,这是不合于礼的;如果不用它们,那就像秕子稗子一样轻贱。那样的话,侮辱了国君,抛弃了礼仪,搞坏了名声,您何不认真考虑一下?话说那享礼,是用来昭示美德的。不能昭示,不如不享。"于是最终没有设享礼。

夹谷之会后,齐国向鲁国归还了郓、谦、龟阴的土地。

晋赵鞅围卫,报夷仪也。

去年齐国进攻夷仪,卫国出兵配合。今年晋国赵鞅率军围攻卫国,以报夷仪之仇。

初,卫侯伐邯郸午于寒氏,城其西北而守之,宵熸。及晋围卫,午以徒七十人门于卫西门,杀人于门中,曰:"请报寒氏之役。"涉佗曰:"夫子则勇矣,然我往,必不敢启门。"亦以徒七十人旦门焉,步左右,皆至而立,如植。日中不启门,乃退。反役,晋人讨卫之叛故,曰:"由涉佗、成何。"于是执涉佗,以求成于卫。卫人不许,晋人遂杀涉佗,成何奔燕。君子曰:"此之谓弃礼,必不钧。《诗》曰:'人而无礼,胡不遄死。'涉佗亦遄矣哉!"

邯郸午即邯郸大夫赵午,是赵氏的族人。当初,卫灵公在寒氏(即五氏)讨伐赵午,攻破城池的西北角,并派兵驻守,导致赵午的部队半夜逃散。等到晋国围攻卫国，赵午带着步兵七十人进攻帝丘的西门，在那里杀死出来迎战的卫兵，回来炫耀说："这是报寒氏之仇。"涉佗说："这个人也算勇敢了，但是我去的话，他们连门都不敢开。"于是也带了七十个人在第二天早上攻打城门，走向城门的左右两边，全都像树木一样站得笔直。等到中午，卫国人也没开城迎战，涉佗这才回去。

退兵之后，晋国派人责问卫国为什么要背叛，卫国人说："那是因为涉佗、成何。"——前年的郑泽之会，涉佗和成何公然羞辱卫灵公，是以卫国人有此一说。晋国人于是逮捕了这两个人向卫国求和，卫国人不答应。晋国人干脆杀了涉佗，成何逃亡燕国。涉佗和成何确实无礼，可那是赵鞅授意的啊，而且当时他们是自告奋勇去做别人不敢做的事，却落得个这样的下场。君子以为，这就叫作抛弃礼法，必然遭受不公待遇。《诗》上说："人如果无礼，为什么不快点死？"涉佗的报应也算来得够快了。

这件事情也说明一个道理，如果领导叫下属做出格的事，他肯定是不会负责任的。负责任的领导不会下这样的命令。

初，叔孙成子欲立武叔，公若藐固谏，曰："不可。"成子立之而卒。公南使贼射之，不能杀。公南为马正，使公若为郈宰。武叔既定，使郈马正侯犯杀公若，不能。其圉人曰："吾以剑过朝，公若必曰：'谁之剑也？'吾称子以告，必观之。吾伪固而授之末，则可杀也。"使如之，公若曰："尔欲吴王我乎？"遂杀公若。侯犯以郈叛，武叔、懿子围郈，弗克。

秋，二子及齐师复围郈，弗克。叔孙谓郈工师驷赤曰："郈非唯叔孙氏之忧，社稷之患也，将若之何？"对曰："臣之业在《扬水》卒章之四言矣。"叔孙稽首。驷赤谓侯犯曰："居齐、鲁之际而无事，必不可矣。子盍求事于齐以临民？不然，将叛。"侯犯从之。齐使至，驷赤与郈人为之宣言于郈中曰："侯犯将以郈易于齐，齐人将迁郈民。"众凶惧。驷赤谓侯犯曰:"众言异矣。子不如易于齐,与其死也,犹是郱也,而得纾焉,何必此?齐人欲以此逼鲁,必倍与子地。且盍多舍甲于子之门以备不虞。"侯犯曰:"诺。"乃多舍甲焉。侯犯请易于齐,齐有司观郱。将至,驷赤使周走呼曰:"齐师至矣!"郱人大骇,介侯犯之门甲,以围侯犯。驷赤将射之,侯犯止之,曰:"谋免我。"侯犯请行,许之。驷赤先如宿,侯犯殿。每出一门,郱人闭之。及郭门,止之,曰:"子以叔孙氏之甲出,有司若诛之,群臣惧死。"驷赤曰:"叔孙氏之甲有物,吾未敢以出。"犯谓驷赤曰:"子止而与之数。"驷赤止,而纳鲁人。侯犯奔齐,齐人乃致郱。

当初,叔孙不敢想要立州仇为继承人,公若藐坚决认为不可,但是叔孙不敢还是立了州仇,然后去世。叔氏家臣公南派刺客用箭射公若藐,没有将他杀死。叔孙州仇即位后,让公南做了家族的马正,派公若藐做了郈宰。等到地位稳固,叔孙州仇便命郈地的马正侯犯杀了公若藐。侯犯不想干这样的事,却没有料到他手下有个圉人(牧马人)主动去讨好叔孙州仇,说:"我拿着剑经过议事厅,公若藐看到了,肯定会问这是谁的剑,我就说是您的,他必定会要看看。我假装不懂规矩,将剑尖递给他,那就可以趁机杀死他了。"叔孙州仇就叫圉人这么干。公若藐果然上当,等到圉人将剑尖递过来才猛然醒悟,说:"你是想把我当作吴王僚吗?"但是已经来不及躲避,被圉人杀死。

发生这样的事情,人们很容易怀疑是侯犯指使的。侯犯不想担这个恶名,在郈地扯起了反旗。叔孙州仇和仲孙何忌带兵围攻郈地,没有攻克。到了秋天,两个人又请来齐国人助力,再度包围郈地,还是没有攻克。叔孙州仇对郈地的工师(工匠之长)驷赤说:"郈地不仅仅是叔孙家的忧患,也是国家的忧患,该怎么办才好?"驷赤回答:"下臣的职责在《扬水》最后一章的四个字里了。"《诗经·唐风·扬之水》一诗,其最后一章为:"扬之水,白石粼粼。我闻有命,不敢以告人。"叔孙州仇听明白了,这四个字便是"我闻有命",于是向驷赤稽首致谢。

驷赤回到郈地,对侯犯说:"地处齐国和鲁国之间而不侍奉其中一国,必然是不行的。您何不投靠齐国以统治百姓?否则的话,他们会叛变的。"侯犯听从了建议,派人与齐国联系。齐国使者来了,驷赤便和依附他的郈地人在城中散布谣言,说:"侯犯准备拿郈地与齐国交换,齐国人将要迁走郈地的百姓。"郈地人一听,个个都害怕,群情激愤。驷赤又对侯犯说:"大伙的意见和您不一样,与其死,不如拿郈地和齐国做个交换,等于还是有一个郈地,而祸患得到缓解,何必一定要死守着这里?齐国人想借郈地威胁鲁国,必定会加倍补偿土地给您。而且,何不在您的门口多准备几套盔甲以预防不测?"侯犯上了当,说:"好。"于是增加放在门口的盔甲。侯犯派人去请求齐国交换土地,齐景公很感兴趣,派有关官员到郈地来看看情况。齐国人将要到来,驷赤派人在城中到处奔走呼告:"齐军来啦!"郈地人大为惊恐,取了侯犯放在门口的盔甲套上,将侯犯包围起来。驷赤张弓搭箭,装作要射死郈地人的样子。侯犯制止了他,说:"想办法让我逃跑。"侯犯请求离开郈地,大伙答应了。驷赤先去到郈地附近的宿地,侯犯跟在后面来,每出一门,郈地人就将门关起来,生怕他回头。到达最外的城门时,大伙却拦住了他,说:"您带着叔孙氏的盔甲出去,有人如果追查起来,我们害怕死罪。"驷赤说:"叔孙氏的盔甲有标志,我们不敢带出去。"侯犯对驷赤说:"您留下跟他们点数交还。"驷赤就留下来,开城迎接鲁军进城。侯犯逃到齐国,将已经不在自己掌控之中的郈地献给齐景公。齐景公"笑纳"之后,又派人将郈地归还了鲁国。

说穿了,都是套路。

宋公子地嬖蘧富猎,十一分其室,而以其五与之。公子地有白马四,公嬖向魋,魋欲之。公取而朱其尾、鬣以与之。地怒,使其徒抶魋而夺之。魋惧,将走。公闭门而泣之,目尽肿。母弟辰曰:"子分室以与猎也,而独卑魋,亦有颇焉。子为君礼,不过出竟,君必止子。"公子地奔陈,公弗止。

辰为之请,弗听。辰曰:"是我迁吾兄也。吾以国人出,君谁与处?"冬,母弟辰暨仲佗、石𫠊出奔陈。

宋国的公子地(宋景公的庶弟)宠信蘧富猎,把家产分为十一份,给蘧富猎五份。但这还不算离谱,更离谱的是宋景公宠信向𫠊,公子地有四匹白马,向𫠊想要它们,宋景公便命人将马牵来,在马尾、马鬣上涂上红色,给了向𫠊。这真是三岁小孩玩的把戏!公子地一怒之下,命人打了向𫠊一顿,并夺回了自己的马。向𫠊害怕了,打算逃走。宋景公关上门向他哭泣,不肯让他走,把眼睛都哭肿了。这都什么乱七八糟的关系!宋景公的胞弟公子辰对公子地说:"您把家产分给蘧富猎,却唯独看不起向𫠊,确实也有点不公平。您平日对国君有礼,现在至多不过出国,他必然会挽留您。"意思是要公子地装作要逃亡的样子,给宋景公一个台阶下,等宋景公来挽留他,这个问题就解决了。

公子地也不想把事情闹僵,于是逃亡陈国,宋景公却没有要挽留他的意思。公子辰去为他说情,宋景公也不听。公子辰说:"这是我欺骗兄长了(公子地年长于公子辰),我带着国人出去,看国君跟谁相处去?"于是这一年冬天,宋景公的胞弟公子辰和仲佗、石𫠊一起逃到了陈国。

武叔聘于齐,齐侯享之,曰:"子叔孙!若使郈在君之他竟,寡人何知焉?属与敝邑际,故敢助君忧之。"对曰:"非寡君之望也。所以事君,封疆社稷是以,敢以家隶勤君之执事?夫不令之臣,天下之所恶也,君岂以为寡君赐?"

叔孙州仇访问齐国,齐景公设宴招待他,说:"叔孙啊,如果郈地在君侯其他的国境上,寡人知道什么呢?这里刚好与敝国交界,所以才敢帮着君侯分忧。"叔孙州仇回答:"这不是寡君的愿望。臣下用以侍奉国君的,是江山社稷的安全。岂敢为了家臣而劳动您的手下?那些不好的臣子,是天下人都讨厌的。君侯难道将这件事作为对寡君的恩惠吗?"

一个要卖乖,一个不领情,这场面想必十分尴尬吧。

鲁定公十一年

公元前 499 年,鲁定公十一年。

十一年春,宋公母弟辰暨仲佗、石䣄、公子地入于萧以叛。秋,乐大心从之,大为宋患,宠向魋故也。

十一年春,宋景公的胞弟公子辰及仲佗、石䣄、公子地从陈国进入萧地发动叛乱。秋天,乐大心也加入了他们,成为宋国的心腹大患。这是因为宋景公过于宠信(确切地说是过于宠爱)向魋所导致的结果。

冬,及郑平,始叛晋也。

晋国的霸业日落西山。冬天,鲁国和郑国媾和,开始背叛晋国。

鲁定公十二年

公元前 498 年,鲁定公十二年。

十二年夏,卫公孟驱伐曹,克郊。还,滑罗殿。未出,不退于列。其御曰:"殿而在列,其为无勇乎!"罗曰:"与其素厉,宁为无勇。"

> 十二年夏,卫国的公孟驱讨伐曹国,攻克郊地。卫军返回的时候,大夫滑罗殿后。尚未退出曹国边境,滑罗就跟大部队走在一起了。他的御者说:"身为殿后而跟大部队一起行动,恐怕会被人认为是没有勇气吧!"滑罗说:"与其空得勇猛之名,宁可让人家说我没勇气。"
>
> 滑罗当然不是胆小,而是知道曹国不可能派兵来追击。这种情况下非要摆出一副殿后的样子,未免造作,有沽名钓誉之嫌,所以不屑于为之。

仲由为季氏宰,将堕三都,于是叔孙氏堕郈。季氏将堕费,公山不狃、叔孙辄帅费人以袭鲁。公与三子入于季氏之宫,登武子之台。费人攻之,弗克。入及公侧,仲尼命申句须、乐颀下,伐之,费人北。国人追之,败诸姑蔑。二子奔齐,遂堕费。将堕成,公敛处父谓孟孙:"堕成,齐人必至于北门。且成,孟氏之保障也,无成,是无孟氏也。子伪不知,我将不堕。"

冬十二月，公围成，弗克。

仲由即孔子的学生子路，在《论语》里多次出现。

三都即"三桓"的封地：季氏的费邑、叔氏的郈邑、孟氏的成邑。

孔子一生的政治抱负，就是要恢复封建统治的秩序，让天下重回礼治的轨道。当他在鲁国的政坛占据一席之地，便开始实施自己的抱负，首先是要削弱"三桓"的力量，增强鲁国公室的实力，结束"三桓专鲁"的历史。

子路成为这个计划中的关键人物，因为他现在担任了季氏的家宰，这是一个相当有实权的职务。子路的计划是"堕三都"，也就是拆毁三都的城墙，让三桓失去与公室对抗的基础。子路提出这个计划，竟然得到了三桓的赞同，原因是三桓其实也面临尾大不掉的问题。当年南蒯割据费邑叛乱，搞得季氏狼狈不堪；侯犯割据郈邑，叔孙州仇和仲孙何忌两次围攻都失败。谁占据了城池，谁就能跟主子对抗，那么拆毁城池未尝不是一条釜底抽薪之计。抱着这种想法，叔孙州仇先拆掉了郈城。季孙斯将要拆掉费城，费宰公山不狃不甘就范，和叔孙辄带着费地人袭击曲阜。鲁定公和三桓躲到了季孙斯家里，登上武子之台——大概是季孙宿（武子）修建的楼台吧——与叛军对峙。费地人发动进攻，不能攻克，但是也已经攻到了台下。孔子命申句须、乐顾带兵下来反击，费地人败北。曲阜的军民追上去，在姑蔑大败叛军。公山不狃和叔孙辄逃奔齐国，于是费城也被拆毁。

将要拆毁成城的时候，成宰公敛处父对仲孙何忌说："拆毁成城，齐国人就可以长驱直入鲁国的北门了。而且成邑是孟氏的保障。没有成邑，也就没有孟氏了。您装作不知道这件事——我可不会拆掉成城。"

十二月，鲁定公率军围攻成邑，不能攻克。

有必要说明一下，《史记》记载鲁国"堕三都"的时间是鲁定公十三年，也就是下一年，与《左传》稍有出入。"堕三都"之后的一年或两年间，孔子便辞官不做，以五十多岁的高龄，带着学生走上了周游列国的旅途。

司马迁浓墨重彩地描写了孔子的这段长达十三年"奥德赛"之旅。可惜的是，由于这段故事不在《左传》的记录之内，只能忍痛割爱，以避剪贴之嫌。

鲁定公十三年

公元前 497 年，鲁定公十三年。

十三年春，齐侯、卫侯次于垂葭，实郫氏。使师伐晋。将济河，诸大夫皆曰不可，郑意兹曰："可。锐师伐河内，传必数日而后及绛。绛不三月不能出河，则我既济水矣。"乃伐河内。

齐侯皆敛诸大夫之轩，唯郑意兹乘轩。

齐侯欲与卫侯乘，与之宴而驾乘广，载甲焉。使告曰："晋师至矣！"齐侯曰："比君之驾也，寡人请摄。"乃介而与之乘，驱之。或告曰："无晋师。"乃止。

十三年春，齐景公、卫灵公住在垂葭，也就是郫氏。派兵攻打晋国，将要渡过黄河，大夫们都认为不可以。郑意兹说："可以。用精锐部队攻打河内，就算是用传车传递军情，也要好几天才能传到绛都。晋国动员部队，整顿军马，没有三个月不能渡河，那时候我们已经渡河而回了。"于是进攻了河内。

战后，齐景公将各位大夫的轩车都没收，唯独郑意兹能够乘坐轩车，以示赏罚分明。

齐景公想与卫灵公乘坐同一辆战车，和他一起宴饮，命人套好车马，载上武器盔甲。又偷偷命人报告说："晋军来了！"齐景公说："等君侯的车马套好，寡人请求为您驾车。"卫灵公前来参加宴会，战车自然已经解了马，现在敌军来袭，只能赶紧坐上齐景公的战车。齐景公披上现成的盔甲，和卫灵公共驾一车，疾驰着冲向并不存在的敌人，表现出一副无所畏惧的架势。等到有人报告说"没有晋军"，才停下来。

这样玩，真的好吗？

晋赵鞅谓邯郸午曰："归我卫贡五百家，吾舍诸晋阳。"午许诺。归告其父兄。父兄皆曰："不可。卫是以为邯郸，而置诸晋阳，绝卫之道也。不如侵齐而谋之。"乃如之，而归之于晋阳。赵孟怒，召午，而囚诸晋阳。使其从者说剑而入，涉宾不可。乃使告邯郸人曰："吾私有讨于午也，二三子唯所欲立。"遂杀午。赵稷、涉宾以邯郸叛。夏六月，上军司马籍秦围邯郸。

晋国的赵鞅对赵午说："把卫国进贡的五百户给我，我要将他们安置在晋阳。"邯郸是赵午的封地，晋阳是赵鞅的封地。卫国进贡的民户，应该是鲁定公十年赵鞅讨伐卫国时获得的贿赂，暂时放在邯郸。赵氏一族，赵鞅是宗主，赵午是旁系，赵午必须服从赵鞅，所以就答应了。等他回去和家族中的长辈一说，老家伙们都不同意，说："卫国这是给邯郸的，如果安置在晋阳，那就断绝了卫国的友好之路。不如入侵齐国。"

老家伙们的逻辑是：赵午出兵侵齐，齐军前来报复，这时候才将五百户迁到晋阳以求取帮助，卫国想必也不会有什么意见。一边敢想，一边敢做。赵午于是带兵入侵齐国，然后才将五百户卫民送到晋阳。赵鞅大为恼怒，这不是简单问题复杂化吗？于是宣召赵午前来，将他囚禁在晋阳。又让赵午的手下解除佩剑再来进见，赵午的家臣涉宾不肯。赵鞅就派人告诉邯郸人："我私人对赵午进行惩罚，你们几位可以按照自己的想法选择继承人。"于是杀了赵午。赵午的儿子赵稷和涉宾在邯郸发动叛乱。六月,晋国上军司马籍秦带兵包围邯郸。

邯郸午,荀寅之甥也;荀寅,范吉射之姻也,而相与睦。故不与围邯郸,将作乱。董安于闻之,告赵孟,曰:"先备诸?"赵孟曰:"晋国有命,始祸者死,为后可也。"安于曰:"与其害于民,宁我独死,请以我说。"赵孟不可。秋七月,范氏、中行氏伐赵氏之宫,赵鞅奔晋阳。晋人围之。

赵午的事情,其实也不仅仅是赵鞅的家事。赵午是荀寅的外甥。荀寅又与士吉射(士鞅之子)是亲家,荀寅的儿子娶了士吉射的女儿为妻。荀家(中行氏)和士家(范氏)亲戚和睦,所以都没有参加围攻邯郸的行动,而且打算发动内乱,讨伐赵氏。赵鞅的家臣董安于听到消息,告诉赵鞅说:"还是先做准备吧?"赵鞅说:"晋国有这样的法令,发动祸乱者死罪,后发制人是可以的。"董安于说:"与其祸害百姓,不如我一个人死。请拿我脱罪。"意思是,与其等对方先发难,祸害百姓,不如先发制人。到时如果追究罪责,就说是我的主意,由我来担责好了。赵鞅不同意。七月,范氏和中行氏发难,进攻赵鞅在绛都的宅子。赵鞅逃到晋阳,晋国派兵包围了晋阳。

范皋夷无宠于范吉射,而欲为乱于范氏。梁婴父嬖于知文子,文子欲以为卿。韩简子与中行文子相恶,魏襄子亦与范昭子相恶。故五子谋,将逐荀寅,而以梁婴父代之;逐范吉射,而以范皋夷代之。荀跞言于晋侯曰:"君命大臣,始祸者死,载书在河。今三臣始祸,而独逐鞅,刑已不钧矣。请皆逐之。"冬十一月,荀跞、韩不信、魏曼多奉公以伐范氏、中行氏,弗克。

晋国的情况，不是一般的复杂，可以说是家家都有难念的经，家族与家族之间又纠缠不清：

士吉射的庶子士皋夷因为不受父亲宠爱，想在范氏族中发动叛乱——这是范氏内部的问题。

梁婴父受到荀跞（知氏，谥文）的宠信，荀跞想提拔他为卿——这是知氏的问题。

韩不信（韩氏宗主，谥简）与荀寅（谥文）交恶——这是韩氏与中行氏的问题。

魏曼多（魏氏宗主，谥襄）与士吉射（谥昭）交恶——这是魏氏与范氏的问题。

各种利益交错，形成的局面是：士皋夷、梁婴父、荀跞、韩不信、魏曼多五个人联合起来，想要驱逐荀寅，而以梁婴父取代他；驱逐士吉射，而以士皋夷取代他。荀跞出面对晋定公说："国君任命的大臣，发动祸乱者死罪，这是写在盟书上沉入黄河的。而今中行氏、范氏、赵氏发动祸乱，却只针对赵鞅一个人，刑罚已经不公了。请将他们全部驱逐。"晋定公哪里敢有主见？当然只能说好。于是这一年十一月，荀跞、韩不信、魏曼多以晋定公的名义攻打范氏、中行氏，不能攻克。

二子将伐公。齐高强曰："三折肱知为良医。今意即久病知医。唯伐君为不可，民弗与也。我以伐君在此矣。三家未睦，可尽克也。克之，君将谁与？若先伐君，是使睦也。"弗听，遂伐公。国人助公，二子败，从而伐之。丁未，荀寅、士吉射奔朝歌。韩、魏以赵氏为请。十二月辛未，赵鞅入于绛，盟于公宫。

荀寅、士吉射被逼急了，想要讨伐晋定公。这显然是个愚蠢的想法：首先，敌人肯定不是晋定公；其次，晋定公虽然沦为傀儡，名义上还是晋国的国君，讨伐晋定公就是妥妥的叛国。从齐国流亡到晋国的高强劝告他们:"三次折断胳膊可为良医。世上之事,唯有攻打国君是不可以的,百姓不会答应。我正是由于攻打国君才会来到这里啊!知、韩、魏三家其实并不和睦,都是可以打败的。打败了他们,国君还能依靠谁?当然是依靠你们。如果先攻打国君,那就让他们和睦了。"二人不听,还是讨伐晋定公。晋国人都来帮助晋定公,二人失败,知、韩、魏三家趁机发动进攻。十八日,荀寅、士吉射逃奔朝歌。

韩不信和魏曼多为赵鞅说情。十二月十二日,赵鞅回到了绛都,和各大家族在公宫盟誓。

初,卫公叔文子朝,而请享灵公。退,见史鳅而告之。史鳅曰:"子必祸矣!子富而君贪,其及子乎!"文子曰:"然。吾不先告子,是吾罪也。君既许我矣,其若之何?"史鳅曰:"无害。子臣,可以免。富而能臣,必免于难。上下同之。戌也骄,其亡乎!富而不骄者鲜,吾唯子之见。骄而不亡者,未之有也。戌必与焉。"及文子卒,卫侯始恶于公叔戌,以其富也。公叔戌又将去夫人之党,夫人诉之曰:"戌将为乱。"

当初,卫国的公叔发(谥文)在朝见的时候请求设宴招待卫灵公。退朝之后,公叔发见到大夫史鳅,把这件事告诉了他。史鳅说:"您必将有祸。您这么富有而国君贪婪,还请他到您家里赴宴,恐怕要大祸临头了。"公叔发也意识到自己不对了,财不露白,将卫灵公这么贪婪的人请到家里来,不就是开门揖盗嘛!老老实实说:"是的,我没有事先告诉您,是我的过错。但是,国君已经答应我的请求了,怎么办?"史鳅说:"其实也不用害怕。您恪守臣道,谨小慎微,可以免于祸患。富有而能够低调,必定免于灾难,无论尊卑都是这样的。"但是又特别提到公叔发的儿子公叔戌:"他为人骄纵,恐怕是要逃亡的吧!富有而不骄纵的人很少,我只见过您一个。骄纵而不逃亡的,还从来没有过。"史鳅断定:公叔戌必定逃不脱这一规律。等到公叔发去世,卫灵公果然因为公叔戌太富有而厌恶他。公叔戌又不知死活地卷入宫廷内斗，想除掉君夫人南子的亲信。南子在卫灵公那里告状：公叔戌将要作乱。

这里说到的史鰌，便是《论语》里提到的史鱼。孔子这样称赞他："直哉史鱼！邦有道，如矢；邦无道，如矢。"不管国家怎么样，这个人都像射出的箭一样，直言不讳。只有心底毫无私心杂念的人，才能这样吧。

鲁定公十四年

公元前496年，鲁定公十四年。

十四年春，卫侯逐公叔戌与其党，故赵阳奔宋，戌来奔。

十四年春，卫灵公驱逐公叔戌和他的党羽，所以赵阳逃奔宋国，公叔戌逃奔鲁国。

梁婴父恶董安于，谓知文子曰："不杀安于，使终为政于赵氏，赵氏必得晋国，盍以其先发难也讨于赵氏？"文子使告于赵孟曰："范、中行氏虽信为乱，安于则发之，是安于与谋乱也。晋国有命，始祸者死。二子既伏其罪矣，敢以告。"赵孟患之。安于曰："我死而晋国宁，赵氏定，将焉用生？人谁不死，吾死莫矣。"乃缢而死。赵孟尸诸市，而告于知氏曰："主命戮罪人安于，既伏其罪矣，敢以告。"知伯从赵孟盟，而后赵氏定，祀安于于庙。

梁婴父讨厌董安于，对荀跞说："不杀掉董安于，让他一直为赵氏主持政务，赵氏一定会得到晋国。何不以他先发难为理由，追讨赵氏的责任？"荀跞对梁婴父言听计从，便派人对赵鞅说："范氏和中行氏虽然确实发动了叛乱，但这是由于董安于挑起来的，这事也可以说是董安于参与了阴谋作乱。晋国有法令，发动祸乱的人死罪。那两个人已经伏罪了，谨敢以此奉告。"

赵鞅为此而担忧。董安于主动提出："我死了而晋国安宁，赵氏安定，那我哪里还用得着活下去？人谁能不死？我已经死得太晚啦！"于是自缢而亡。赵鞅将他的尸体摆在街市上，告诉荀跞："您命令杀戮罪人董安于，他已经伏罪了，谨敢以此奉告。"荀跞这才和赵鞅结盟，然后赵氏得以安定。赵鞅将董安于的灵位安放在自家宗庙，和祖先一起祭祀。

顿子牂欲事晋，背楚而绝陈好。二月，楚灭顿。

顿子牂想要投靠晋国，所以背叛楚国，同时断绝与陈国的友好关系。晋国都这样了，还想投靠晋国，只能说这人也太没眼力了。

二月，楚国灭掉了顿国。

夏，卫北宫结来奔，公叔戍之故也。

夏天，卫国北宫结逃奔鲁国，还是为了公叔戍这件事。

吴伐越，越子句践御之，陈于槜李。句践患吴之整也，使死士再禽焉，不动。使罪人三行，属剑于颈，而辞曰："二君有治，臣奸旗鼓。不敏于君之行前，不敢逃刑，敢归死。"遂自刭也。师属之目，越子因而伐之，大败之。灵姑浮以戈击阖庐，阖庐伤将指，取其一屦。还，卒于陉，去槜李七里。

夫差使人立于庭，苟出入，必谓己曰："夫差！而忘越王之杀而父乎？"则对曰："唯。不敢忘！"三年，乃报越。

> 吴国讨伐越国。越王句践起兵抗战，双方在檇李布阵。吴军身经百战，阵容严整。句践为此而担忧，派敢死队两度出击，如猛禽扑食一般冲向吴军。吴军岿然不动。句践又生一计，派罪犯排成三行，将剑横在脖子上，来到阵前，致辞说："两位国君整顿军马，臣等触犯军令，在国君的大军面前表现出无能，不敢逃避刑罚，敢求一死！"于是都自刎而死。吴军看得出了神，句践趁机麾军进攻，大败吴军。战斗中，越将灵姑浮用长戈攻击吴王阖庐。阖庐闪避不及，被伤到大脚趾，一只鞋也被灵姑浮抢走。吴军全面撤退，阖庐因伤势过重，死于陉地，距离檇李不过七里。
>
> 阖庐死后，太子夫差即位。夫差派一个人站在庭院里，只要自己进出，那个人就大喝一声，说："夫差，你忘记越王的杀父之仇了吗？"夫差赶紧回答："是，我不敢忘！"如此三年，夫差终于报了越国的仇——这是后话。

晋人围朝歌，公会齐侯、卫侯于脾、上梁之间，谋救范、中行氏。析成鲋、小王桃甲率狄师以袭晋，战于绛中，不克而还。士鲋奔周，小王桃甲入于朝歌。

> 晋国继续打击中行氏和范氏，派部队包围了他们的据点朝歌。敌人的敌人就是朋友。齐景公、卫灵公、鲁定公在脾地和上梁之间会面，商量救援中行氏和范氏。两家也不甘束手就擒，采取反制措施，派析成鲋和小王桃甲带着狄人部队袭击晋国，与晋军在绛中作战，不胜而回。析成鲋逃奔雒邑，小王桃甲进入朝歌。

秋，齐侯、宋公会于洮，范氏故也。

秋天,齐景公、宋景公在洮地相会,这是为了救援范氏。

卫侯为夫人南子召宋朝。会于洮,大子蒯聩献盂于齐,过宋野。野人歌之曰:"既定尔娄猪,盍归吾艾豭?"大子羞之,谓戏阳速曰:"从我而朝少君,少君见我,我顾,乃杀之。"速曰:"诺。"乃朝夫人。夫人见大子。大子三顾,速不进。夫人见其色,啼而走,曰:"蒯聩将杀余。"公执其手以登台。大子奔宋,尽逐其党,故公孟彄出奔郑,自郑奔齐。

大子告人曰:"戏阳速祸余。"戏阳速告人曰:"大子则祸余。大子无道,使余杀其母。余不许,将戕于余;若杀夫人,将以余说。余是故许而弗为,以纾余死。谚曰'民保于信',吾以信义也。"

卫灵公的夫人南子,是中国历史上有名的风骚女人。据《论语》记载,孔子周游列国的时候经过卫国,和南子见了一面,学生子路就不高兴,认为老师不应该和这样一个艳名远扬的女人见面。谁知道两个人会干什么呢?这不是坏了自己的名声吗?孔子也很紧张,一个劲儿地发誓:"予所否者,天厌之!天厌之!"意思是,我如果干了违背原则的事,让老天抛弃我吧,让老天抛弃我吧!——南子就是这样一个让男人不淡定的女人。男人娶了这样的老婆,一般都会宠着她,卫灵公也不例外。这不,南子想见宋朝,卫灵公便召宋朝来见。

宋朝是宋国的公子朝。南子娶自宋国,宋朝是她的老熟人。具体怎么熟,各位自个儿去想吧。《论语》上说:"不有祝鲍之佞,而有宋朝之美,难乎免于今之世矣!"意思是没有祝鲍的口才,却有宋朝的美貌,在当今之世很难逃脱祸害啊!大伙知道宋朝是位举世无双的美男子就可以了。齐景公和宋景公在洮地相会的时候,卫灵公的世子蒯聩代表卫国将盂地献给齐国,经过宋国首都睢阳郊外。当地的农民听说是卫国世子来了,一边耕种，一边唱歌："既定尔娄猪，盍归吾艾豭。"

娄猪即母猪，豭是公猪，艾豭则是漂亮的公猪。这首歌可以翻译为："既然已经满足你们的母猪，何不归还我们那头漂亮的公猪？"这也太损了。世子蒯聩又羞又恼，对随行的戏阳速说："你跟我去见少君（即国君夫人），少君接见我的时候，我一回头，你就杀了她。"戏阳速说："好啊！"于是去朝见南子。南子接见了他。说话间，蒯聩三次回头，戏阳速都没有任何表示。南子又不傻，一看蒯聩的脸色就知道是怎么回事，哭着跑开，说："蒯聩要杀我。"卫灵公牵着她的手登上高台。蒯聩逃奔宋国。卫灵公将蒯聩的党羽全部驱逐出境，所以公孟驱逃奔郑国，又从郑国逃到齐国。

蒯聩吃了这个亏，逢人便说："是戏阳速害了我。"戏阳速则对别人说："那是世子害了我。世子不讲道义，让我去杀他的母亲（名义上的，非亲母）。我不答应，他就要残杀我。如果我杀了夫人，他就拿我脱罪。所以我只能答应他又不行动，以此来逃避一死。俗话说，百姓拿信用来保全自己。我这是以义为信罢了。"

冬十二月，晋人败范、中行氏之师于潞，获籍秦、高强。又败郑师及范氏之师于百泉。

十二月，晋国人在潞地打败范氏和中行氏的部队，俘虏籍秦和高强，又在百泉打败郑军和范氏的部队。

鲁定公十五年

公元前 495 年,鲁定公十五年。

十五年春,邾隐公来朝。子贡观焉。邾子执玉高,其容仰;公受玉卑,其容俯。子贡曰:"以礼观之,二君者,皆有死亡焉。夫礼,死生存亡之体也。将左右、周旋,进退、俯仰,于是乎取之;朝、祀、丧、戎,于是乎观之。今正月相朝,而皆不度,心已亡矣。嘉事不体,何以能久? 高、仰,骄也;卑、俯,替也。骄近乱,替近疾,君为主,其先亡乎!"

> 十五年春天,邾隐公来朝见鲁定公。孔子的高徒子贡(端木赐)观礼,只见邾隐公仰着脸,把玉高高举起;鲁定公俯着脸,把玉低低地接过来。子贡由此得出一个结论:从行礼来看,两位国君都快死亡了。子贡以为:"礼是生死存亡依存的主体,人的行为举止,或左或右,与人周旋,揖让进退,或俯或仰,都是从礼出发。朝会、祭祀、丧事、征战,也是从礼的角度来观察。现在是正月互相朝见,两位国君却都不合规定,他们的心已经死了。朝会这种好事不合于礼,凭什么长久? 高高仰起,这是骄傲;低低俯下,这是颓废。骄傲接近动乱,颓废接近疾病。鲁侯是主人,恐怕会先死亡吧!"

吴之入楚也,胡子尽俘楚邑之近胡者。楚既定,胡子豹又不事楚,曰:"存亡有命,事楚何为? 多取费焉。"二月,楚灭胡。

胡国是楚国周边小国。当年吴军攻入楚国,胡子趁火打劫,把靠近胡国的楚国城邑中的百姓全部俘虏。楚国安定以后,胡子豹又不去讨好楚国,说:"存亡自有天命,侍奉楚国又有什么用?只不过是浪费罢了。"

所以,这一年二月,楚国消灭了胡国。

夏五月壬申,公薨。仲尼曰:"赐不幸言而中,是使赐多言者也。"

五月二十二日,鲁定公去世。孔子说:"不幸被端木赐说中了,这件事使得他变成了一个多嘴的人。"

很多时候,看破不说破,是一种美德。

郑罕达败宋师于老丘。
齐侯、卫侯次于蘧挐,谋救宋也。

郑国的罕达在老丘打败宋军。郑国为什么会和宋国开战呢?是因为宋国的公子地逃到了郑国,郑国想从宋国占一块土地安置公子地。

齐景公、卫灵公在蘧挐会晤了几天,商量救援宋国。

秋七月壬申,姒氏卒。不称夫人,不赴,且不祔也。
葬定公,雨,不克襄事,礼也。
葬定姒,不称小君,不成丧也。

七月二十三日,鲁定公夫人姒氏去世。《春秋》不称其为夫人,是因为没有讣告诸侯,也没有将她的灵位摆进宗庙,陪在先姒的灵位旁边一同接受祭祀。

安葬鲁定公的时候,因为下雨,所以没有完成丧事,这是合于礼的。

安葬姒氏，《春秋》不称之为小君，是因为没有按夫人的规格来安葬。为什么？因为大伙没心思呗！说穿了，鲁国公室已经卑微到连国君和夫人的葬礼都只能草草了事了。

冬，城漆。书，不时告也。

冬天，鲁国在漆地筑城。《春秋》记载这件事，是因为没有及时祭告宗庙。

第十四章

鲁哀公

鲁哀公名蒋,鲁定公与夫人姒氏之子,《春秋》记载鲁国十二君中的最后一位。单从谥号来看,就知道此君过得凄凉。

鲁哀公元年

公元前494年,鲁哀公元年。

元年春,楚子围蔡,报柏举也。里而栽,广丈,高倍。夫屯昼夜九日,如子西之素。蔡人男女以辨。使疆于江、汝之间而还。蔡于是乎请迁于吴。

元年春天,楚昭王出兵围攻蔡国的首都,以报柏举之仇。柏举之战,也就是鲁定公四年吴国大举入侵楚国的关键一仗。蔡国和唐国当时作为吴国的仆从国参加战争。

楚军在蔡国首都城墙一里之外修筑营垒,墙宽一丈,高两丈,屯兵九个昼夜之后,如公子宜申所预料的,蔡国人将男女分开排列捆绑,出城投降。楚昭王倒也宽厚,命蔡国人迁到长江以北、汝水以南的地区,然后就回国了。但是,楚军刚刚撤走,蔡国便请求迁到吴国境内。

吴王夫差败越于夫椒,报槜李也。遂入越。越子以甲楯五千保于会稽,使大夫种因吴大宰嚭以行成,吴子将许之。伍员曰:"不可。臣闻之:树德莫如滋,去疾莫如尽。昔有过浇杀斟灌以伐斟鄩,灭夏后相,后缗方娠,逃出自窦,归于有仍,生少康焉。为仍牧正。惎浇能戒之。浇使椒求之,逃奔有虞,为之庖正,以除其害。虞思于是妻之以二姚,而邑诸纶,有田一成,有众一旅,能布其德,而兆其谋,以收夏众,抚其官职;使女艾谍浇,使季杼诱豷,遂灭过、戈,复禹之绩,祀夏配天,不失旧物。今吴不如过,而越大于少康,或将丰之,不亦难乎!句践能亲而务施,施不失人,亲不弃劳。与我同壤,而世为仇雠,于是乎克而弗取,将又存之,违天而长寇仇,后虽悔之,不可食已。姬之衰也,日可俟也。介在蛮夷,而长寇仇,以是求伯,必不行矣。"弗听。退而告人曰:"越十年生聚,而十年教训,二十年之外,吴其为沼乎!"三月,越及吴平。吴入越,不书,吴不告庆,越不告败也。

　　吴王夫差为了报檇李之仇,在椒地打败越王句践,于是进入越国。句践带着甲士五千人死守会稽山,派大夫文种前往吴国,托太宰伯嚭的关系向吴国求和。夫差想答应,伍子胥以为不可。

　　伍子胥以为,"树立德行莫过于不断培植,去除疾病莫过于斩草除根"。从前,寒浞杀了后羿,霸占了后羿的女人,生了浇,将其安置在过地,称为过浇。过浇杀了斟灌,攻打斟鄩,消灭了夏启的孙子夏后相。夏后相的妻子后缗正怀着孩子,从城墙的小洞中逃出去,回到娘家有仍氏那里,生了少康。少康长大后当了有仍氏的牧正(牧人之长),对过浇满怀仇恨,时刻保持戒备。过浇派椒寻找少康,少康逃到了有虞氏,做了有虞氏的庖正(厨师之长),以逃避追杀。有虞氏的首领虞思(姚姓虞氏)将两个女儿嫁给少康,将他封在纶邑,拥有方圆十里的土地和五百名手下。少康能够广施恩德,开始谋划复国大计,以此收集夏朝的部众,安抚他的文武官员,派女艾到过浇那里潜伏,派季杼去引诱过浇的弟弟戈豷,于是消灭了过浇和戈豷,延续了大禹的业绩,祭祀天帝和先祖,恢复了夏朝的统治。现在吴国不如过浇,而越国大于少康,上天或许将使越国强大,如果吴国和越国媾和,不是很难理解吗?句践能够亲近他人而致力于施舍百姓,施舍则不遗漏该施舍的人,亲近则不忘记有功劳的人。越国与吴国同处一地而世代为仇,在这种情况下打败了他们而又不消灭他们,反而要保存他们,违背天意而使仇敌强大,以后就算是后悔,也来不及了。姬姓的衰落,可计日而待了。地处蛮夷而使仇敌强大,用这种方式来争取称霸天下,必然是行不通的。

伍子胥以夏朝复兴的故事为鉴,是有深意的。夏朝以大禹为先祖,越国亦为大禹之后,古人迷信,难免产生联想,由此而生戒心。但是,夫差似乎一点也不介意,不肯接受伍子胥的建议。伍子胥退下后对别人说:"越国用十年休养生息,用十年训练战士。二十年后,吴国恐怕要成为沼泽了。"

三月,越国和吴国媾和。吴国攻入越国,《春秋》不予记载,是因为吴国没有向诸侯告捷,越国也没有向诸侯告败。

夏四月,齐侯、卫侯救邯郸,围五鹿。

四月,齐景公、卫灵公救援邯郸的赵稷,包围五鹿。

吴之入楚也,使召陈怀公。怀公朝国人而问焉,曰:"欲与楚者右,欲与吴者左。陈人从田,无田从党。"逢滑当公而进,曰:"臣闻,国之兴也以福,其亡也以祸。今吴未有福,楚未有祸,楚未可弃,吴未可从。而晋,盟主也;若以晋辞吴,若何?"公曰:"国胜君亡,非祸而何?"对曰:"国之有是多矣,何必不复?小国犹复,况大国乎?臣闻,国之兴也,视民如伤,是其福也;其亡也,以民为土芥,是其祸也。楚虽无德,亦不艾杀其民。吴日敝于兵,暴骨如莽,而未见德焉。天其或者正训楚也,祸之适吴,其何日之有?"陈侯从之。及夫差克越,乃修先君之怨。秋八月,吴侵陈,修旧怨也。

当年吴国入侵楚国,蔡国和唐国跟随,吴国也派人来请陈怀公助拳。陈怀公征求国人的意见,说:"想跟楚国的站在右边,想跟吴国的站在左边。"投票的结果,屁股指挥脑袋——陈怀公南向而立,左边为东,是吴国方向;右边为西,是楚国方向。陈国人有土地在东方的,都站到了左边;有土地在西方的,都站到了右边;没有土地的,跟着亲友站队。大夫逢滑不左不右,正对着陈怀公走上前,说:"下臣听说,国家因为有福而兴,因为有祸而亡。现在吴国没有福分,楚国也没有祸事。楚国还不能抛弃,吴国还不能跟从,而晋国还是盟主,如果以晋国为借口推辞吴国,如何?"陈怀公说:"楚国战败,国君逃亡,这不是祸事是什么?"逢滑说:"国家有这种情况的多了,谁说它一定不能复国? 小国尚且可以复国,何况是大国? 我听说,国家兴旺的时候,视老百姓如伤口,这就是它的福分;国家衰亡的时候,视老百姓如草芥,这就是它的灾祸。楚国虽然没有什么美好的品德,但是也没有残害它的百姓。吴国长期用兵,将士抛尸露骨有如草莽,也没见它有什么美德。上天也许是正在给楚国一个教训吧。灾祸降临吴国,难道还会太久?"陈怀公听从逢滑的建议,没有出兵帮助吴国,两国由此结怨。等到夫差攻克越国,便算先君时代的旧账。八月,吴国入侵陈国,这是为了清算过去的旧账。

齐侯、卫侯会于乾侯,救范氏也,师及齐师、卫孔圉、鲜虞人伐晋,取棘蒲。

齐景公、卫灵公在乾侯相会,这是为了救援晋国的范氏。鲁军和齐军、卫国的孔圉、鲜虞人一起讨伐晋国,攻取棘蒲。

吴师在陈,楚大夫皆惧,曰:"阖庐惟能用其民,以败我于柏举。今闻其嗣又甚焉,将若之何?"子西曰:"二三子恤不相睦,无患吴矣。昔阖庐

食不二味,居不重席,室不崇坛,器不彤镂,宫室不观,舟车不饰,衣服财用,择不取费。在国,天有灾疠,亲巡孤寡而共其乏困。在军,熟食者分而后敢食。其所尝者,卒乘与焉。勤恤其民,而与之劳逸,是以民不罢劳,死知不旷。吾先大夫子常易之,所以败我也。今闻夫差,次有台榭陂池焉,宿有妃嫱、嫔御焉;一日之行,所欲必成,玩好必从;珍异是聚,观乐是务,视民如仇,而用之日新。夫先自败也已。安能败我?"

吴军在陈国,楚国的大夫们都害怕,说:"阖庐善于驱使他的百姓,在柏举打败了我们。现在听说他的儿子更厉害,可怎么对付他啊?"令尹公子宜申说:"你们只应该担心自己不能和衷共济,不用害怕吴国。从前阖庐吃饭不吃两道菜,坐着不用重席,房子不建在高台上,器皿不用朱漆镂刻,宫室不筑亭台楼阁,车船不加装饰,衣服用品只求实用而不尚奢华。在国内,如果天降灾祸,就亲自巡视安抚孤寡之人并为他们提供需要的东西。在军中,煮熟的食物必须等士兵们都分到了,自己才食用;他吃山珍海味,战士们也都有一份。勤恳地体恤百姓,和他们甘苦与共,因此百姓不辞劳苦,死也知道不会白死。我们的先大夫囊瓦却是反其道而行之,这就是他们能打败我们的原因。而今听说夫差,住的地方有楼台池沼,睡觉有嫔妃美女陪侍,哪怕只是出去一天,想要的东西一定要到手,好玩的东西一定要带走;收集奇珍异宝,只顾观赏游乐,视百姓如仇敌,而驱使他们干这干那,没完没了。这是他自己先打败了自己,哪里还能够打败我们?"

冬十一月,晋赵鞅伐朝歌。

十一月,晋国赵鞅进攻朝歌的中行氏和范氏。

鲁哀公二年

公元前 493 年,鲁哀公二年。

二年春,伐邾,将伐绞。邾人爱其土,故赂以漷、沂之田而受盟。

二年春,鲁国讨伐邾国,将要进攻绞地。邾国人爱惜他们的土地,所以用漷地、沂地的土地作为贿赂,接受了鲁国提出的盟约。

初,卫侯游于郊,子南仆。公曰:"余无子,将立女。"不对。他日,又谓之,对曰:"郢不足以辱社稷,君其改图。君夫人在堂,三揖在下。君命只辱。"

夏,卫灵公卒。夫人曰:"命公子郢为大子,君命也。"对曰:"郢异于他子,且君没于吾手,若有之,郢必闻之。且亡人之子辄在。"乃立辄。

当初,卫灵公在郊外游玩,公子郢(字子南)为他驾车。卫灵公说:"我没有儿子,想立你为世子。"卫灵公当然不是没有儿子,公子郢就是他的儿子,只不过不是嫡子罢了。卫灵公的世子蒯聩于鲁定公十四年逃奔宋国,现在世子之位一直空着,他说没有儿子,确切的意思是没有其他的嫡子,只能在庶子中选择继承人。这是送上门来的好事,公子郢却低头不语。过了几天,卫灵公又提起这件事,公子郢回答:"我的才能不足以辱没社稷,您还是改变主意吧。有君夫人在堂上,卿、大夫、士(国君向臣下作揖,根据三种不同等级有不同的礼仪,合称三揖)在下,您不跟他们商量就对我下命令。我如果接受了,只会有辱君命。"这真是个聪明人!卫国的事情,不是卫灵公一个人说了算。尤其是立嗣这种大事,一定要先商量再做决定,一厢情愿很难成事。

夏天,卫灵公去世了。夫人南子主动提出来:"让公子郢为世子,是先君的决定。"公子郢还是不接受,说:"我和其他公子不一样。"这里有两层意思:一是公子郢不像其他公子那样想当国君;二是公子郢自觉出身低贱(其母地位不高),不敢与其他公子争位。公子郢还说:"我伺候先君到死,如果他说过这样的话,我一定听到了。而且,有逃亡的那个人的儿子辄在啊!"

所谓"亡人",是指前世子蒯聩。辄则是蒯聩的儿子公孙辄。从血缘关系上讲,公孙辄是卫灵公的嫡孙,确实比公子郢更有权利继承君位。于是一致同意,立公孙辄为君,也就是卫出公。

六月乙酉,晋赵鞅纳卫大子于戚。宵迷,阳虎曰:"右河而南,必至焉。"使大子绖,八人衰绖,伪自卫逆者。告于门,哭而入,遂居之。

这些年来,卫灵公一直紧跟齐景公的步伐,与晋国为敌。卫灵公之死让晋国人看到了机会。六月十七日,晋国赵鞅将卫国的前世子蒯聩送到卫国的戚地。也许是赶路太急,到夜里居然迷了路。阳虎说:"向右渡河再往南走,一定能到。"果然来到了戚城之外,但是进不了城——蒯聩回来,显然是与儿子卫出公争夺君位的。戚地人只听从国君的命令,不敢擅自接受这位前世子。

估计还是阳虎的主意,要蒯聩脱掉帽子,派八个人穿着丧服,假装是从帝丘前来迎接的样子,告诉守门人开城出迎。蒯聩就这样哭着进入了戚城,顺势将它占领,从此就住在那里。

秋八月，齐人输范氏粟，郑子姚、子般送之。士吉射逆之，赵鞅御之，遇于戚。阳虎曰："吾车少，以兵车之旆与罕、驷兵车先陈。罕、驷自后随而从之，彼见吾貌，必有惧心，于是乎会之，必大败之。"从之。卜战，龟焦。乐丁曰："《诗》曰：'爰始爰谋，爰契我龟。'谋协，以故兆询可也。"简子誓曰："范氏、中行氏反易天明，斩艾百姓，欲擅晋国而灭其君。寡君恃郑而保焉。今郑为不道，弃君助臣，二三子顺天明，从君命，经德义，除诟耻，在此行也。克敌者，上大夫受县，下大夫受郡，士田十万，庶人、工、商遂，人臣隶圉免。志父无罪，君实图之！若其有罪，绞缢以戮，桐棺三寸，不设属辟，素车、朴马，无入于兆，下卿之罚也。"

晋国内乱继续。八月，齐国人给范氏输送粮食，郑国派罕达（字子姚）和驷弘（字子般）护送。晋国方面，士吉射前来迎接他们，赵鞅则半路截击，在戚地相遇。

阳虎向赵鞅建议："我们的战车少，可以将统帅的旗帜插在战车上与罕达、驷弘对阵。等他们从后面跟上来，看到我的容貌，必然产生害怕之心，这时候全军会合攻击他们，一定可以大获全胜。"两军对阵，帅旗所在，必然是对方主攻的目标。阳虎之计，是将郑军吸引到自己身边，再凭借自己的威名夺其斗志，一举击破。由此可知，阳虎这个人还是颇为自负的。赵鞅同意阳虎的建议。为此而占卜，龟甲却被烧焦，看不出凶吉。大夫乐丁说："《诗》上说得好，先行谋划，于是问龟。谋划一致，以过去占卜的结果为信就可以了。"想必赵鞅出征之时，已经举行过占卜，结果为吉，是以乐丁有此一说。

赵鞅于是下定决心，当着全军的面发誓："范氏和中行氏违逆天命，斩杀百姓，想要专制晋国而灭亡国君。寡君依靠郑国而保全性命。而今郑国不讲道义，抛弃寡君，帮助逆臣。诸位顺应天命，听从君命，践行德义，洗刷耻辱，就在这一战了！战胜敌人，上大夫赏县，下大夫赏郡（春秋时期县比郡大），士人赏田十万亩（当为共赏，而不是一人十万亩），庶人及工商业者可以入仕，奴隶成为自由民。这一战，如果志父（赵鞅别名志父）没有因战败而获罪，一定请国君认真考虑，兑现奖励！如果我因战败而获罪，就用绞刑诛戮，不用重棺下葬，送葬的车马不加装饰，不入先人的公墓，按照下卿的规格接受惩罚。"这是对将士们许以重诺，宽于赏人，严于责己，大大地提高了晋军的士气。

甲戌，将战，邮无恤御简子，卫大子为右。登铁上，望见郑师众，大子惧，自投于车下。子良授大子绥，而乘之，曰："妇人也。"简子巡列，曰："毕万，匹夫也。七战皆获，有马百乘，死于牖下。群子勉之！死不在寇。"繁羽御赵罗，宋勇为右。罗无勇，麇之。吏诘之，御对曰："痁作而伏。"卫大子祷曰："曾孙蒯聩敢昭告皇祖文王、烈祖康叔、文祖襄公：郑胜乱从，晋午在难，不能治乱，使鞅讨之。蒯聩不敢自佚，备持矛焉。敢告无绝筋，无折骨，无面伤，以集大事，无作三祖羞。大命不敢请，佩玉不敢爱。"

八月初七日，大战一触即发。邮无恤（字子良）为赵鞅御戎，卫国的前世子蒯聩为戎右。登到铁山之上，望见郑国军队人多势众，蒯聩竟然害怕到自己跳下车来。邮无恤将挽绳递给蒯聩，将他拉上来，说："跟个娘们儿差不多。"赵鞅觉得有必要进一步鼓舞士气，于是巡视部队，说："当年毕万（魏氏的先祖）不过是一介匹夫，七次参加战争都俘获敌人，因战功而拥有马车百乘，死在家里。诸位努力吧！拼死作战的人未必死在敌人手里。"话虽如此，还是有人胆怯。繁羽为赵罗驾车，宋勇为车右。赵罗缺乏勇气，为了防止他临阵逃脱，繁羽和宋勇用绳子将他绑在战车上。军吏责问这是怎么回事，繁羽回答："疟疾发作，只能趴着了。"

最搞笑的还是蒯聩，战前拿着佩玉祷告说："曾孙蒯聩谨敢昭告皇祖文王、烈祖康叔、文祖襄公：郑胜（郑声公名胜）扰乱伦常，晋午（晋定公名午）处于危难，不能平定乱局，派赵鞅前来讨伐。蒯聩不敢自求安逸，备弓持矛上了战场。谨敢告求祖宗保佑，不要断筋，不要折骨，不要伤了脸蛋儿，成就大事，不让三位祖宗蒙羞。至于死生的大事，那就不敢请求了，佩玉不敢爱惜。"不能伤筋动骨，又不能破相，却说死生倒是无所谓，也够意思了。

郑人击简子中肩，毙于车中，获其蜂旗。大子救之以戈。郑师北，获温大夫赵罗。大子复伐之，郑师大败，获齐粟千车。赵孟喜曰："可矣。"傅傁曰："虽克郑，犹有知在，忧未艾也。"

战斗中，郑军射中赵鞅的肩膀，将他射倒在车中，缴获了他的帅旗——蜂旗。看起来胆小的蒯聩竟然雄起，拿着戈去救赵鞅。郑军败逃，俘虏了温地大夫赵罗，也就是绑着上战场的那位仁兄。蒯聩再度进攻，将郑军打得大败，抢走了齐国运来的一千车粮食。赵鞅大喜，说："可以啦！"家臣傅傁说："虽然战胜了郑国，还有知氏在，忧患还没有消除呢！"

确实，对于赵氏来说，最大的敌人不是齐国、郑国、卫国等诸侯，也不是中行氏和范氏，而是目前晋国实力最雄厚的家族知氏，以及知氏的宗主、人称知伯的荀跞。

初，周人与范氏田，公孙龙税焉，赵氏得而献之。吏请杀之。赵孟曰："为其主也，何罪？"止而与之田。及铁之战，以徒五百人宵攻郑师，取蜂旗于子姚之幕下，献，曰："请报主德。"追郑师，姚、般、公孙林殿而射，前列多死。赵孟曰："国无小。"既战，简子曰："吾伏弢呕血，鼓音不衰，今日我上也。"大子曰："吾救主于车，退敌于下，我，右之上也。"邮良曰："我

两靷将绝，吾能止之，我，御之上也。驾而乘材，两靷皆绝。

当初，王室给范氏土地，公孙尨为范氏收取田租赋税。晋国内乱爆发，将士们在一次战斗中俘虏了公孙尨，献给赵鞅。军吏请求杀了他。赵鞅说："各为其主，有什么罪?"将他留下来，而且给他分了土地。到了铁山之战，公孙尨带着步兵五百人夜袭郑军，从罕达的军帐下取回蜂旗献给赵鞅，说："这是为了报答您的恩德。"

晋军追击郑军的时候，罕达、驷弘、公孙林殿后，用弓箭射击追兵，晋军的前锋多有死伤。赵鞅感慨："不能小看小国。"战后，赵鞅又不无得意地说："我伏在弓袋上吐血，而鼓声不绝，今天我的功劳最大。"蒯聩说："我在车上救了您，在车下击退敌人，我是车右中功劳最大的。"邮无恤说："骖马的两根靷绳都快断了，我还能控制住马车，我是御者中功劳最大的。"为了证明自己没有说谎，驾上马车，装了一车小木材，两根靷绳果然断了。

吴泄庸如蔡纳聘，而稍纳师。师毕入，众知之。蔡侯告大夫，杀公子驷以说。哭而迁墓。冬，蔡迁于州来。

吴国大夫泄庸到蔡国致送聘礼，偷偷地将部队分批带进蔡国。吴军全部进入后，蔡国人才醒悟过来。吴国这招瞒天过海之所以能够如此成功，是因为蔡国出了"内奸"，而这个"内奸"不是别人，正是蔡昭公。上年楚国进攻蔡国，蔡昭公就下定决心要将国家迁到吴国境内，但是又怕国人不同意，所以出此下策。可恶的是，蔡昭公敢做不敢当，向大臣们通报了吴军入城的消息，将责任推给公子驷，杀了公子驷来平息大伙的怒气。既然生米已成熟饭，大伙也只能接受，于是号哭着把先君的坟墓迁走。冬天，蔡国迁到了州来。

鲁哀公三年

公元前 492 年，鲁哀公三年。

三年春，齐、卫围戚，求援于中山。

> 三年春天，齐国和卫国派兵包围戚地，并向中山国求援，目的当然是要赶走居住在那里的蒯聩。

夏五月辛卯，司铎火。火逾公宫，桓、僖灾。救火者皆曰顾府。南宫敬叔至，命周人出御书，俟于宫，曰："庀女，而不在，死。"子服景伯至，命宰人出礼书，以待命。命不共，有常刑。校人乘马，巾车脂辖，百官官备，府库慎守，官人肃给。济濡帷幕，郁攸从之，蒙葺公屋，自大庙始，外内以悛。助所不给。有不用命，则有常刑，无赦。公父文伯至，命校人驾乘车。季桓子至，御公立于象魏之外，命救火者伤人则止，财可为也。命藏《象魏》，曰："旧章不可亡也。"富父槐至，曰："无备而官办者，犹拾沈也。"于是乎去表之槁，道还公宫。

孔子在陈，闻火，曰："其桓、僖乎！"

> 五月二十八日，鲁国的司铎官署发生火灾。大火越过公宫，将鲁桓公和鲁僖公的宗庙烧毁。救火的人都说要先保护好府库。南宫敬叔（即

仲孙何忌的胞弟南宫说）来到之后，命令周人（管理周朝典籍的官吏）搬出国君看的书，让他在宫里等着，说："拜托你了，如果有损失，就处死你。"子服何（景伯）来到，命宰人（安排各类礼仪的官吏）搬出礼书，等待命令。如果不能尽职尽责，就要按规定处罚。校人（管理公宫马匹的官吏）套上马具，巾车（管理车辆的官吏）在车轴上涂好润滑油，百官各守其位，府库严加看守，官人（管理宾馆的官吏）认真保障供应，用沾湿的帷幕在火场附近隔断，旁边准备好救火的器材。将公宫的建筑用湿物覆盖起来，自太庙开始，按照由内自外的次序。有需要的地方，互相帮助。有不出力的人，按规定处罚，决不姑息。公父歜来到，命校人套好国君的车。季孙斯来到，亲自为鲁哀公驾车，站在象魏（宫阙）之外，命令救火的人受伤就停下，因为财物可以再获得，人死则不能复生。又命令将挂在象魏上的法令典章藏好，说："旧的典章不可以丢掉。"富父槐来到，说："没有做好准备而叫官员仓促办事，就像收拾洒在地上的汤汁。"于是搬掉火场附近的易燃物，在公宫周围开辟隔火巷。

　　《左传》的记载中，多次提到各国火灾发生后的灭火救灾工作，郑国、宋国、鲁国的表现都可圈可点。消防安全，从古至今都是大事啊！孔子当时在陈国，听到鲁国大火的消息便说："恐怕是烧了桓庙和僖庙吧！"孔子为什么这样说？老左没有记载。

刘氏、范氏世为婚姻，苌弘事刘文公，故周与范氏。赵鞅以为讨。六月癸卯，周人杀苌弘。

　　　　王室的刘氏和晋国的范氏世代通婚。王室大夫苌弘侍奉刘文公，所以当中行氏、范氏作乱的时候，王室站在范氏这边。赵鞅因此而责备王室。六月十一日，王室处死了苌弘。

秋，季孙有疾，命正常曰："无死！南孺子之子，男也，则以告而立之；

女也，则肥也可。"季孙卒，康子即位。既葬，康子在朝。南氏生男，正常载以如朝，告曰："夫子有遗言，命其圉臣曰：'南氏生男，则以告于君与大夫而立之。'今生矣，男也，敢告。"遂奔卫。康子请退。公使共刘视之，则或杀之矣。乃讨之。召正常，正常不反。

秋天，季孙斯患病，当时他的侧室南氏已经怀孕。季孙斯命令家臣正常（人名）："不要跟我去死。南孺子（妾称孺子，是当时的习俗）生的孩子，如果是个男孩，就将我的话报告国君，立他为宗主。如果是个女孩，那就让肥继承家业吧。"肥即季孙斯的儿子季孙肥，已经成年，本来该继承家业，却因为季孙斯这句话，莫名其妙地成了备胎。

季孙斯死后，季孙肥即位，是为季康子。办完父亲的丧事，季孙肥朝见鲁哀公。这时候南氏生了一个儿子，正常马上将这孩子用车载到朝堂，报告说："先主老人家有遗言，命令他的贱臣说：'南氏生了男孩，则报告国君与诸位大夫而立他为季氏之主。'现在她生了，是个男孩，谨敢奉告。"说完就逃到了卫国，为什么？因为正常的智商很正常。他忠于故主，不负所托，但也不想把自己的性命搭上，所以完事就跑，绝不含糊。

既然季孙斯有遗言，季孙肥便主动请求退位。鲁哀公派大夫共刘去了解情况，则发现南氏所生的男孩已经被杀了。凶手是谁，谁都不知道；幕后指使是谁，更没人敢问。鲁哀公所能做的，也就是下令严惩凶手，同时命人宣召正常回国。

正常不回来。回来就不正常了。

冬十月，晋赵鞅围朝歌，师于其南，荀寅伐其郛，使其徒自北门入，己犯师而出。癸丑，奔邯郸。

十一月，赵鞅杀士皋夷，恶范氏也。

十月，晋国赵鞅围攻朝歌，在城池的南边布下重兵。荀寅垂死挣扎，向南门外的敌军发动进攻，同时命城外的救兵从北门杀进城来。赵鞅以为他要从南门突围，调动全军堵截。荀寅趁机从北门突围而出。二十三日，荀寅和士吉射逃往邯郸，与赵稷会合。

十一月，赵鞅杀了士皋夷。士皋夷虽是士吉射的儿子，却是士吉射的敌人。当初如果不是士皋夷等人起来驱逐士吉射和荀寅，赵鞅岂能轻易从晋阳脱困？按理说，赵鞅应该感谢士皋夷才对，为什么在这个时候对他下毒手？老左以为，这是因为赵鞅讨厌范氏。事实当然不仅仅是讨厌那么简单。朝歌既然被攻破，范氏和中行氏大势已去。对于胜券在握的赵鞅来说，怎么可能让范氏在士皋夷手中重生？当然要斩草除根，永绝后患。

鲁哀公四年

公元前491年，鲁哀公四年。

四年春，蔡昭侯将如吴。诸大夫恐其又迁也，承公孙翩逐而射之，入于家人而卒。以两矢门之。众莫敢进。文之锴到后，曰："如墙而进，多而杀二人。"锴执弓而先，翩射之，中肘。锴遂杀之。故逐公孙辰而杀公孙姓、公孙盱。

四年春天，蔡昭公将要前往吴国，朝中诸位大夫害怕他又要搬迁，尾随公孙翩去追赶他，用箭射他。蔡昭公逃进百姓家里死了。公孙翩拿着两支箭守在门口，众人都不敢向前。大夫文之锴后来，说："排成横队像墙一样推进，最多不过杀两个人。"拿着弓走在前面。公孙翩一箭射过来，射中文之锴的手肘。文之锴反击，于是杀死了公孙翩。蔡国因此驱逐了公孙辰，杀了公孙姓和公孙盱。

夏，楚人既克夷虎，乃谋北方。左司马眅、申公寿余、叶公诸梁致蔡于负函，致方城之外于缯关，曰："吴将溯江入郢，将奔命焉。"为一昔之期，袭梁及霍。单浮余围蛮氏，蛮氏溃。蛮子赤奔晋阴地。司马起丰、析与狄戎，以临上雒。左师军于菟和，右师军于仓野，使谓阴地之命大夫士蔑曰："晋、楚有盟，好恶同之。若将不废，寡君之愿也。不然，将通于少习以听命。"士蔑请诸赵孟。赵孟曰："晋国未宁，安能恶于楚？必速与之！"士蔑乃致九州之戎，将裂田以与蛮子而城之，且将为之卜。蛮子听卜，遂执之与其五大夫，以畀楚师于三户。司马致邑立宗焉，以诱其遗民，而尽俘以归。

楚国逐渐恢复了元气。夏天，楚国在攻克了夷虎后，开始打北方的主意。左司马眅、申公寿余、叶公诸梁在负函集结蔡县的部队，在缯关集结方城山外的部队，说："吴国人将要溯江而上，进攻郢都，大家都要为此奔命。"约定一个晚上的期限，袭击梁地和霍地。单浮余带兵围攻戎蛮部落，戎蛮人溃散，蛮子赤逃到了晋国的阴地。左司马眅征召丰地、析地和狄戎部队，兵临上雒。左翼部队驻扎在菟和，右翼部队驻扎在仓野，派人对阴地的守将士蔑说："晋国和楚国有盟约，要同声同气，同好同恶。如果这个盟约不被废除，那就是寡君的愿望了。不然的话，将打通少习山再来听取你们的命令。"

少习山即武关所在之地。楚军如果打通少习山，就可以与秦国会师，威胁绛都的安全。士蔑不敢怠慢，赶紧向赵鞅请示。赵鞅说："晋国尚未安宁，怎么能和楚国闹僵？一定要快点把人交给他们。"士蔑听命，召集九州之戎的首领们，宣称准备分给蛮子赤土地，而且为他筑城，为此将举行占卜。蛮子赤前来听占卜的结果，晋国人于是逮捕了蛮子赤和他的五位大夫，在三户（地名）交给楚国人。

晋国人狡诈，楚国人更狡诈。左司马眅假装要给蛮子赤城邑，让他开宗立族，以此诱惑戎蛮百姓前来聚集，将他们全部俘虏，带回楚国。

秋七月，齐陈乞、弦施、卫宁跪救范氏。庚午，围五鹿。九月，赵鞅围邯郸。冬十一月，邯郸降。荀寅奔鲜虞，赵稷奔临。十二月，弦施逆之，遂堕临。国夏伐晋，取邢、任、栾、鄗、逆畤、阴人、盂、壶口，会鲜虞，纳荀寅于柏人。

七月，齐国的陈乞、弦施和卫国的宁跪救援范氏。十四日，包围五鹿。九月，赵鞅围攻邯郸。十一月，邯郸开城投降。荀寅逃到了鲜虞部落，赵稷逃到临城。十二月，弦施迎接赵稷，于是拆毁临城。齐国又派国夏讨伐晋国，攻取了邢、任、栾、鄗、逆畤、阴人、盂、壶口，与鲜虞人会师，将荀寅安置在柏人。

鲁哀公五年

公元前 490 年，鲁哀公五年。

五年春，晋围柏人，荀寅、士吉射奔齐。

初，范氏之臣王生恶张柳朔，言诸昭子，使为柏人。昭子曰：“夫非而仇乎?"对曰:"私仇不及公,好不废过,恶不去善,义之经也。臣敢违之?"及范氏出,张柳朔谓其子:"尔从主,勉之!我将止死,王生授我矣,吾不可以僭之。"遂死于柏人。

五年春天,晋军包围柏人,荀寅、士吉射逃奔齐国。

当初,范氏家臣王生厌恶张柳朔,向士吉射(谥昭)建议任命张柳朔为柏人宰。士吉射感到奇怪:"那个人不是你的仇人吗?"王生说:"私仇不影响公事,喜欢一个人不忽视他的缺点,讨厌一个人不掩盖他的优点,这是道义的基本原则。下臣岂敢违背道义?"等到士吉射出逃,张柳朔对他儿子说:"你跟随主人,好好干吧!我将留在这里拼死一战,王生将使命授予我,我不可以辜负他。"于是在柏人战死。

王生公私分明,知人善用;张柳朔知恩图报,不负所托。所谓"士"的精神,从这两个人身上可以窥知一二。

夏,赵鞅伐卫,范氏之故也,遂围中牟。

夏天,赵鞅讨伐卫国,这是因为卫国帮助了范氏,于是围攻中牟。

齐燕姬生子,不成而死。诸子鬻姒之子荼嬖,诸大夫恐其为大子也,言于公曰:"君之齿长矣,未有大子,若之何?"公曰:"二三子间于忧虞,则有疾疢。亦姑谋乐,何忧于无君?"公疾,使国惠子、高昭子立荼,置群公子于莱。秋,齐景公卒。冬十月,公子嘉、公子驹、公子黔奔卫,公子鉏、公子阳生来奔。莱人歌之曰:"景公死乎不与埋,三军之事乎不与谋,师乎师乎,何党之乎?"

齐景公的夫人燕姬生了一个儿子,未成年即夭折。诸子(嫔妃之一,地位不高)鬻姒的儿子公子荼受到宠爱,朝中大臣怕他当上太子,对齐景公说:"您的年纪大了,还没有太子,这事可怎么办?"齐景公说:"你们几位总是忧心忡忡,很容易得病。还是去寻欢作乐吧,哪里用得着为没有国君而担忧?"

齐景公生了病,知道自己将不久于人世,命国夏(惠子)、高张(昭子)立公子荼为嗣君,将其他公子安置在莱地。这一年秋天,公子嘉、公子驹、公子黔逃奔卫国,公子鉏、公子阳生逃奔鲁国。莱地人传唱歌谣:"景公死了不参与葬礼,三军大事不参与商议,大伙啊大伙,又有哪里可以前往?"

郑驷秦富而侈,嬖大夫也,而常陈卿之车服于其庭。郑人恶而杀之。子思曰:"《诗》曰:'不解于位,民之攸塈。'不守其位而能久者鲜矣。《商颂》曰:'不僭不滥,不敢怠皇,命以多福。'"

郑国的驷秦富有而奢侈,身为下大夫,却经常将卿的车马服饰陈列在自家庭院。郑国人厌恶他,就把他杀了。子产的儿子国参(字子思)引用《诗经·大雅·假乐》一诗,以为"官员在位努力不懈,百姓因此得以安宁",不安守本职而能够长久的人是极少的。又引用《诗经·商颂·殷武》一诗:"不出差错,不骄傲自满,不懒惰懈怠,上天赐以多福。"认为驷秦是咎由自取。

鲁哀公六年

公元前489年,鲁哀公六年。

六年春,晋伐鲜虞,治范氏之乱也。

> 六年春天,晋国讨伐鲜虞,这是为了惩处它曾经帮助范氏作乱。
>
> 顺便说一下,春秋时期晋国多次对鲜虞作战,始终未能取得决定性胜利。鲜虞人建立的中山国,一度相当强盛,直到战国时期才为赵国所灭。

吴伐陈,复修旧怨也。楚子曰:“吾先君与陈有盟,不可以不救。”乃救陈,师于城父。

> 吴国讨伐陈国,这是旧事重提,将从前的仇恨再摆出来当作动武的理由。楚昭王说:“先君与陈国有盟约,不可以不救他们。”于是出兵救援陈国,驻扎在城父。

齐陈乞伪事高、国者,每朝,必骖乘焉。所从,必言诸大夫曰:“彼皆偃蹇,将弃子之命。皆曰:‘高、国得君,必逼我,盍去诸?’固将谋子,子早图之!图之,莫如尽灭之。需,事之下也。”及朝,则曰:“彼,虎狼也。见我在子之侧,杀我无日矣,请就之位。”又谓诸大夫曰:“二子者祸矣,恃得君而欲谋二三子,曰:‘国之多难,贵宠之由,尽去之而后君定。’既成谋矣,盍及其未作也,先诸?作而后,悔亦无及也。”大夫从之。

夏六月戊辰,陈乞、鲍牧及诸大夫以甲入于公宫。昭子闻之,与惠子乘如公。战于庄,败。国人追之,国夏奔莒,遂及高张、晏圉、弦施来奔。

> 齐国的陈乞假装侍奉高张、国夏,每逢上朝,必定站在他们车右,就像是他们的随从一样。无论跟到哪里,必定会说起朝中诸位大夫:“他们

都骄傲得很，将要抛弃您的命令。他们都说：'高氏、国氏受到国君宠信，必然要逼迫我们，何不除掉他们？'铁定要谋害您，您可要及早打算。最好的对策，莫过于将他们都消灭；犹豫不决，束手束脚，那是下策。"到了朝堂之上，又说："他们都是虎狼，见到我在您身边，很快就要杀死我了，请让我站在他们那边去。"到了大夫们那边，马上换了一套说法："高氏和国氏将要发难了，倚仗有国君撑腰，想要算计你们几位，说：'国家之所以有诸多灾难，是因为有先君宠爱的臣子，将他们全部除掉然后国家才能安定。'现在已经定好计划了，何不趁他们尚未行动，先发制人？等到他们发难再后悔，那就没什么用了。"大夫们都听从了。

六月二十三日，陈乞、鲍牧和大夫们率领甲士进入公宫。高张得知消息，和国夏坐车到国君那里。双方在临淄城内的庄街交战，高、国二氏战败。国人发起追击，国夏逃奔莒国，于是和高张、晏圉、弦施一道逃到鲁国。

秋七月，楚子在城父，将救陈。卜战，不吉；卜退，不吉。王曰："然则死也。再败楚师，不如死；弃盟、逃仇，亦不如死。死一也，其死仇乎！"命公子申为王，不可；则命公子结，亦不可；则命公子启，五辞而后许。将战，王有疾。庚寅，昭王攻大冥，卒于城父。子闾退，曰："君王舍其子而让，群臣敢忘君乎？从君之命，顺也。立君之子，亦顺也。二顺不可失也。"与子西、子期谋，潜师，闭涂，逆越女之子章立之，而后还。

七月，楚昭王在城父，将要率军救援陈国。为出战而占卜，结果不吉；为退兵而占卜，同样不吉。楚昭王说："既然如此，那就只有死了！再次让楚军失败，不如死。抛弃与陈国的盟约，逃避仇敌，也不如死。终归是一死的话，还是死在仇人手里吧！"命令公子宜申继承王位，公子宜申不答应；再命令公子结，也不答应；又命令公子启（楚昭王弟，字子闾），五次推辞然后答应。

将要与吴国人交战的时候,楚昭王病倒了。十六日,楚昭王进攻大冥,死在城父。公子启主持退兵,说:"大王舍弃他的儿子而让位,群臣岂敢忘记大王? 当时听从大王的命令,这是顺乎情理的;现在立大王的儿子为君,也是顺乎情理的。两种顺从都不可丢失。"于是和公子宜申、公子结商量,秘密调动部队,封锁各处道路,迎接越王句践的女儿所生的公子章,立其为君,然后退兵。

公子章就是楚惠王。

是岁也,有云如众赤鸟,夹日以飞三日。楚子使问诸周大史。周大史曰:"其当王身乎! 若禜之,可移于令尹、司马。"王曰:"除腹心之疾,而置诸股肱,何益? 不穀不有大过,天其夭诸? 有罪受罚,又焉移之?"遂弗禜。

初,昭王有疾。卜曰:"河为祟。"王弗祭。大夫请祭诸郊。王曰:"三代命祀,祭不越望。江、汉、雎、漳,楚之望也。祸福之至,不是过也。不穀虽不德,河非所获罪也。"遂弗祭。

孔子曰:"楚昭王知大道矣。其不失国也,宜哉!《夏书》曰:'惟彼陶唐,帅彼天常,有此冀方。今失其行,乱其纪纲,乃灭而亡。'又曰:'允出兹在兹。'由己率常,可矣。"

关于楚昭王,老左还补叙了一笔——

这一年,有云彩如同一群红色的鸟,在太阳附近飞翔了三天。楚国人看不懂这是怎么回事,楚昭王便派人去请教王室的太史,回答是有灾祸,而且恐怕是降在楚昭王身上。如果要禳灾的话,可以转移到令尹或司马身上。楚昭王当即表示:"去除腹心(指自身)的疾病,却转移到股肱(指令尹和司马)之上,这有什么好处? 不穀如果没有重大的过失,上天岂能让我夭折? 如果是有罪而受到惩罚,又能移到哪里去?"于是不举行禳灾的祭祀。

当初,楚昭王得了病,占卜的人说:"那是黄河之神作祟。"楚昭王不祭祀。大臣们请求在郊外祭祀河神,楚昭王说:"夏、商、周三代制定的祭祀规矩,祭祀的范围不越过本国的名山大川。长江、汉水、雎水、漳水,是楚国的大川。福祸来到,不会超过它们。不穀即使没有德行,也不会得罪黄河之神啊!"最终没有祭祀。

孔子以为,楚昭王算是懂得大道了,他没有失掉国家,是应该的。《夏书》上说:"那位古代的陶唐,遵循天道伦常,拥有中国大地。现在这位却走上邪路,扰乱治国大纲,于是就被灭亡。"又说:"付出什么就得到什么。"由自身开始遵循天道,这就可以了。

八月,齐邴意兹来奔。

八月,齐国的邴意兹逃奔鲁国。

陈僖子使召公子阳生。阳生驾而见南郭且于,曰:"尝献马于季孙,不入于上乘,故又献此,请与子乘之。"出莱门而告之故。阚止知之,先待诸外。公子曰:"事未可知,反,与壬也处。"戒之,遂行。逮夜,至于齐,国人知之。僖子使子士之母养之,与馈者皆入。

冬十月丁卯,立之。将盟,鲍子醉而往。其臣差车鲍点曰:"此谁之命也?"陈子曰:"受命于鲍子。"遂诬鲍子曰:"子之命也!"鲍子曰:"女忘君之为孺子牛而折其齿乎,而背之也?"悼公稽首,曰:"吾子,奉义而行者也。若我可,不必亡一大夫;若我不可,不必亡一公子。义则进,否则退,敢不唯子是从?废兴无以乱,则所愿也。"鲍子曰:"谁非君之子?"乃受盟。使胡姬以安孺子如赖,去鬻姒,杀王甲,拘江说,囚王豹于句渎之丘。

齐国的乱局，始自齐景公立公子荼为嗣君。朝中大臣对这一安排多持反对态度，但是在高张、国夏的主持下，年幼的公子荼还是坐上了君位。当时，齐景公的几位公子纷纷出国逃难，公子嘉、公子驹、公子黔逃奔卫国，公子鉏、公子阳生逃奔鲁国。现在，高张和国夏被赶走，陈乞（谥僖）便派人去召公子阳生回国，准备立其为国君。

公子阳生驾车去见公子鉏（字且于，因住在曲阜的南郭，所以称为南郭且于），说："我曾经把马献给季孙肥，但是没能列入他们家的上等马，所以又准备献上这几匹，您跟我一起坐车试试它们吧。"两个人驾车出了莱门，等到四下无人，公子阳生才将消息告诉了公子鉏。公子阳生的家臣阚止知道这件事，先等在城外，想跟他一起回去。公子阳生对阚止说："事情究竟是怎么样，现在还不知道。你回去，跟壬待在一起。"也就是不让阚止随行，让他留在鲁国照顾自己的儿子公孙壬。

公子阳生从鲁国出发，回到临淄是晚上。他想趁天黑偷偷进城，不让别人知道，实际上临淄很多人都知道了，只是大伙都不想坏了陈乞的大事，所以也没有人说破。陈乞将公子阳生藏在自己家里，让子士的母亲照料他——子士是陈乞的儿子，子士的母亲则为陈乞的小妾，这种照顾也是够意思了。

不久之后，公子阳生跟着送食物的人潜入公宫。十月二十四日，公子阳生被立为国君，也就是齐悼公。按惯例，齐悼公将要与诸位大夫结盟，鲍牧喝醉了前往。他的家臣差车（管理车辆的家臣）鲍点问："这是谁的命令？"陈乞见鲍牧已经烂醉，张口便说："这就是鲍子的命令啊！"于是抓住鲍牧，一个劲儿地赖在他身上："这就是您的命令。"没想到，鲍牧还清醒着，说："你忘了先君给孺子当牛而摔断牙齿吗？现在却要背叛先君吗？"

孺子即指公子荼。在《左传》的文字中，孺子有三种意思：一是少主，不管是否成年都可以称为孺子，如鲁襄公二十三年，栾盈从齐国潜回晋国，被人称为"栾孺子"。二是小妾，鲁哀公三年，季孙斯称自己的侧室南氏为"南孺子"。三是特指未成年的继承人。齐景公在位五十八年，公子茶出生的时候已经垂垂老矣。他对这孩子委实宠爱,曾经伏在地上,装作一头老牛,让公子茶牵着玩,一不小心摔断了牙齿。所谓"俯首甘为孺子牛",最初的出处就在这里,体现的是老父亲对小儿子的舐犊之情。

鲍牧这样说,显然是不同意废掉公子茶,场面一时有点尴尬。齐悼公很聪明,当即向鲍牧叩首说:"您是奉行道义的。如果我可以为君,没有必要杀掉一位大夫(指鲍牧);如果我不可以为君,也没有必要杀掉一位公子(指自己)。合于道义则进,不合则退,岂敢不对您唯命是从? 废谁立谁,都不要因此而发生动乱,这就是我的愿望。"鲍牧长叹了一声:"谁不是先君之子呢?"这便是认可了齐悼公。于是接受了盟约,让齐景公的侧室胡姬带着公子茶(即安孺子)去赖地,将公子茶的母亲鬻姒遣送其他地方。齐景公的三位宠臣,王甲被杀,江说被拘,王豹被囚禁在句渎之丘。作为一场政治斗争,这样的结果并不算残酷。但是,事情不会那么简单。

公使朱毛告于陈子,曰:"微子,则不及此。然君异于器,不可以二。器二不匮,君二多难,敢布诸大夫。"僖子不对而泣,曰:"君举不信群臣乎? 以齐国之困,困又有忧,少君不可以访,是以求长君,庶亦能容群臣乎! 不然,夫孺子何罪?"毛复命,公悔之。毛曰:"君大访于陈子,而图其小可也。"使毛迁孺子于骀。不至,杀诸野幕之下,葬诸殳冒淳。

齐悼公派大夫朱毛对陈乞说:"如果没有您,寡人就不会有今天。然而,国君不同于器物,不能有两个。器物有两个,那是不匮乏;国君有两个,那是多灾难。谨敢告知。"意思很明白,不能容许公子茶还活着。陈乞先是哭着不说话,然后说:"国君对臣下都不相信吗? 像齐国这样处于困境,又有各种忧患,年幼的国君不可以向他请示汇报,所以才找来了年长的,应该还是能够宽容群臣吧! 否则的话,那小孩子有什么罪过啊?"陈乞倒不是真的同情公子茶,只是对于他来说,一国有二君又有什么问题呢？正好借助公子荼来制约齐悼公，陈氏好从中获利。

朱毛回去复命，齐悼公便后悔。朱毛说："国君大事咨询陈乞，小事自己决定就是了。"齐悼公便顺水推舟，派朱毛将公子荼迁到骀地。还没有到骀地，朱毛将公子荼杀死在野外的帐篷里，葬在殳冒淳（地名）。

鲁哀公七年

公元前 488 年，鲁哀公七年。

七年春，宋师侵郑，郑叛晋故也。

晋师侵卫，卫不服也。

七年春天，宋军入侵郑国，这是因为郑国背叛了晋国。

晋军入侵卫国，这是因为卫国不服。

长期以来，中原的国际形势是晋、楚称霸，其他国家或从晋，或从楚，或左右逢源，虽然纷争不断，但是总体上还能保持稳定。近年来，楚国遭到吴国打击，实力大减；晋国六卿内斗，自身不稳。两巨头实际上已经失去了对诸侯的控制，国际形势一天比一天混乱。宋国曾经是晋国的铁杆拥趸，亦于鲁定公十四年背叛晋国，转而与齐国眉来眼去。宋国与郑国之间积怨颇深，双方时有冲突。现在宋军入侵郑国，说是因为郑国背叛了晋国，实际上是怎么回事，大伙都是心知肚明的。至于卫国不服晋国，那是因为晋国扶持蒯聩，想要取卫出公而代之，矛盾无法调和。

夏,公会吴于鄫。吴来征百牢,子服景伯对曰:"先王未之有也。"吴人曰:"宋百牢我,鲁不可以后宋。且鲁牢晋大夫过十,吴王百牢,不亦可乎?"景伯曰:"晋范鞅贪而弃礼,以大国惧敝邑,故敝邑十一牢之。君若以礼命于诸侯,则有数矣。若亦弃礼,则有淫者矣。周之王也,制礼,上物不过十二,以为天之大数也。今弃周礼,而曰必百牢,亦唯执事。"吴人弗听。景伯曰:"吴将亡矣,弃天而背本。不与,必弃疾于我。"乃与之。

天下纷乱之际,鲁国想到要抱吴国的大腿,而吴国也想入主中原。这一年夏天,"公会吴于鄫",也就是鲁哀公与吴国人在鄫地会面。吴国人是谁?当然是吴王夫差。会面的时候,吴国人要求鲁国准备百牢的大礼。周礼有明确规定,接待诸侯用七牢之礼,接待卿大夫用五牢之礼,百牢大礼不只是前所未闻,简直是突破了人们的想象力。子服何代表鲁国回答:"这是先王都没有过的事情。"吴国人说:"宋国以百牢之礼对待我们,鲁国不可以比宋国少。而且鲁国享晋国大夫各超过十头,吴王享用百牢,不也是可以的吗?"

宋国何时对吴王使用百牢之礼,《春秋》和《左传》均无记载,从吴国人强硬的态度来看,未尝不是事实。至于"鲁牢晋大夫过十",那是鲁昭公二十一年士鞅访鲁时发生的事,当时已经被认为是史无前例,士鞅也因此背上老饕的骂名。子服何据理力争:"晋国士鞅贪婪而抛弃礼仪,拿大国来压敝国,所以敝国对他用十一牢之礼。君王若是以礼来命令诸侯,那该用多少牢礼,是有定数的。如果也抛弃礼仪,那就比士鞅还过分了。周朝称王天下,制定礼仪,上等物品的数量不超过十二,认为这是上天的大数。而今抛弃周礼,说一定要百牢,那也只能听你们的了。"吴国人压根不听他的争辩。子服何说:"吴国快要灭亡了,抛弃上天而忘了老本。如果不答应他们的要求,必定会加害我们。"于是答应下来,给吴王夫差奉上了百牢之礼。

大宰嚭召季康子，康子使子贡辞。大宰嚭曰："国君道长，而大夫不出门，此何礼也？"对曰："岂以为礼，畏大国也。大国不以礼命于诸侯，苟不以礼，岂可量也？寡君既共命焉，其老岂敢弃其国？大伯端委以治周礼，仲雍嗣之，断发文身，赢以为饰，岂礼也哉？有由然也。"反自郓，以吴为无能为也。

> 吴国太宰伯嚭召季孙肥到郓地，季孙肥派子贡去拒绝。伯嚭说："国君走那么远去会面，大夫却不肯出门，这是什么礼？"子贡在孔门弟子中，以干练、善辩、善于经商而闻名，当下回答："岂敢以此为礼？主要是畏惧大国。大国不以礼来命令诸侯，只要是不用礼，那后果就能预测了。寡君既然已经奉命前来，他的大臣岂敢不留守国内？当年吴太伯穿着玄端之衣，戴着委貌之冠在荆蛮之地推行周礼。仲雍继承他的君位，剪断头发，文上文身，作为裸体的装饰，这难道也是礼吗？是因为有原因才这样做的。"吴太伯从中原到江南，谨守中原的礼仪。到了仲雍这一代，不得不入乡随俗，推行"周礼的本土化"。子贡以此为例，说明礼是随着情况的变化而变化的。吴国不以礼对鲁国，鲁国就必须有所防备，自然也不能以礼对吴国。
>
> 从郓地回来，子贡便认定：吴国是干不出什么大事的。

季康子欲伐邾，乃飨大夫以谋之。子服景伯曰："小所以事大，信也；大所以保小，仁也。背大国，不信；伐小国，不仁。民保于城，城保于德。失二德者，危，将焉保？"孟孙曰："二三子以为何如？恶贤而逆之？"对曰："禹合诸侯于涂山，执玉帛者万国。今其存者，无数十焉，唯大不字小、小不事大也。知必危，何故不言？鲁德如邾，而以众加之，可乎？"不乐而出。

吴国既然干不出什么大事，鲁国便不用太担心吴国了。季孙肥想要讨伐邾国，就设宴招待诸位大臣来商量这件事。子服何说："小国用来侍奉大国的，是信。大国用来保护小国的，是仁。背叛大国，是为不信。讨伐小国，是为不仁。百姓用城池来保护，城池用德行来保护。丢掉仁信二德，那就危险了，还怎么保护？"仲孙何忌说："你们几位意见怎么样？谁的意见是明智的，我就接受。"大夫们回答："从前大禹在涂山会合诸侯，手里拿着玉帛的诸侯有一万多个，现在这些国家还存在的，没有几十个了。这就是因为大国不保护小国，小国不侍奉大国。知道事情必然有危险，为什么不说？鲁国的德行和邾国一样，而用大军去讨伐它，这样做可以吗？"最终不欢而散。

秋，伐邾，及范门，犹闻钟声。大夫谏，不听。茅成子请告于吴，不许，曰："鲁击柝闻于邾，吴二千里，不三月不至，何及于我？且国内岂不足？"成子以茅叛，师遂入邾，处其公宫。众师昼掠，邾众保于绎。师宵掠，以邾子益来，献于亳社，囚诸负瑕，负瑕故有绎。

邾茅夷鸿以束帛乘韦自请救于吴，曰："鲁弱晋而远吴，冯恃其众，而背君之盟，辟君之执事，以陵我小国。邾非敢自爱也，惧君威之不立。君威之不立，小国之忧也。若夏盟于鄫衍，秋而背之，成求而不违，四方诸侯其何以事君？且鲁赋八百乘，君之贰也；邾赋六百乘，君之私也。以私奉贰，唯君图之。"吴子从之。

不管大伙意见如何，鲁国还是进攻了邾国，季康子亲自出马，长驱直入到邾国首都外城的范门。这个时候，邾国竟然没有组织防御，站在城外还能听到城内的钟声。邾国大夫都劝邾隐公（名益）停止作乐，整兵抗战，邾隐公不听。茅夷鸿（成子）请求向吴国求援，邾隐公也不同意，说："鲁军击柝的声音都听得清清楚楚了，吴国在两千里之外，没有三个月到不了这里,对我们来说有什么用? 而且,国内的力量难道就不够?"茅夷鸿一怒之下,在茅地发动叛乱。鲁军于是攻入郑城,驻扎在郑国的公宫,各军大白天就到处掠夺财物。郑国军民退保绎城。鲁军半夜发动进攻,俘虏了郑隐公,将他带到曲阜,进献到亳社,又囚禁在负瑕。所以负瑕至今都有绎人居住。

茅夷鸿叛君不叛国,自己拿着五匹帛和四张熟牛皮去吴国求援,说:"鲁国以为晋国衰落而吴国遥远,凭借着人多势众,背弃了和大王订立的盟约,蔑视大王的办事人员,以此欺凌我们小国。郑国不是敢自怜自爱,而是怕大王的威信不能建立。大王的威信不能建立,是我们这些小国最担心的。如果夏天在鄪地结盟,秋天就背弃,想怎么着就怎么着,也没人去管,四方的诸侯还怎么侍奉大王? 而且,鲁国有兵车八百乘,只不过是大王的副手;郑国有兵车六百乘,却是大王的私属。将私属奉送给副手,这样的事情,请大王三思!"

吴王夫差答应了茅夷鸿的请求。

宋人围曹,郑桓子思曰:"宋人有曹,郑之患也,不可以不救。"冬,郑师救曹,侵宋。

初,曹人或梦众君子立于社宫,而谋亡曹,曹叔振铎请待公孙强,许之。旦而求之,曹无之。戒其子曰:"我死,尔闻公孙强为政,必去之。"及曹伯阳即位,好田弋。曹鄙人公孙强好弋,获白雁,献之,且言田弋之说,说之。因访政事,大说之。有宠,使为司城以听政。梦者之子乃行。

强言霸说于曹伯,曹伯从之,乃背晋而奸宋。宋人伐之,晋人不救。筑五邑于其郊,曰黍丘、揖丘、大城、钟、邘。

宋国进攻曹国。郑国的国参(字子思,谥桓)说:"宋国人如果得到了曹国,是郑国的忧患,不可以不救。"冬天,郑军救援曹国,进攻宋国。

当初,曹国有人梦见一伙贵族站在社庙的墙外,商量灭亡曹国的事。曹国的先祖曹叔振铎请求等公孙强来,大伙答应了。早晨起来寻找,曹国却没有公孙强这号人。这个人便告诫自己的儿子:"我死之后,如果听到公孙强执政,一定要离开曹国。"等到曹伯阳即位,喜欢打猎射鸟。曹国边境上有个公孙强喜欢射鸟,打了一只白雁献给国君,而且交流了一下打猎射鸟的技巧,曹伯阳大喜。又问他一些国家政事,居然应对得体,曹伯阳更加喜欢他。这个人从此受宠,被任命为司城来执政。那个做梦的人的儿子听到消息,就离开了曹国。

公孙强当了执政之后,便向曹伯阳说如何称霸的策略。终春秋之世,曹国就是一个三流国家,只不过因为是曹叔振铎(周武王的弟弟)之后,人家才给它几分薄面,没有灭掉它罢了。所谓称霸的策略,对曹国来说不啻于一剂太猛的春药。然而,一个敢说,一个敢听;一个敢开药,一个就敢吃。曹伯阳于是背叛晋国,侵犯宋国。宋国讨伐曹国,晋国人也不管。公孙强为了抵御宋军,一口气在曹国首都陶丘郊外建了五座城堡,名叫黍丘、揖丘、大城、钟、邘。

鲁哀公八年

公元前 487 年,鲁哀公八年。

八年春,宋公伐曹将还,褚师子肥殿。曹人诟之,不行,师待之。公闻之,怒,命反之,遂灭曹,执曹伯阳及司城强以归,杀之。

八年春,宋景公讨伐曹国,将要回师的时候,派褚师子肥殿后。宋国虽然不如晋国、楚国、齐国、吴国强大,但是在曹国面前还是一个庞然大物。宋军撤走,本来是件好事,无奈曹国此时得了"称霸妄想症",自信心爆棚,跟在宋军后面大肆辱骂。褚师子肥受不了这个气,于是停下来不走。全军都在等待殿后部队,宋景公听说这件事,大怒,下令杀回去,于是就灭了曹国,将曹伯阳以及公孙强抓回宋国,并处死了他们。

有必要多说一句,曹国那个地方,现在叫作曹县。

吴为邾故,将伐鲁,问于叔孙辄。叔孙辄对曰:"鲁有名而无情,伐之,必得志焉。"退而告公山不狃。公山不狃曰:"非礼也。君子违,不适仇国。未臣而有伐之,奔命焉,死之可也。所托也则隐。且夫人之行也,不以所恶废乡。今子以小恶而欲覆宗国,不亦难乎? 若使子率,子必辞,王将使我。"子张疾之。王问于子泄,对曰:"鲁虽无与立,必有与毙;诸侯将救之,未可以得志焉。晋与齐、楚辅之,是四仇也。夫鲁,齐、晋之唇,唇亡齿寒,君所知也,不救何为?"

鲁定公十二年,子路"堕三都"的时候,叔孙辄(字子张)和公山不狃(字子泄)发动叛乱,事败后逃奔齐国,后来又来到吴国。吴王夫差为了邾国的事,将要讨伐鲁国,向叔孙辄询问相关情况。叔孙辄回答:"鲁国有名而无实,进攻他们,一定可以如愿。"退下来之后告诉公山不狃。公山不狃说:"这是不合礼的。君子离开祖国,不去与祖国有仇的国家。对国家未尽臣下之礼,而又讨伐它,为此而奔命,那就可以去死了。(吴王)对您有这样的命令,您应该回避。而且,一个人背井离乡,不应该因为怨恨而祸害它。现在您因为小小的怨恨就要颠覆祖国,不也是很难理解的吗? 如果要您做前锋引导全军进攻鲁国,您一定要推辞。吴王将让我去。"叔孙辄听了,自觉失言,懊悔不已。吴王又就此事问公山不狃的意见,公山不狃说:"鲁国虽然没有平日亲近的国家,危难的时候却一定有同仇敌忾的国家。诸侯将救援鲁国，大王不可以如愿。晋国、齐国、楚国帮助，这就是四个敌国了。鲁国是齐国和晋国的嘴唇，唇亡齿寒的道理，您是知道的，它们不救鲁国还能干什么?"

三月，吴伐我，子泄率，故道险，从武城。初，武城人或有因于吴竟田焉，拘鄮人之沤菅者，曰："何故使吾水滋?"及吴师至，拘者道之以伐武城，克之。王犯尝为之宰，澹台子羽之父好焉，国人惧。懿子谓景伯："若之何?"对曰："吴师来，斯与之战，何患焉? 且召之而至，又何求焉?"吴师克东阳而进，舍于五梧。明日，舍于蚕室。公宾庚、公甲叔子与战于夷，获叔子与析朱鉏，献于王。王曰："此同车，必使能，国未可望也。"明日，舍于庚宗，遂次于泗上。微虎欲宵攻王舍，私属徒七百人三踊于幕庭，卒三百人，有若与焉。及稷门之内，或谓季孙曰："不足以害吴，而多杀国士，不如已也。"乃止之。吴子闻之，一夕三迁。

公山不狃的话，并不能唬住吴王夫差。三月，吴军进攻鲁国，命公山不狃为前导。公山不狃故意领着吴军走险路，经过武城。当初，武城有人在吴国边境上种田，拘捕了在那里浸泡菅茎（菅茎浸泡之后可以搓绳，编草鞋）的鄮国人，说："为什么要把我的水弄脏?"等到吴军杀到，被拘捕的人为吴军领路进攻武城，将它攻了下来。吴国大夫王犯曾经投奔鲁国，当过武城宰，澹台灭明（字子羽，孔子的学生）的父亲和他关系很好。武城陷落后，鲁国人都很害怕，以为是王犯带兵杀过来，而且鲁国有人当内应。仲孙何忌问子服何："怎么办?"子服何说："吴军来了就跟他们战斗，有什么好怕的? 再说是我们非要进攻邾国，把他们招过来的，夫复何求?"吴军攻克东阳后继续进军，驻扎在五梧。第二天驻扎在蚕室。公宾庚、公甲叔子和吴军在夷地作战，吴军杀死了公甲叔子和析朱鉏，将他们的尸体献给夫差。夫差说："这是同一辆战车上的，都死战不退，鲁国一

267　　　第十四章　鲁哀公

定使用了能人，这个国家还不能觊觎呢。"又过一天，吴军驻扎在庚宗，于是待在泗水之滨。鲁国大夫微虎打算夜袭吴王的住处，从自己的私属步兵七百人中选拔勇士，命他们在帐外的空地上跳高三次，最后选了三百人，孔子的学生有若（名若，字子有）也在其中。这支队伍行进到曲阜的稷门，有人对季孙肥说："这样做不足以危害吴国，反倒让许多有才能的人送死，不如不干。"季孙肥于是下令阻止他们。夫差得到情报，一天晚上搬了三次住处。

吴人行成，将盟，景伯曰："楚人围宋，易子而食，析骸而爨，犹无城下之盟；我未及亏，而有城下之盟，是弃国也。吴轻而远，不能久，将归矣，请少待之。"弗从。景伯负载，造于莱门。乃请释子服何于吴，吴人许之，以王子姑曹当之，而后止。吴人盟而还。

> 夫差觉得鲁国未可轻取，转而请求和谈。双方将要结盟的时候，子服何说："楚国人围攻宋国，宋国到了易子而食、析骨烧火做饭的地步，尚且没有签订城下之盟。我们还没到那个地步，却签订城下之盟，这是抛弃国家。吴军轻装前来，离他们国家又远，不能久留，很快就要回去了，请稍等一下。"这个建议没被接受。子服何便背着自己草拟的盟约，走到曲阜外城的莱门。季孙肥听说后，向吴国人提出要把子服何送到吴国去当人质，吴国人答应了。鲁国人又提出要吴国将王子姑曹送过来当人质，夫差不同意，干脆让子服何也回来了。双方最终结了盟，吴军撤回国内。

齐悼公之来也，季康子以其妹妻之，即位而逆之。季鲂侯通焉，女言其情，弗敢与也。齐侯怒。夏五月，齐鲍牧帅师伐我，取讙及阐。

> 当初，齐悼公逃亡鲁国的时候，季孙肥将自己的妹妹嫁给他。齐悼

公即位后，派人来迎接季姬到齐国享福。不料就在齐悼公离开的这段时间，这个女人耐不住寂寞，竟然和自己的叔叔季鲂侯私通，而且还很有可能怀上了孩子。当她将实情告诉季孙肥，季孙肥无论如何也不敢将她交给齐国人。齐悼公为此而大怒。五月，齐国的鲍牧带兵讨伐鲁国，攻取了谨地和阐地。

或谮胡姬于齐侯，曰："安孺子之党也。"六月，齐侯杀胡姬。

胡姬是齐景公的侧室，曾经受命在赖地照顾安孺子，也就是公子荼。有人在齐悼公面前诬陷胡姬，说她和公子荼是一伙的。六月，齐悼公杀了胡姬。

齐悼公的气量，从这件事上可以看得很清楚。公子荼已经被他派人杀掉了，胡姬又不是公子荼的母亲，只不过是奉命照顾了他一段时间，就算是政治斗争，有必要对一个无辜的女人下毒手吗？

齐侯使如吴请师，将以伐我，乃归邾子。邾子又无道，吴子使大宰子余讨之，囚诸楼台，栫之以棘。使诸大夫奉大子革以为政。

秋，及齐平。九月，臧宾如如齐莅盟。齐闾丘明来莅盟，且逆季姬以归，嬖。

因为一个女人，齐国和鲁国闹掰，牙齿和嘴唇干起来了。齐悼公派人到吴国请求发兵，想要大举进攻鲁国。鲁国为了讨吴国欢心，赶紧将邾隐公送回国。有意思的是，邾隐公还是"无道"，胡作非为。吴王夫差派太宰伯嚭（字子余）讨伐他，将他囚禁在楼台里，用荆棘做成篱笆围起来，让邾国的大夫们拥戴世子革执政。

秋天，鲁国与齐国媾和。九月，鲁国大夫臧宾如到齐国接受盟约，齐国大夫闾丘明到鲁国接受盟约，同时将季姬接回齐国。

齐悼公竟然对这个女人很宠爱，也不知道是蒙在鼓里还是对绿帽子免疫。

鲍牧又谓群公子曰："使女有马千乘乎？"公子愬之。公谓鲍子："或譖子，子姑居于潞以察之。若有之，则分室以行；若无之，则反子之所。"出门，使以三分之一行；半道，使以二乘。及潞，麇之以入，遂杀之。

鲍牧又对各位公子说："要不要让你们哪一位拥有马车千乘啊？"

拥有马车千乘，那就是当国君了。鲍牧的意思，齐悼公能够当上国君，是我点头同意才行的，你们如果有这个心思，我也可以考虑帮忙。公子们听了，不敢隐瞒，到齐悼公那里投诉。齐悼公对鲍牧说："有人说您的坏话，您姑且住到潞地以等待调查。如果有这件事，您就把家产分一半带出国。如果没有这件事，就回到原来的地方去。"

乍一听，齐悼公还是蛮宽容的。只不过当鲍牧出门的时候，允许他带的家产就只有三分之一了；走到半路，只让他带着两辆车继续前进；到了潞地，将他绑起来进城，于是就杀了他。

冬十二月，齐人归谨及阐，季姬嬖故也。

十二月，齐国向鲁国归还了谨地和阐地，这是因为季姬受到宠爱的缘故。

该咋说呢，绿帽子真香？

鲁哀公九年

公元前 486 年, 鲁哀公九年。

九年春, 齐侯使公孟绰辞师于吴。吴子曰: "昔岁寡人闻命, 今又革之, 不知所从, 将进受命于君。"

去年, 齐悼公因为鲁国不肯遣送季姬, 向吴国请求发兵进攻鲁国。后来鲁国同意季姬去齐国, 而且受到齐悼公宠爱, 两国关系恢复正常, 齐国还归还了鲁国的谨地和阐地。所以今年春天, 齐悼公派孟公绰到吴国, 辞谢吴国的援兵。吴王夫差说: "去年寡人听到了命令, 今年又改变了, 不知道该听从什么, 打算前去贵国接受君侯的命令。"言下之意, 就是要兴师问罪了。

齐悼公难道没听说过"请神容易送神难"吗?

郑武子剩之嬖许瑕求邑, 无以与之。请外取, 许之, 故围宋雍丘。宋皇瑗围郑师, 每日迁舍, 垒合。郑师哭。子姚救之, 大败。二月甲戌, 宋取郑师于雍丘, 使有能者无死, 以郑张与郑罗归。

武子剩即罕达。罕达字子剩, 又字子姚, 武为其谥号。

郑国罕达宠信的家臣许瑕请求封邑, 但是郑国已经没有空余的地方给他。许瑕请求取之于外国, 罕达答应了。所以郑军包围了宋国的雍丘。宋国的皇瑗带兵反包围郑军，每天换一个地方扎营，将营垒连成一个闭合的包围圈。郑军看到这种情况，都大哭。罕达前去救援，大败。二月十四日，宋国在雍丘全歼郑军，只让有才能的人活命，将郑张与郑罗带回了首都睢阳。

夏，楚人伐陈，陈即吴故也。

夏天，楚军讨伐陈国，这是因为陈国亲近吴国的缘故。

宋公伐郑。

宋景公讨伐郑国。

秋，吴城邗，沟通江、淮。

秋天，吴国在邗地筑城，沟通长江与淮水，这就是中国有史料记载的第一条运河——邗沟。从此，吴国的水军就不只在江南活动，而是能够通过运河进入淮河流域，直接威胁山东大地了。

晋赵鞅卜救郑，遇水适火，占诸史赵、史墨、史龟。史龟曰："是谓沉阳，可以兴兵，利以伐姜，不利子商。伐齐则可，敌宋不吉。"史墨曰："盈，水名也；子，水位也。名位敌，不可干也。炎帝为火师，姜姓其后也。水胜火，伐姜则可。"史赵曰："是谓如川之满，不可游也。郑方有罪，不可救也。救郑则不吉，不知其他。"阳虎以《周易》筮之，遇《泰》☲之《需》☲，曰："宋方吉，不可与也。微子启，帝乙之元子也。宋、郑，甥舅也。祉，禄也。若帝乙之元子归妹而有吉禄，我安得吉焉？"乃止。

晋国的赵鞅打算救援郑国，为此占卜，结果是"遇水适火"，也就是水流向火的意思——这是古代用龟甲占卜的术语，具体是什么意思，现在已经无从考察了。赵鞅向史赵、史墨、史龟三位大师求解。

史龟说："这叫作阳气下沉，可以兴兵，有利于讨伐姜姓之国，不利于讨伐子姓的商国。"姜姓是指齐国，子姓的商国是指宋国。说白了，攻打齐国是可以的，和宋国为敌就不利。

史墨说："盈，是水的名字；子，是水的方位。名称和方位相当，不能触犯。炎帝是火师，姜姓是他的后裔。水胜火，讨伐姜姓是可以的。"史墨这句话甚是难解。一般认为，盈可能是古代的水名。盈与嬴同音，而晋国的赵氏出自嬴姓，代表了水名。同时，古人以十二地支配方位，子和亥在北方，属于水位。史墨据此以为，赵鞅攻打宋国是以水攻水，攻打齐国是以水攻火，当然应该选取后者。

史赵说："这个是说，就好比河里水满了，不可以去游泳。郑国正有罪，不可以去救它。反正救郑国是不吉的，其他的就不知道了。"

阳虎用《周易》占筮，结果是"遇《泰》之《需》"。《泰》卦的上卦是《坤》，下卦是《乾》。《泰》卦的第五爻由阳变阴，则变成了上卦是《坎》；下卦不变，还是《乾》，构成一个《需》卦。《泰》卦第五爻的爻辞："帝乙归妹，以祉，元吉。"帝乙是商纣王的父亲，他的女儿（妹不是妹妹，而是少女）出嫁，受福禄而大吉。所以阳虎说："宋国正在吉利的时候，不能与之为敌。宋微子启，是帝乙的长子。宋国和郑国，是甥舅之国（宋国的公主嫁到郑国）。福祉，就是爵禄。如果帝乙的大儿子嫁女儿而有吉利的爵禄，我们还攻打他们，哪里能够吉利？"

所以，赵鞅就打消了救援郑国的念头。

冬，吴子使来儆师伐齐。

冬天，吴王夫差派使者到鲁国，通知鲁国准备出兵讨伐齐国。

鲁哀公十年

公元前 485 年,鲁哀公十年。

十年春,邾隐公来奔。齐甥也,故遂奔齐。

十年春,邾隐公逃脱了吴国人的监管,逃到鲁国。邾隐公的母亲是齐国人,所以他又逃到了齐国。

公会吴子、邾子、郯子伐齐南鄙,师于鄎。

齐人弑悼公,赴于师。吴子三日哭于军门之外。徐承帅舟师将自海入齐,齐人败之,吴师乃还。

鲁哀公会同吴王夫差、邾子、郯子进攻齐国南部边境,大军驻扎在鄎地。这里的邾子,想必不是邾隐公,而是邾隐公的继任者。

齐国人杀了齐悼公,并讣告联军。据司马迁记载,杀齐悼公的是鲍牧。但是根据老左的记载,鲍牧已经被齐悼公杀掉了。结合齐国当时的政局来推测,这次弑君事件的幕后主使,很有可能是陈乞。对于陈氏一族来说,杀掉齐悼公来取悦吴王夫差,以解除齐国的危机,何乐而不为?然而,吴王夫差并不像他们想象中那么简单。得知齐悼公的死讯,夫差连续三日在军门外号哭。当然也不是真哭,而是按照诸侯相吊的礼仪有意为之。与此同时,吴国大夫徐承带领的水军沿海北上,在胶东半岛登陆，直插齐国后方。这应该是中国有史以来第一次渡海登陆作战，吴国的实力，委实不可小觑。不过，齐国人打败了这支登陆部队。夫差见胜利无望，也就撤军了。

夏，赵鞅帅师伐齐，大夫请卜之。赵孟曰："吾卜于此起兵，事不再令，卜不袭吉。行也！"于是乎取犁及辕，毁高唐之郭，侵及赖而还。

夏天，晋国的赵鞅带兵讨伐齐国，大夫们请求为此占卜。赵鞅说："我去年为此已经占卜过，同一件事情不能两次占卜，占卜也不见得能够再度吉利，出发吧！"于是攻占了齐国的犁地和辕地，摧毁高唐的外城，入侵至赖地，然后回来。

秋，吴子使来复儆师。

秋天，吴王夫差派使者再次通知鲁国准备出兵讨伐齐国。

冬，楚子期伐陈，吴延州来季子救陈，谓子期曰："二君不务德，而力争诸侯，民何罪焉？我请退，以为子名，务德而安民。"乃还。

冬天，楚国司马公子结讨伐陈国，吴国派延州来季子救援陈国。前面说过，老吴王寿梦的幼子季札曾获封延陵，人称延陵季子；后来又获封州来，人称州来季子，或延州来季子。但是，寿梦去世是在鲁襄公十二年，至今已有七十七年。当时季札不肯继承君位，想必也有十来岁。以此推算，此时的季札至少是九十岁了。无论如何，夫差都不可能派一位九十岁的前辈去打仗。所以后人推测，这位延州来季子当为季札的子孙，仍旧延续季札的称谓。他对公子结说："两位国君都不致力于德行，却凭借武力争夺诸侯，老百姓有什么罪啊？我请求撤退，以此让您得到获胜者的好名声，请您致力于德行而安定百姓。"于是就撤军了。

鲁哀公十一年

公元前 484 年，鲁哀公十一年。

十一年春，齐为鄎故，国书、高无丕帅师伐我，及清。季孙谓其宰冉求曰："齐师在清，必鲁故也，若之何？"求曰："一子守，二子从公御诸竟。"季孙曰："不能。"求曰："居封疆之间。"季孙告二子，二子不可。求曰："若不可，则君无出。一子帅师，背城而战，不属者，非鲁人也。鲁之群室众于齐之兵车，一室敌车优矣，子何患焉？二子之不欲战也宜，政在季氏。当子之身，齐人伐鲁而不能战，子之耻也，大不列于诸侯矣。"季孙使从于朝，俟于党氏之沟。武叔呼而问战焉。对曰："君子有远虑，小人何知？"懿子强问之，对曰："小人虑材而言，量力而共者也。"武叔曰："是谓我不成丈夫也。"退而蒐乘。孟孺子泄帅右师，颜羽御，邴泄为右。冉求帅左师，管周父御，樊迟为右。季孙曰："须也弱。"有子曰："就用命焉。"季氏之甲七千，冉有以武城人三百为己徒卒，老幼守宫，次于雩门之外。五日，右师从之。公叔务人见保者而泣，曰："事充，政重，上不能谋，士不能死，何以治民？吾既言之矣，敢不勉乎！"

十一年春，齐国因为上年鲁国帮助吴国进攻了鄎地，派国书、高无丕带兵讨伐鲁国，抵达清地。季孙肥对他的家宰冉求（孔子门生，字子有，

又称冉有，或尊称冉子）说："齐军在清地，必定是为了鲁国而来，怎么办？"冉求说："你们三位卿，一位居守国内，两位跟随国君到边境抵御他们。"季孙肥说："不行。"意思是，我没有这个能力安排仲孙何忌和叔孙州仇去打仗。冉求说："那就在首都近郊组织防御。"季孙肥告诉了仲孙何忌和叔孙州仇，他们都不同意。季孙肥退朝后再征求冉求的意见，冉求说："如果不可以的话，那就让国君不要出战。一位卿率领军队，背城而战，不参加的就不算是鲁国人。鲁国大夫之家的兵车多于来犯的齐军，您一家的兵车就已经比齐军多了，您有什么好怕的？他们两位不想作战也可以理解，鲁国的政权在季氏手里。您在世的时候，齐国人攻打鲁国而您却不能作战，这是您的奇耻大辱，鲁国也无脸跻身于诸侯了。"

第二天上朝，季孙肥让冉求跟着一起去，在大夫党氏的宅子与公宫之间的天沟里等着。叔孙州仇看到冉求，就喊他过来，问他关于作战的意见。冉求说："君子自有远谋深算，小人哪里知道？"仲孙何忌硬要他回答，冉求便说："小人是考虑了才能才说话，估算了力量才出力的。"这句话说得很有技巧，表面上是说自己量力而行，实际上是说对方不足与谋，懒得回答。叔孙州仇听懂了，说："这是说我不是个大丈夫。"回去就检阅战车，准备作战。

鲁军终于出战。孟氏的少主仲孙彘（即原文所谓"孟孺子"，仲孙何忌之子，字泄，谥武，又称孟武伯）率领右军，颜羽为御戎，邴泄为戎右。冉求率领左军，管周父御戎，樊迟（孔子门生，字须）为戎右。季孙肥担心樊迟年少，不能胜任。冉求说："我选择他是因为他能用命。"季氏派出甲士七千人，冉求带着三百名武城人作为自己的步兵，老人和小孩留守宫室，驻扎在曲阜的雩门（南门）之外。过了五天，仲孙彘的右军才跟上来。公叔务人（即鲁昭公的儿子公为）看到守城的将士就哭，说："徭役繁重，课税繁多，上层不能谋划，战士不能拼命，拿什么治国？"又说："我既然这么说了，敢不努力吗？"意思是，我批评了这个国家，那我就得为这个国家拼一把，不能活成自己讨厌的样子。

师及齐师战于郊。齐师自稷曲,师不逾沟。樊迟曰:"非不能也,不信子也,请三刻而逾之。"如之,众从之。师入齐军。

右师奔,齐人从之。陈瓘、陈庄涉泗。孟之侧后入以为殿,抽矢策其马,曰:"马不进也。"林不狃之伍曰:"走乎?"不狃曰:"谁不如?"曰:"然则止乎?"不狃曰:"恶贤?"徐步而死。

师获甲首八十,齐人不能师。宵谍曰:"齐人遁。"冉有请从之三,季孙弗许。

孟孺子语人曰:"我不如颜羽,而贤于邴泄。子羽锐敏,我不欲战而能默,泄曰:'驱之。'"公为与其嬖僮汪锜乘,皆死,皆殡。孔子曰:"能执干戈以卫社稷,可无殇也。"冉有用矛于齐师,故能入其军。孔子曰:"义也。"

鲁军和齐军在曲阜郊外交战。齐军从稷曲发动进攻,鲁军都躲在营垒里,不肯越过壕沟迎战。樊迟说:"不是不能作战,而是不相信您,请您申明号令三次,然后带头越过壕沟。"冉求照他的话去做,左军将士果然都跟着他发起冲锋,杀进了齐军阵营。

与此同时,鲁国右军却毫无战意,不战自逃。齐军发动追击,齐国大夫陈瓘、陈庄渡过泗水。事实上,鲁国人并不都是懦夫。逃跑的时候,鲁国大夫孟之侧(字反)最后一个回城,为右军殿后,抽出箭来打自己的马,说:"不是我想殿后,是马不肯跑。"还有一位鲁国下级军官的表现可圈可点,他叫林不狃。右军奔逃的时候,林不狃的伙伴问他:"逃吗?"林不狃说:"逃跑谁不会啊?"伙伴又问:"既然这样,那就停下来?"林不狃说:"停下来抵抗就高明吗?"带着自己的队伍,保持队形,徐徐而退,全部战死。

在右军溃退的情况下,冉求的左军仍然大获全胜,斩获齐国甲士的首级八十,打得齐国人溃不成军。到了晚上,侦察人员报告说:"齐军逃跑了。"冉求三次请求追击,季孙肥都没有答应。

最让人无语的是仲孙彘，不战而逃之后，还洋洋得意地对别人说：
"我在战场上不如颜羽，但是强过邴泄。颜羽锐气十足，很想大打一场。
我不想作战，但是能保持沉默。邴泄却直接说：'赶紧打马逃跑吧。'"丝
毫不觉得脸红。

公叔务人和他宠爱的家僮汪锜同坐一辆战车，一起战死，都被人收
尸殡葬。孔子以为，能够拿起干戈来保卫国家，可以"无殇"——依照周
礼，未成年人死亡，其葬礼规格要低于成年人，谓之"殇"。但是，为国家
而死，不应该降级对待。对于孔子来说，礼从来不是一成不变的硬杠杠。
冉求亲自挥矛进攻齐军，所以能够突破齐军防线。孔子也表扬他："这是
合于道义的。"

夏，陈辕颇出奔郑。初，辕颇为司徒，赋封田以嫁公女；有余，以为己
大器。国人逐之，故出。道渴，其族辕咺进稻醴、粱糗、腶脯焉。喜曰：
"何其给也？"对曰："器成而具。"曰："何不吾谏？"对曰："惧先行。"

夏天，陈国大夫辕颇出逃郑国。

当初，辕颇担任司徒，将封地内的赋税收入用来给陈哀公的女儿办
嫁妆。还有剩余，就为自己铸造了一些钟、鼎之类的大器物。陈国人驱
逐他，所以只能出逃。路上口渴了，他的族人辕咺奉上甜米酒、小米粑、腌
肉干。辕颇又惊又喜，说："为什么会这么丰盛？"辕咺回答："那些器物铸
成的时候，就准备好了。"这一巴掌打得辕颇满脸通红，半天才问："既然
你知道会有这么一天，当初为什么不劝谏我？"辕咺便又给了他一巴掌：
"怕被你先赶走。"

有些人，做错事的时候，谁劝都没有用，一定要受到惩罚才知道后
悔，这叫不见棺材不落泪。当然，还有见了棺材也不落泪的。

为郊战故，公会吴子伐齐。五月，克博。壬申，至于嬴。中军从王，

胥门巢将上军，王子姑曹将下军，展如将右军。齐国书将中军，高无丕将上军，宗楼将下军。陈僖子谓其弟书："尔死，我必得志。"宗子阳与闾丘明相厉也。桑掩胥御国子，公孙夏曰："二子必死。"将战，公孙夏命其徒歌《虞殡》。陈子行命其徒具含玉。公孙挥命其徒曰："人寻约，吴发短。"东郭书曰："三战必死，于此三矣。"使问弦多以琴，曰："吾不复见子矣。"陈书曰："此行也，吾闻鼓而已，不闻金矣。"

甲戌，战于艾陵。展如败高子，国子败胥门巢，王卒助之，大败齐师，获国书、公孙夏、闾丘明、陈书、东郭书，革车八百乘，甲首三千，以献于公。

因为齐国入侵了鲁国曲阜的城郊，鲁国便死心塌地地站到了吴国一边，鲁哀公会同吴王夫差讨伐齐国。五月，联军攻克博城。二十五日，抵达嬴地。联军中军跟随吴王夫差，上军由胥门巢统领，下军由王子姑曹统领，右军由展如统领。齐国中军由国书统领，上军由高无丕统领，下军由宗楼（字子阳）统领。大战之前，齐军阵营内士气高涨——

陈乞对他的弟弟陈书（字子占）说："你死在战场上，我必定得志于齐国。"这话说得够直白的，陈家经营齐国多年，已经深得民心，如果再有人为国捐躯的话，声望更加上升，陈乞便好抓紧夺权。

宗楼与闾丘明互相鼓励对方战死。

桑掩胥为国书御戎，公孙夏说："你们二位必将战死。"

快要开始战斗了，公孙夏命令部下唱起《虞殡》，也就是送葬的挽歌，以示必死的决心。陈逆（字子行）命令部下准备好"含玉"，也就是死者口中放置的玉珠，据说可使阴魂不散。公孙挥命令部下："每个人都找绳子带上，吴人的头发短。"意思是要用绳子来贯穿斩获的首级。东郭书说："参战三次必死，这已经是第三次了。"派人拿琴去送给朋友弦多，说："我再也看不到您了。"陈书说："这一战，我听到鼓声而已，不会听到锣声了。"古人作战,闻鼓声而进,闻锣声而退,陈书的意思便是只去不回了。

齐国军营中的这种悲壮情绪,也从侧面说明一件事:吴军是前所未有的强敌。五月二十七日,两军在艾陵交战。展如率领的吴国右军击败了高无邳率领的齐国上军,国书率领的齐国中军击败了胥门巢率领的吴国上军。但是,当吴王夫差的王卒投入战斗,齐军就全线崩溃了,国书、公孙夏、闾丘明、陈书、东郭书均被吴军俘获,同时还有革车八百乘,甲士的首级三千领,都献给了鲁哀公。

值得一提的是,《左传》中写到的"获",有生擒,也有死获(即得到敌人的尸体)。原文所谓"获国书、公孙夏、闾丘明、陈书、东郭书",应该都是死获。否则的话,这些人也太对不住战前的豪言壮语了。

将战,吴子呼叔孙,曰:"而事何也?"对曰:"从司马。"王赐之甲、剑铍,曰:"奉尔君事,敬无废命!"叔孙未能对。卫赐进,曰:"州仇奉甲从君。"而拜。

艾陵之战前,吴王夫差呼叫叔孙州仇,说:"你担任什么职务?"叔孙州仇回答:"司马。"夫差便赐给他甲、剑铍,说:"认真办好国君的差事,不要辜负他的期望。"春秋时期,国君给臣下赐剑,意思是要他自杀。夫差当然不是要叔孙州仇自杀,而是要他奋勇杀敌,不做活着回来的打算。叔孙州仇怎么肯为鲁哀公卖命?对夫差的赏赐接也不是,不接也不是,又不敢说什么,场面极度尴尬。这时候,孔子的学生子贡(子贡是卫国人,名赐,所以原文写作"卫赐")上前替叔孙州仇解了围,说:"州仇敬受甲,跟随国君杀敌。"叔孙州仇赶紧下拜。

受甲而不受剑、铍,那就是告诉夫差:叔孙州仇不会逞英雄去死。

公使大史固归国子之元,置之新箧,裹之以玄纁,加组带焉。置书于其上,曰:"天若不识不衷,何以使下国?"

艾陵之战后,鲁哀公命人将国书的首级装在新的竹箧里,下面垫着红黑色的丝绸,还给竹箧装上纽带,派太史固送到齐国。竹箧上放着一封信,说:"上天如果不能识破非正义的行为,怎么会让下国得胜?"

吴将伐齐,越子率其众以朝焉,王及列士皆有馈赂。吴人皆喜,惟子胥惧,曰:"是豢吴也夫!"谏曰:"越在我,心腹之疾也,壤地同,而有欲于我。夫其柔服,求济其欲也,不如早从事焉。得志于齐,犹获石田也,无所用之。越不为沼,吴其泯矣。使医除疾,而曰'必遗类焉'者,未之有也。《盘庚之诰》曰'其有颠越不共,则劓殄无遗育,无俾易种于兹邑',是商所以兴也。今君易之,将以求大,不亦难乎!"弗听。使于齐,属其子于鲍氏,为王孙氏。反役,王闻之,使赐之属镂以死。将死,曰:"树吾墓槚,槚可材也。吴其亡乎! 三年,其始弱矣。盈必毁,天之道也。"

吴国将要出兵讨伐齐国的时候,越王句践带着他的臣下来朝见吴王夫差,而且上至吴王,下至普通士人,都得到了越国馈赠的财礼。吴国人都很高兴,唯有伍子胥害怕,说:"这是豢养吴国啊!"牲口养肥了,下一步就是宰杀。伍子胥劝谏夫差:"越国对于我国来说,就是心腹之患,同处一块土地而对我们怀有欲望。他们的柔顺臣服,是为了满足他们的欲望,不如早点对他们下手。我们得志于齐国,就好比得到了一块石头田,没有办法使用。越国不被夷为沼泽,吴国就会被越国消灭。请医生来治病,却说'一定要留下病根',没有这样的事。《盘庚之诰》(商王盘庚的诏书)说,'如果有猖狂捣乱不肯听命的,就杀了砍了不要留下后代,别让他们在这里延续种族'。这就是商朝中兴的原因。现在您却反其道而行之,打算用这种办法来追求霸业,这不也是很难的吗?"夫差不听。伍子胥便借出使齐国的机会,将自己的儿子托付给鲍氏,后来成为齐国的王孙氏。

夫差从艾陵回来,听说这件事,派人将属镂(剑名)赐给伍子胥。伍子胥便用这把剑自杀了,临死的时候留下遗言:"在我的坟墓上种植槚树,槚树可以成材。吴国恐怕是要灭亡了,三年以后,它就要衰落了。水满则溢,国满则毁,这是上天的常道。"

秋,季孙命修守备,曰:"小胜大,祸也,齐至无日矣。"

秋天,季孙肥下令整修守备,说:"小国战胜大国,是祸不是福。齐军很快就会来到了。"

鲁国帮助吴国打败齐国,却又害怕齐国报复,说明吴王夫差并没有真正建立起霸权,诸侯也没有指望吴国主持公道,维护和平。

冬,卫大叔疾出奔宋。初,疾娶于宋子朝,其娣嬖。子朝出。孔文子使疾出其妻,而妻之。疾使侍人诱其初妻之娣置于犁,而为之一宫,如二妻。文子怒,欲攻之,仲尼止之。遂夺其妻。或淫于外州,外州人夺之轩以献。耻是二者,故出。卫人立遗,使室孔姞。疾臣向魋,纳美珠焉,与之城鉏。宋公求珠,魋不与,由是得罪。及桓氏出,城鉏人攻大叔疾,卫庄公复之,使处巢,死焉。殡于郧,葬于少禘。

冬天,卫国的太叔疾出逃宋国。

当初,太叔疾娶宋国公子朝的女儿为妻,她的妹妹陪嫁,受到宠爱。公子朝逃亡国外,卫国大夫孔圉(就是《论语》里那位"敏而好学,不耻下问"的孔文子)要太叔疾休了妻子,而将自己的女儿孔姞嫁给他。太叔疾倒不在意妻子,而在意妻妹。娶了孔姞后,又派亲信劝诱前小姨子,将她安置在犁地,并且为她修建了宅子,如同妻子一般对待。那个时候的男人嘛,一妻多妾很正常。但是,同时拥有两个妻子,那就不是闹着玩的了。孔圉一怒之下，想要攻打太叔疾，被孔子劝住，于是将女儿抢了回来——没错，就是抢，足见孔圉有多愤怒。

太叔疾大概是管不住自己下半身的，经历了这样的事，居然又在外州（卫国地名）与别的女人通奸。外州人也不是吃素的，抢了他的马车献到帝丘，到处宣扬他的丑事。妻子被抢，车子又被抢，太叔疾受不了这种耻辱——这就是他出逃的原因。此后，卫国人让他的弟弟太叔遗继承了家业，并让太叔遗娶了孔姞为妻。

太叔疾到了宋国，做了向魋的家臣，将珍珠献给向魋。向魋一高兴，将城鉏给了他。不知怎么着，宋景公知道了这件事，向向魋索要珍珠。向魋不给，由此得罪宋景公。接下来是后话了——鲁哀公十四年，向魋逃亡国外，太叔疾失去靠山，遭到城鉏人的进攻。卫庄公又让他回去，住在宋国的巢地，后来就死在那里了。卫国人将他的灵柩接回国，殡于郸地，葬于少禘。

初，晋悼公子憖亡在卫，使其女仆而田。大叔懿子止而饮之酒，遂聘之，生悼子。悼子即位，故夏戊为大夫。悼子亡，卫人翦夏戊。

当初，晋悼公的儿子公子憖流亡卫国，让自己的女儿驾车去打猎。太叔申（懿子）制止他，请他喝酒，于是就娶了他的女儿，生了太叔疾（悼子）。太叔申死后，太叔疾继承家业，所以夏戊当了大夫。这位夏戊又是谁呢？老左在这里没有挑明，从后面的记载来看，应该是太叔申娶了公子憖的女儿，生了太叔疾和一个女儿。女儿嫁给夏氏，生了夏戊（字丁）。则夏戊是太叔疾的外甥。等到太叔疾逃亡，卫国人便削减了夏戊的爵位和封地。

孔文子之将攻大叔也，访于仲尼。仲尼曰："胡簋之事，则尝学之矣；甲兵之事，未之闻也。"退，命驾而行，曰："鸟则择木，木岂能择鸟。"文子

遽止之，曰："圉岂敢度其私，访卫国之难也。"将止，鲁人以币召之，乃归。

回想起来，孔圉将要进攻太叔疾的时候，曾经问过孔子的意见。孔子说："祭祀的事情，我是曾经学过的。打仗的事，我可没听过哦。"退下去，叫人驾上车就走，说："鸟可以选择树木栖息，树木岂能选择鸟？"孔圉知道自己错了，立刻挽留他，说："我岂敢为自己打算，为的是防止卫国动乱。"

孔子周游列国，多次在卫国逗留，想必是对卫国特别有感情的。这一次，他还打算留下来。可就在这个时候，鲁国派人来到卫国，带着财礼来请他回国，于是他就回去了。

季孙欲以田赋，使冉有访诸仲尼。仲尼曰："丘不识也。"三发，卒曰："子为国老，待子而行，若之何子之不言也？"仲尼不对，而私于冉有曰："君子之行也，度于礼：施取其厚，事举其中，敛从其薄。如是，则以丘亦足矣。若不度于礼，而贪冒无厌，则虽以田赋，将又不足。且子季孙若欲行而法，则周公之典在；若欲苟而行，又何访焉？"弗听。

召孔子回国，自然是季孙肥的主意，别人说了不算。季孙肥想要在鲁国推行改革，也就是"以田赋"。《左传》的记载中，鲁国已经有过"初税亩"和"作丘甲"的改革，这次的"以田赋"是什么意思，后人众说纷纭，而且缺乏佐证资料，所以也不便妄测，只能根据字面意思解释为：按田亩征税。可以肯定的是，这次改革增加了百姓的负担。当季孙肥命冉求来征求孔子的意见，问了三次，孔子都说："我不知道。"冉求大概是有点生气，说："您是国家的元老，等着您的意见好开展工作，为什么您不说话呢？"孔子还是不答，等到旁人都走开，却又私下对冉求说："君子办理政务，根据礼的原则来衡量，施舍力求丰厚，事情要做得适中，聚敛要尽量减轻。如果是那样，按丘征税（即按'作丘甲'的办法）也就足够了。如果不以礼来衡量,贪婪冒进不知道满足,那么就算按田亩征税,还是不够的。而且,季孙如果要办事而符合法度,那么有周公制定的法典在那里。如果想要随意办事,又征求什么意见呢?"

季孙肥当然没有听从孔子的意见。他请孔子回来,就是想让孔子出主意帮他推行赋税制度改革,而不是引经据典反对改革。所以,孔子又坐了冷板凳。

鲁哀公十二年

公元前483年,鲁哀公十二年。

十二年春王正月,用田赋。

尽管孔子反对,十二年正月,鲁国还是推行了田税制度改革。

夏五月,昭夫人孟子卒。昭公娶于吴,故不书姓。死不赴,故不称夫人。不反哭,故不言葬小君。孔子与吊,适季氏。季氏不绖,放绖而拜。

五月,鲁昭公的夫人孟子去世,《春秋》记载为:"孟子卒。"鲁昭公的夫人娶自吴国,吴国和鲁国同为姬姓,本来应该叫作"孟姬"才对。但是因为有"同姓不婚"的规矩,鲁国人为了避讳,故意没有记录夫人的姓。她死了也没有讣告各国,所以不称为夫人。下葬后没有回到宗庙里号哭,所以不写安葬小君。

难道仅仅因为是同姓结婚，所以才如此低调地办理孟子的丧事吗？当然不是。鲁国的实权全在"三桓"手中，其中又以季氏为尊。鲁昭公企图消灭季氏而功败垂成，被迫流亡国外，直至凄凉去世。季孙肥记恨鲁昭公，自然对鲁昭公夫人也不尊重，有意降低她的葬礼规格也就不足为奇了。孔子前去吊唁，到了季孙肥家里。季孙肥没有按照办丧事的规矩脱掉帽子，孔子也就脱掉丧服再下拜。

公会吴于橐皋，吴子使大宰嚭请寻盟。公不欲，使子贡对曰："盟，所以周信也，故心以制之，玉帛以奉之，言以结之，明神以要之。寡君以为苟有盟焉，弗可改也已。若犹可改，日盟何益？今吾子曰'必寻盟'，若可寻也，亦可寒也。"乃不寻盟。

艾陵之战后，夫差自信心爆棚，加快了称霸中原的步伐。这一年夏天，鲁哀公跑到吴国，在橐皋会见了夫差。夫差命太宰伯嚭请求重温鄫地的盟约。鲁哀公不愿意，因为就是在鄫地会见的时候，吴国向鲁国要求进献百牢之礼，鲁国人都认为是耻辱，现在重温盟约，不是揭伤疤嘛！

鲁哀公派子贡去应付，子贡对吴国人说："结盟是为了巩固信用，所以用诚心来牢记它，用玉帛来奉献它，用言语来完成它，用鬼神来约束它。寡君以为，只要是结了盟，那就不能更改了。如果可以更改，就算是天天结盟又有什么用？现在您说'一定要重温过去的盟约'，盟约如果可以重温，那它同样也是可以变冷的。"

说句不相干的话，这就好比现代人谈恋爱，当女孩子总是追问男孩子"你还像当初那样爱我吗"的时候，这份感情其实已经降温了。

吴征会于卫。初，卫人杀吴行人且姚而惧，谋于行人子羽。子羽曰："吴方无道，无乃辱吾君，不如止也。"子木曰："吴方无道，国无道，必弃疾于人。吴虽无道，犹足以患卫。往也！长木之毙，无不摽也；国狗之瘈，

无不噬也。而况大国乎!"

吴国要求卫国来参加会见。当初,卫国人因为杀了吴国的行人且姚而感到害怕,就和行人子羽商量。子羽说:"吴国正在无道的时候,去的话,恐怕会侮辱我们的国君,不如不去。"大夫子木说:"吴国正在无道的时候,国家无道,必然加害于人。但是,吴国即使无道,也足以祸害卫国,还是去吧。高大的树木倒下,没有不被打击的;优良的狗子发疯,没有不被咬的。何况是大国?"

秋,卫侯会吴于郧。公及卫侯、宋皇瑗盟,而卒辞吴盟。吴人藩卫侯之舍。子服景伯谓子贡曰:"夫诸侯之会,事既毕矣,侯伯致礼,地主归饩,以相辞也。今吴不行礼于卫,而藩其君舍以难之,子盍见大宰?"乃请束锦以行。语及卫故,大宰嚭曰:"寡君愿事卫君,卫君之来也缓,寡君惧,故将止之。"子贡曰:"卫君之来,必谋于其众,其众或欲或否,是以缓来。其欲来者,子之党也;其不欲来者,子之仇也。若执卫君,是堕党而崇仇也,夫堕子者得其志矣。且合诸侯而执卫君,谁敢不惧? 堕党、崇仇,而惧诸侯,或者难以霸乎!"大宰嚭说,乃舍卫侯。卫侯归,效夷言。子之尚幼,曰:"君必不免,其死于夷乎! 执焉而又说其言,从之固矣。"

秋天,卫出公和吴王夫差在郧地会见。鲁哀公、卫出公和宋国大夫皇瑗私下结盟,联合起来拒绝与吴国结盟。吴国人包围了卫出公住的宾馆。子服何对子贡说:"诸侯会见,大事已经办完,霸主致送礼品,东道主馈送食物,以此互相道别。现在吴国对卫国无礼,反而围住卫侯的住处来为难他们,您何不去见一下太宰伯嚭?"

子贡在鲁国做官,却是卫国人,于是请求给他五匹锦缎去拜访伯嚭。谈话间,子贡有意提到卫国的事,伯嚭说:"寡君愿意侍奉卫君,但是他来晚了,寡君害怕,所以想要留下他。"子贡说:"卫君前来,一定和他的人商量过。有的人想他来,有的人不想他来,所以来晚了。那些想他来的,是您的朋友;不想他来的,是您的敌人。如果逮捕了卫君,那就是毁弃了朋友而抬高了敌人,那些想坏您的事的人就高兴了。而且,会合诸侯而逮捕了卫君,这种搞法谁敢不怕?毁弃朋友,抬高敌人,又让诸侯害怕,恐怕是难以称霸的吧!"

伯嚭被子贡说服了,于是释放了卫出公。让人没想到的是,卫出公有语言天赋,被吴国人短短地软禁了一段时间,竟然学会了吴国方言。回到卫国之后,还经常模仿吴国人说话。公孙弥牟(字子之)那时候还小,说:"国君必然不免于祸,恐怕要死在夷地了。被他们逮捕却又喜欢他们的方言,要跟他们去是一定的了。"

冬十二月,螽,季孙问诸仲尼。仲尼曰:"丘闻之,火伏而后蛰者毕。今火犹西流,司历过也。"

十二月,闹蝗灾。季孙肥向孔子问这件事,孔子说:"我听说,大火星蛰伏后,虫类也都躲起来了。现在大火星还在经过西方,这是司历(天文官)的过失。"孔子意思是,现在已经是周历十二月,夏历十月,天空应该看不到大火星,昆虫应该都躲起来。然而大火星还在天空出现,又有虫灾,那必定是司历搞错日历了。

宋、郑之间有隙地焉,曰弥作、顷丘、玉畅、岩、戈、锡。子产与宋人为成,曰:"勿有是。"及宋平、元之族自萧奔郑,郑人为之城岩、戈、锡。九月,宋向巢伐郑,取锡,杀元公之孙,遂围岩。十二月,郑罕达救岩。丙申,围宋师。

宋国和郑国之间有一些权属不明的空地,叫作弥作、顷丘、玉畅、岩、戈、锡。当年子产和宋国人媾和,说:"不要这些地方了。"等到鲁定公年间,宋国的平、元之族(宋平公、宋元公的后人)从萧地逃奔郑国,郑国人便为他们在岩、戈、锡三地筑城。这一年九月,宋的向巢讨伐郑国,攻取锡地,杀了宋元公的孙子,于是包围岩地。十二月,郑国的罕达救援岩地。二十八日,包围宋军。

鲁哀公十三年

公元前482年,鲁哀公十三年。

十三年春,宋向魋救其师。郑子剩使徇曰:"得桓魋者有赏。"魋也逃归。遂取宋师于岩,获成讙、郜延。以六邑为虚。

向魋即桓魋。宋国的向氏出自宋桓公,所以又称为桓氏。

十三年春,宋国的向魋救援被包围的宋军。郑国的罕达派人通告全军:"抓到向魋的人有赏。"两军交战,喊出这样的口号本来是很正常的事。向魋听到,竟然怕到丢下部队不管,自己先逃回宋国去了。郑国人于是在岩地轻易地战胜了宋军,俘虏了成讙、郜延,并将弥作、顷丘、玉畅、岩、戈、锡六地洗劫一空,让它们又回到了"两不管"的状态。

夏,公会单平公、晋定公、吴夫差于黄池。

夏天,鲁哀公在黄池与王室卿士单平公、晋定公、吴王夫差会面。

黄池在今天的河南省境内。据《国语》记载，夫差为了这次会议，派人在邗沟的基础上继续开挖渠道，又接通了沂水和济水。这样一来，他就可以带着吴国的精锐部队从江南乘船到中原腹地，在王室和晋国面前炫耀一把吴国的武力了。

六月丙子，越子伐吴，为二隧，畴无余、讴阳自南方，先及郊。吴大子友、王子地、王孙弥庸、寿于姚自泓上观之。弥庸见姑蔑之旗，曰："吾父之旗也。不可以见仇而弗杀也。"大子曰："战而不克，将亡国，请待之。"弥庸不可，属徒五千，王子地助之。乙酉，战，弥庸获畴无余，地获讴阳。越子至，王子地守。丙戌，复战，大败吴师。获大子友、王孙弥庸、寿于姚。丁亥，入吴。吴人告败于王。王恶其闻也，自到七人于幕下。

夫差在黄池大会诸侯的时候，越国乘虚而入。六月十一日，越王句践誓师伐吴，分兵两路。畴无余、讴阳从南方进军，率先抵达姑苏城郊。吴国的太子友、王子地、王孙弥庸、寿于姚在泓水岸边观察敌情。王孙弥庸看见越军阵中竖起了一面姑蔑之旗，顿时激动，说："这是我父亲的大旗。不可以看见仇人而不杀他。"

所谓姑蔑之旗，是越国姑蔑地方人举着的战旗。弥庸的父亲想必是追随阖庐讨伐越国，战死沙场，他的战旗也为越军所获。弥庸急于报仇，太子友不同意，说："如果战而不胜的话，将要亡国，请再等待。"从当时的情况看，吴军主力远在河南，国内相对空虚，固守待援不失为持重之举。弥庸不听军令，集合手下五千人，在王子地的帮助下发动进攻。六月二十日，两军交战，弥庸俘虏了畴无余，王子地俘虏了讴阳。但是胜利只是昙花一现，句践亲自率领的越军主力很快赶到。王子地据守阵地，太子友被迫出城救援。二十一日，两军再度交战，吴军惨败，太子友、王孙弥庸、寿于姚成为俘虏。二十二日，句践进入姑苏。吴国派人向夫差报告军情。夫差怕诸侯听到他的老巢被端的消息，在帐幕中一连杀了七个知情人。

秋七月辛丑盟，吴、晋争先。吴人曰："于周室，我为长。"晋人曰："于姬姓，我为伯。"赵鞅呼司马寅曰："日旰矣，大事未成，二臣之罪也。建鼓整列，二臣死之，长幼必可知也。"对曰："请姑视之。"反，曰："肉食者无墨。今吴王有墨，国胜乎？大子死乎？且夷德轻，不忍久，请少待之。"乃先晋人。

七月六日，诸侯在黄池盟誓，吴国和晋国争夺盟主之位。吴国的代表说："在周王室，我国为长。"吴国的先祖吴太伯是古公亶父的长子，周文王的伯父，有让天下之德，吴国人这么说并不过分。晋国的代表说："在姬姓诸侯中，我国是霸主。"这也是不争的事实，只不过晋国的霸业已经日落西山，现在还这么说有点"祖上曾经富过"的味道。一个是新晋富豪，一个是明日黄花，为了谁先歃血争执不下。赵鞅大声呼叫司马寅："天色已晚，大事未成，那是我们的罪过。竖起战旗，整顿队列，我们今天死在这里，就分清先后了。"准备摆出一副作战的架势来威胁吴国人。司马寅赶紧劝他少安毋躁，说："姑且探视一下吴营再说。"司马寅偷偷跑到吴营打探，回来报告说："吃肉的（指大夫以上的贵族）没有气色不好的，但是吴王的气色不好，莫非是吴国被敌人战胜了？或者是他的太子死了？而且夷人（指吴国人）品性轻佻，不能长久地沉得住气，请稍待。"

果然，很快吴国人就松了口，同意让晋定公先歃血，也就是承认晋国还是盟主。

吴人将以公见晋侯，子服景伯对使者曰："王合诸侯，则伯帅侯牧以见于王；伯合诸侯，则侯帅子、男以见于伯。自王以下，朝聘玉帛不同；故敝邑之职贡于吴，有丰于晋，无不及焉，以为伯也。今诸侯会，而君将以寡君见晋君,则晋成为伯矣,敝邑将改职贡:鲁赋于吴八百乘,若为子、男,则将半邾以属于吴,而如邾以事晋。且执事以伯召诸侯,而以侯终之,何利之有焉?”吴人乃止。既而悔之,将囚景伯。景伯曰:“何也立后于鲁矣,将以二乘与六人从,迟速唯命。”遂囚以还。及户牖,谓大宰曰:“鲁将以十月上辛有事于上帝、先王,季辛而毕,何世有职焉,自襄以来,未之改也。若不会,祝宗将曰‘吴实然’,且谓鲁不共,而执其贱者七人,何损焉?”大宰嚭言于王曰:“无损于鲁,而只为名,不如归之。”乃归景伯。

吴国人在争先后的时候吃了亏,但还是想挽回一点面子。夫差提出,要带着鲁哀公去见晋定公,相当于向晋国宣告,鲁国是吴国的小兄弟。子服何对吴国使者说:“天子会合诸侯,则由霸主带领诸侯来朝见天子;霸主会合诸侯,则由侯爵带领子爵、男爵来朝见霸主。自天子以下,朝见访问时用的玉帛也各不相同,所以敝国对吴国的进贡,比对晋国的有过之而无不及,那是将吴国当作霸主了。而今诸侯相会,大王却想带着寡君去朝见晋侯,那就是说晋国是霸主了,敝国将改变进贡——鲁国本来按八百乘之国的标准来确定给吴国的贡赋,如果作为子爵、男爵,那就将按照半个邾国的标准来确定给大王的贡赋,而按照邾国的标准来确定给晋国的贡赋。而且,您以霸主的身份召集诸侯,却以侯爵的身份告终,这样做到底有什么好处呢?”

吴国人于是没那么做,可是过了不久又后悔,打算囚禁子服何。子服何说:“我已经在鲁国立了继承人了,准备带着两乘车、六个人跟你们走,迟走早走,唯命是从。”吴国人就囚禁了子服何,带着他回吴国。走到户牖,子服何对伯嚭说:“鲁国的规矩,要在十月的第一个辛日祭祀天帝和先王,最后一个辛日完毕。我们家世世代代都在这个祭祀中担任一定的职务,从鲁襄公以来就没有改变过。这次如果不参加,祝官会说是吴国的责任。而且,贵国认为鲁国不恭敬,却只逮捕了它的七个贱臣,对鲁国又有什么损害呢?”

确实,对于吴国来说,现在抓了子服何是没有任何意义的。伯嚭对夫差说:"此举无损于鲁国而徒添恶名,不如让他们回去。"于是就释放了子服何。

吴申叔仪乞粮于公孙有山氏,曰:"佩玉蘽兮,余无所系之;旨酒一盛兮,余与褐之父睨之。"对曰:"粱则无矣,粗则有之。若登首山以呼曰'庚癸乎',则诺。"

吴国大夫申叔仪向鲁国大夫公孙有山借粮,说:"佩玉垂下来啊,我没有地方系着它。甜酒一杯啊,我和下贱老头只能干看着。"公孙有山回答:"精粮就没有了,粗粮还有一些。如果登上首山高喊'下等货啊',那就答应给您。"

申叔仪借粮,必是吴国军中缺粮;向公孙有山借粮,则是凭借二人之间的私交。公孙有山同意借粮,但是不敢大肆声张,所以约定在首山偷偷交付。原文中的"庚癸",当为接头暗号。古人买卖粮食,从精到粗,依天干排序:甲货最精,乙货次之,庚货、癸货可以说是极其下等了。

王欲伐宋,杀其丈夫而囚其妇人。大宰嚭曰:"可胜也,而弗能居也。"乃归。

回国途中,夫差还想攻打宋国,杀掉宋国的男人,带走宋国的妇女(由此可见,夫差带去参加黄池之会的,乃是吴军的主力部队)。伯嚭赶紧制止说:"宋国可以战胜,但是不能久留。"确实,吴军虽然强悍,但是老巢被端,军心不稳,当务之急是回援国内,而不是继续在外逗留。夫差听从意见,于是加快速度回国。

冬,吴及越平。

冬天，吴国和越国媾和。

鲁哀公十四年

公元前481年，鲁哀公十四年。

十四年春，西狩于大野，叔孙氏之车子鉏商获麟，以为不祥，以赐虞人。仲尼观之，曰："麟也。"然后取之。

十四年春，鲁哀公带领群臣在鲁国西境的大野狩猎，叔孙州仇的御者子鉏商猎得一头从未见过的怪兽，以为是不祥之物，将它赏赐给了管理山林的虞人。孔子见过之后，说："这是麒麟。"然后拿走了它。

简简单单一段话，记录的却是中国文化史上一件大事，史称"西狩获麟"。麒麟和龙、凤一样，只是传说中的珍禽异兽，现实中恐怕没有人见过，至少在生物学研究领域还没有真实存在的证明。鲁国人在大野发现的怪兽究竟是何物，现在已无从考证，既然孔子认为它是麒麟，那就权当它是麒麟吧。古人以为，麒麟是仁兽，本当在圣王之世出现。而当时天下纷乱，比以往有过之而无不及，麒麟却无端出现，而且成为一介武夫的猎物。孔子由此感伤，想到自己一生致力于复兴王道，恢复秩序，最终却一事无成，有如麒麟想以仁义感化世人，却遭世人围猎，莫非是天意如此？孔子本来抱着近乎天真的理想，想改变这个世界，西狩获麟之后，他便彻底心灰意冷了。《春秋》三传中，《公羊传》和《谷梁传》均以这一年为终结。《公羊传》还写道：西狩获麟，孔子哀叹："吾道穷矣。"于是掷笔，不再著述，《春秋》因此而终结。事实上，世人公认《春秋》记载了二百四十二年历史，也就从鲁隐公元年（公元前 722 年）开始到鲁哀公十四（公元前 481 年）结束。后人在划定历史年代的时候，也有人认为此年即是春秋时期的终点，当然这种观点现在已经被否定掉了。

不管怎么样，将西狩获麟作为一个时代的终结，是颇具人文情怀的。它标志着古老的秩序终于荡然无存，一个更为残酷的时代接踵而来。如果说春秋时期是人心离散、礼崩乐坏的话，接下来的战国时期则是六亲不认、血肉横飞。处于这个时代交会点上的孔子，后人或许可以讥讽他的因循守旧和食古不化，却不应嘲笑他的悲天悯人与无可奈何。

小邾射以句绎来奔，曰："使季路要我，吾无盟矣。"使子路，子路辞。季康子使冉有谓之曰："千乘之国，不信其盟，而信子之言，子何辱焉？"对曰："鲁有事于小邾，不敢问故，死其城下可也。彼不臣，而济其言，是义之也，由弗能。"

小邾射是小邾国的大夫，名射。小邾射以句绎（地名）作为礼物，叛逃鲁国。按理说，鲁国应该与小邾射结盟，鲁国接纳小邾射为臣，小邾射宣誓为鲁国效忠。小邾射却提出，不用鲁国和他结盟，派季路和他做个口头约定就可以了。

季路即孔子的学生子路。据《论语》记载："子路无宿诺。"也就是子路从来没有不兑现的诺言，这在当时已经是尽人皆知，所以在小邾射看来，与鲁国人结盟，还不如子路一句话可信。既然小邾射提出这样的要求，鲁国便真的要子路去交涉，子路推辞了。季孙肥派子路的同学冉求去劝他，说："鲁国是堂堂的千乘之国，人家不相信它的盟约，却相信您的话，这对您来说难道是什么侮辱吗？"言下之意，你有这样的人格魅力，难道不觉得光荣吗？子路回答："鲁国如果和小邾发生战事，我不敢问谁是谁非,战死在城下就可以了。他不守臣道,背叛国家,我却去助他成事,用我的信用为他背书,等于赞同他的行为。我不能那样做。"

齐简公之在鲁也,阚止有宠焉。及即位,使为政。陈成子惮之,骤顾诸朝。诸御鞅言于公曰:"陈、阚不可并也,君其择焉。"弗听。

子我夕,陈逆杀人,逢之,遂执以入。陈氏方睦,使疾,而遗之潘沐,备酒肉焉,飨守囚者,醉而杀之,而逃。子我盟诸陈于陈宗。

当年,齐悼公以齐国公子的身份流亡鲁国的时候,他的儿子公孙壬(即齐简公)宠信家臣阚止(字子我)。鲁哀公十年,齐悼公遭人刺杀,齐简公即位,便命阚止执政。陈氏宗主陈恒(陈乞之子,谥成)对阚止颇为忌惮,多次在朝堂上回过头来看他。这种不同寻常的举动意味着什么,就连诸御鞅(国君的御者,名鞅)都看出来了,他对齐简公说:"陈氏和阚氏不可并存,您必须选择其中一个。"齐简公不听。

有一天,阚止晚上拜见齐简公,路上遇到陈逆杀人,就把他抓进公宫。在陈乞、陈恒父子的带领下,陈氏一族空前团结,怎么可能对陈逆见死不救? 于是要陈逆装病,派人给他送洗头洗面的淘米水,并备上酒肉。陈逆拿酒肉招待看守,将看守灌醉后杀掉,就逃跑了。事后,阚止也不敢追究陈氏的责任,为了避免矛盾激化,反而在陈恒家中和陈氏一族结盟。所谓结盟,大概是表示不再追究陈逆的责任,而陈氏也表示拥护阚止执政吧。

初,陈豹欲为子我臣,使公孙言己,已有丧而止。既,而言之,曰:"有陈豹者,长而上偻,望视,事君子必得志,欲为子臣。吾惮其为人也,故缓以告。"子我曰:"何害,是其在我也。"使为臣。他日,与之言政,说,遂有宠,谓之曰:"我尽逐陈氏而立女,若何?"对曰:"我远于陈氏矣,且其违者

不过数人,何尽逐焉?"遂告陈氏。子行曰:"彼得君,弗先,必祸子。"子行
舍于公宫。

夏五月壬申,成子兄弟四乘如公。子我在幄,出,逆之,遂入,闭门。
侍人御之,子行杀侍人。公与妇人饮酒于檀台,成子迁诸寝。公执戈,将
击之。大史子余曰:"非不利也,将除害也。"成子出舍于库,闻公犹怒,将
出,曰:"何所无君?"子行抽剑,曰:"需,事之贼也。谁非陈宗? 所不杀子
者,有如陈宗!"乃止。

结盟并不代表矛盾已经消除,握手言和甚至是歃血为盟的背后,双
方的角力反而更为激烈。

当初,陈豹看到阚止受到国君宠信,便想去做他的家臣,托大夫公孙
氏从中引见。不久之后,陈豹家有丧事,公孙氏也就将这件事暂时搁下
来了。等到丧事办完,公孙氏才对阚止说:"有个叫陈豹的人,个子很高,
有点驼背,眼睛总是向上看,侍奉君子必然让人满意,想要当您的家臣。
我担心他是陈氏一族,恐怕有诈,所以拖到现在才告诉您。"阚止说:"怕
什么? 怎么用他是我的事。"便将陈豹收作了家臣。过了些日子,阚止与
陈豹聊起政事,聊得很投机,于是对陈豹宠信有加,对他说:"我将陈氏全
部驱逐出去而立你为陈氏宗主,怎么样?"

所谓陈氏一族,其实是一个相当宽泛的概念。陈氏的先祖陈完于鲁
庄公二十二年逃到齐国,迄今已有将近两百年。以常识推论,号称"两百
年前是一家"的关系,其实很多已经疏远,相互之间也许连亲戚都算不
上。所以陈豹对阚止说:"我不过是陈氏的远亲(意即没有资格当陈氏宗
主),而且陈氏一族和您为敌的不过是几个人,为什么要将他们全部驱逐
呢?"一转头便将消息告诉陈氏。

阚止犯的错误,叫作"交浅言深"。在对陈豹并不了解的情况下,就
对他说出这么机密的事,以为可以笼络陈豹,结果反被陈豹出卖。陈恒
得到情报,与亲信商议,陈逆说:"他得到国君的支持,如果不先下手的

话，必然祸害您。"为了提前做好应变的准备，陈逆搬到了公宫中居住。

五月十三日，陈恒兄弟四人同乘一辆车前往公宫。阚止从朝堂的帐幕里出来迎接他们。陈恒兄弟进去之后，反将大门关上，将阚止挡在外面。齐简公的内侍想要制止他们，被早就潜伏在宫中的陈逆带人杀死。这个时候，齐简公正和几个女人在檀台(宫中楼台名)喝酒。陈恒要他搬到寝宫去，齐简公倒也有些胆识，拿起一柄长戈，想要杀向他们。太史子余赶紧制止，说："他们不是想对您不利，是要为国除害。"看到齐简公这副要拼命的样子，陈恒还真有些害怕，于是从宫中出来，待在府库里。打听到齐简公还在生气，陈恒甚至打算逃亡，说："哪里没有国君可侍奉？"当然，这也许就是一种姿态，好让国人同情自己，并不是真的想跑。这时候应该有个人出来制止他——这个人果然就出现了，陈逆拔出剑，说："犹犹豫豫，必害大事。您如果出去，谁不能成为陈氏宗主？您要敢走，我要是不杀了您，请陈氏列祖列宗降罪！"陈恒只好放弃了出逃的念头。

子我归，属徒，攻闱与大门，皆不胜，乃出。陈氏追之，失道于弇中，适丰丘。丰丘人执之，以告，杀诸郭关。成子将杀大陆子方，陈逆请而免之。以公命取车于道，及耏，众知而东之，出雍门，陈豹与之车，弗受，曰："逆为余请，豹与余车，余有私焉。事子我而有私于其仇，何以见鲁、卫之士？"东郭贾奔卫。

庚辰，陈恒执公于舒州。公曰："吾早从鞅之言，不及此。"

话分两头。且说阚止被陈恒兄弟摆了一道，回到家便集合私卒，进攻公宫的小门与大门，都没有得胜。阚止知道大势已去，赶紧逃出临淄。陈恒派人追击，阚止跑到弇中，迷了路，一头栽进了陈氏的封邑丰丘。丰丘人抓住阚止，向陈恒报告。陈恒命人在郭关将阚止处死，又要杀死阚止的家臣大陆子方。

大陆子方即东郭贾，大陆为其氏，子方为其字。陈逆为东郭贾求情，陈恒便赦免了他。东郭贾获释之后,在路上以齐简公的名义征用了一辆马车,向西逃到齐鲁边境的耏地,被人发现,只得返回临淄。在出临淄的雍门的时候,陈豹要送给他马车,他不接受,说:"陈逆为我说情,陈豹给我车,我和他们有私交。侍奉阚止而与他的敌人有私交,哪里有脸去见鲁国和卫国的士人?"于是逃奔卫国。

二十一日,陈恒在舒州逮捕了齐简公。齐简公说:"我如果早听从诸御鞅的话,就不会有今天了。"

宋桓魋之宠害于公,公使夫人骤请享焉,而将讨之。未及,魋先谋公,请以鞍易薄。公曰:"不可。薄,宗邑也。"乃益鞍七邑,而请享公焉,以日中为期,家备尽往。公知之,告皇野曰:"余长魋也,今将祸余,请即救。"司马子仲曰:"有臣不顺,神之所恶也,而况人乎? 敢不承命。不得左师不可,请以君命召之。"左师每食,击钟。闻钟声,公曰:"夫子将食。"既食,又奏。公曰:"可矣。"以乘车往,曰:"迹人来告曰:'逢泽有介麋焉。'公曰:'虽魋未来,得左师,吾与之田,若何?'君惮告子,野曰:'尝私焉。'君欲速,故以乘车逆子。"与之乘,至,公告之故,拜,不能起。司马曰:"君与之言。"公曰:"所难子者,上有天,下有先君。"对曰:"魋之不共,宋之祸也,敢不唯命是听。"司马请瑞焉,以命其徒攻桓氏。其父兄故臣曰:"不可。"其新臣曰:"从吾君之命。"遂攻之。子颀骋而告桓司马。司马欲入,子车止之,曰:"不能事君,而又伐国,民不与也,只取死焉。"向魋遂入于曹以叛。六月,使左师巢伐之,欲质大夫以入焉。不能,亦入于曹,取质。魋曰:"不可。既不能事君,又得罪于民,将若之何?"乃舍之。民遂叛之。向魋奔卫。向巢来奔,宋公使止之,曰:"寡人与子有言矣,不可以绝向氏之祀。"辞曰:"臣之罪大,尽灭桓氏可也。若以先臣之故,而使有后,君之惠也。若臣,则不可以入矣。"

宋国的向魋受到宋景公的宠爱,恃宠而骄,反过来成为宋景公的心腹之患。宋景公要母亲突然邀请向魋参加宴会,想趁机讨伐向魋。计划尚未实施,向魋先打宋景公的主意,请求用自己的封地鞍地交换公室的薄地。薄地即亳地,是殷商的发祥地。宋景公说:"那不行,薄是祖先兴起的地方。"于是将七个城邑并入鞍地,算是给向魋一个安慰。向魋为了表示感谢,提出要宴请宋景公,约好正午时分开始,提前将私卒全部埋伏在那里。宋景公得知情报,告诉司马皇野(字子仲),说:"是我将向魋养大的,而今他竟然要祸害我,请马上救我。"皇野说:"身为臣下而不顺从国君,这是神所厌弃的,何况是人呢?下臣不敢不接受命令。不过,如果得不到左师的支持是不行的,请求以国君的命令宣召他。"

　　左师向巢,是向魋的哥哥。此人有个习惯,每天吃饭之前,必定敲钟。听到向府传来的钟声,宋景公便说:"他老人家要吃饭了。"等到吃完,又奏乐。宋景公说:"可以了。"皇野于是坐车前往向府,对向巢说:"迹人(负责察看野兽踪迹的官吏)前来报告,说逢泽发现了离群的麋。国君说:'就算向魋没来,如果左师愿意的话,我就和他去打猎,如何?'但是又不便于直接告诉您,毕竟不是什么军国大事。我主动提出,试试以私人的身份来跟您说这件事。国君想尽快邀请到您,所以带了一辆车来接您。"向巢也没想太多,和皇野坐同一辆车来到公宫。宋景公告诉向巢真实的原因,向巢立马下拜,不敢起来。皇野在一旁建议:"国君和他发誓。"也就是要宋景公发誓不追究向巢的连带责任。宋景公当即起誓:"如果让您遭到祸害,上有天,下有先君作证。"向巢回答:"向魋对国君不恭敬,这是宋国的祸患,岂敢不唯命是从?"

　　皇野请求宋景公授予符节,好带着他的部下去攻打向魋。他的老一辈家臣都认为不可,新一辈家臣则说:"听从我们国君的命令。"于是发动进攻。向魋的弟弟子颀得到消息,急忙跑去报信。向魋想要先动手进攻公宫,他的另一个弟弟子车制止他说:"不能侍奉国君,而又进攻公室,百姓是不会支持的,只不过是找死罢了。"向魋于是逃到曹地(即原来的曹国首都陶丘），发动叛乱。

六月，宋景公命左师向巢讨伐向魋。这就有点不厚道了，人家毕竟是兄弟，派其他人去不好吗？向巢不得已而去，没有攻克陶丘，无功而返。回来又不敢进城，怕宋景公惩罚他，于是要求宋景公派几位大夫给他当人质，遭到拒绝。向巢干脆也进了陶丘，进城之后又不放心，劫持了一些曹人子弟当人质，想以此确保曹人不会对自己不利。向魋看不过眼，制止道："既不能侍奉国君，又得罪了百姓，究竟想干什么？"便又放了人质。曹地百姓马上背叛了他们。向魋逃奔卫国，向巢逃奔鲁国。宋景公派人挽留向巢，说："寡人与您有约定，不可以断绝向氏的祭祀。"向巢辞谢："下臣的罪过大了，将桓氏都灭掉也是可以的。如果因为先人的缘故，让向氏有后于宋国，那就是您的恩惠了。至于下臣，那是不可能再回来了。"

司马牛致其邑与珪焉，而适齐。向魋出于卫地，公文氏攻之，求夏后氏之璜焉。与之他玉，而奔齐，陈成子使为次卿，司马牛又致其邑焉，而适吴。吴人恶之，而反。赵简子召之，陈成子亦召之，卒于鲁郭门之外，阬氏葬诸丘舆。

司马牛也是向魋的弟弟。向氏为宋桓公之后，向魋曾经担任过宋国司马，是以上文称之为"桓司马"，此处又称其弟为"司马牛"。后世有人以为，此司马牛即孔子的学生、曾经在《论语》里出现过的司马牛，但是没有确凿的证据，只能说也许就是这个人吧。

向巢和向魋逃亡国外，司马牛也向公室归还封邑和玉珪（相当于印信），逃到了齐国，并得到齐国的一块封地。向魋逃到卫国，卫国大夫公文氏为了向他索取夏后氏的玉璜，派兵攻打他。据《左传》鲁定公四年的记载，夏后氏的玉璜是周朝初年王室赏赐给鲁国的信物，是鲁国的国宝，何以在向魋手中？想必只是传闻，所以向魋也拿不出，只能拿其他的玉来敷衍公文氏,然后逃奔齐国。陈恒倒是很看重向魋,让他当了齐国的次卿。这桩富贵来得有点猛,司马牛认为不是好事,于是又向齐国奉还封地,逃到了吴国。吴国人却不喜欢司马牛,他又回到了中原。赵鞅召他去晋国做官,陈恒也召他回齐国,他都没去,最后死在鲁国首都曲阜的外城门外。鲁国大夫阮氏为他收了尸,安葬在丘舆。

甲午,齐陈恒弑其君壬于舒州。孔丘三日齐,而请伐齐三。公曰:"鲁为齐弱久矣,子之伐之,将若之何?"对曰:"陈恒弑其君,民之不与者半。以鲁之众加齐之半,可克也。"公曰:"子告季孙。"孔子辞,退而告人曰:"吾以从大夫之后也,故不敢不言。"

六月五日,齐国权臣陈恒在舒州杀了齐简公。孔子为此斋戒三日,三次上朝请求讨伐齐国。鲁哀公觉得很不可思议,说:"鲁国被齐国削弱已经很久了,您要攻打它,打算怎么办呢?"孔子说:"陈恒弑君,齐国的百姓有一半不支持他。以鲁国的全部力量,加上齐国的一半,是可以战胜的。"鲁哀公哭笑不得,陈氏经营齐国多年,早就深得人心,就算杀了齐简公,也不会有太多人真正反对陈氏。而且,一旦鲁国出兵进攻齐国,原本对陈恒弑君产生反感的人,都有可能改变立场,奋起反抗外敌入侵,怎么可能战胜?如此简单的道理,像孔子这么聪明的人难道看不出来吗?还是孔子已经老糊涂了?鲁哀公只能打哈哈,说:"您去告诉季孙吧。"孔子退下来便告诉别人:"我位列各位大夫之后,所以有些话不敢不说。"意思是,我也就是尽个责任,把态度表明就完事了。难道谁还真会为了替齐简公主持公道去攻打齐国啊?

有些事情,明明知道不对,也只能睁一只眼闭一只眼,听之任之。孔子此时的心境,大概有点倾向于黑格尔说的"存在即合理"了吧。

初,孟孺子泄将围成于成,成宰公孙宿不受,曰:"孟孙为成之病,不

圉马焉。"孺子怒,袭成,从者不得入,乃反。成有司使,孺子鞭之。秋八月辛丑,孟懿子卒。成人奔丧,弗内;袒、免,哭于衢,听共,弗许;惧,不归。

孟孺子泄即仲孙何忌的儿子仲孙彘,史称孟武伯。当初,仲孙彘想在成地养马,成宰公孙宿不同意,说:"孟孙(指仲孙何忌)因为成地贫困,不在这里养马。"仲孙彘发怒,竟然要带人袭击成邑。因为手下人没能进城,所以又回来了,事情也就当作没发生过。成地派人到曲阜办事,仲孙彘还不解恨,鞭打了他。这一年八月十三日,仲孙何忌去世。公孙宿奔丧,仲孙彘不让他进门。公孙宿脱掉上衣和帽子,在大街上号哭,表示听命于仲孙彘。仲孙彘还是不让他进来。公孙宿害怕,不敢返回成邑。

鲁哀公十五年

公元前480年,鲁哀公十五年。

十五年春,成叛于齐。武伯伐成,不克,遂城输。

十五年春天,成地背叛鲁国和孟氏,投靠齐国。仲孙彘讨伐成地,没有攻克,于是在成地附近的输地筑城,摆出一副打持久战的架势。

夏,楚子西、子期伐吴,乃桐汭,陈侯使公孙贞子吊焉,及良而卒,将以尸入。吴子使大宰嚭劳,且辞曰:"以水潦之不时,无乃廪然陨大夫之尸,以重寡君之忧,寡君敢辞。"上介芉尹盖对曰:"寡君闻楚为不道,荐伐吴国,灭厥民人,寡君使盖备使,吊君之下吏。无禄,使人逢天之戚,大命陨队,绝世于良。废日共积,一日迁次。今君命逆使人曰'无以尸造于门'。是我寡君之命委于草莽也。且臣闻之曰:'事死如事生,礼也。'于是乎有朝聘而终、以尸将事之礼,又有朝聘而遭丧之礼。若不以尸将命,是遭丧而还也,无乃不可乎! 以礼防民,犹或逾之,今大夫曰'死而弃之',是弃礼也,其何以为诸侯主? 先民有言曰:'无秽虐士。'备使奉尸将命,苟我寡君之命达于君所,虽陨于深渊,则天命也,非君与涉人之过也。"吴人内之。

夏天,楚国令尹公子宜申、司马公子结讨伐吴国,抵达桐水。陈闵公派公孙贞子前往吴国慰问,走到姑苏附近的良地,公孙贞子却意外地去世了。陈国人决定,抬着公孙贞子的棺材进城,无论如何也要完成使命。

陈国人孝心可嘉,吴国人却难以消受。抬着棺材来慰问,到底是谁慰问谁啊? 再说也不吉利! 吴王夫差派太宰伯嚭出城慰劳使团,委婉地拒绝说:"因为雨水不时而至,恐怕大水泛滥而损坏大夫的灵柩,加重寡君的忧虑,寡君谨敢辞谢。"陈国的上介(副使)芉尹盖回答:"寡君听闻楚国大逆不道,多次入侵吴国,灭绝百姓,命我候补于使臣之列,吊问君王的下级官吏。不幸的是,使臣遇到上天不开心,损失了性命,在良地弃世而去。我等耗费时日办理丧事,又怕耽误使命而抓紧赶路,每天都更换住处。现在君王命人迎接使臣,说:'不要让灵柩上门。'那是将寡君的命令抛弃在草莽之中了。而且下臣听说,侍奉死者如同他在生的时候,这就是礼,所以有在朝见访问过程中使臣去世、奉着灵柩完成使命的礼仪。如果不奉灵柩去完成使命,就像是恰好遇到出访国有丧事就马上掉头回去了,这样恐怕是不可以的吧! 用礼来提防百姓,犹且害怕太过分了。而今您说'死了就丢掉吧',丢掉的是礼,还怎么能够当诸侯的领袖?

从前有人说，不要以死者为污秽。我作为候补使臣，奉着灵柩完成使命，如果寡君的命令能够上达到君王那里，就算是坠入深渊，也是上天的意思，不是君王和办事人员的过错。"

吴国人无言以对，只能让陈国人抬着棺材进了城。

秋，齐陈瓘如楚。过卫，仲由见之，曰："天或者以陈氏为斧斤，既斫丧公室，而他人有之，不可知也；其使终飨之，亦不可知也。若善鲁以待时，不亦可乎！何必恶焉？"子玉曰："然，吾受命矣，子使告我弟。"

冬，及齐平。子服景伯如齐，子赣为介，见公孙成，曰："人皆臣人，而有背人之心，况齐人虽为子役，其有不贰乎？子，周公之孙也，多飨大利，犹思不义。利不可得，而丧宗国，将焉用之？"成曰："善哉！吾不早闻命。"

陈成子馆客，曰："寡君使恒告曰：'寡人愿事君如事卫君。'"景伯揖子赣而进之，对曰："寡君之愿也。昔晋人伐卫，齐为卫故，伐晋冠氏，丧车五百。因与卫地，自济以西，禚、媚、杏以南，书社五百。吴人加敝邑以乱，齐因其病，取谨与阐，寡君是以寒心。若得视卫君之事君也，则固所愿也。"成子病之，乃归成，公孙宿以其兵甲入于嬴。

秋天，齐国的陈瓘（陈恒的哥哥，字子玉）前往楚国，经过卫国的时候，子路拜会他，说："上天或许是将陈氏当作斧子，已经砍断了公室，而又为他人所有，现在不可知；或许让陈氏最终享有齐国，那也是不可知的。如果和鲁国搞好关系，以待时机，不也是可以的吗？何必搞坏关系呢？"陈瓘以为然，而且说："我接受命令了，您派人去告诉我弟弟。"

作为这次会见的成果，鲁国和齐国于是年冬天媾和。子服何前往齐国，子贡（即子赣）为副使，在齐国见到了成宰公孙宿，劝说道："人人都是别人的臣下，却又有背叛别人的心思。何况齐国人虽然为您服役，难道就没有三心二意吗？您是周公的后人，多多地享受了巨大的利益，还想做不义的事情。结果利益得不到，反而丧失了祖国，哪里用得着这样做呢？"公孙宿背叛鲁国，委实是为仲孙彘所逼，倒不是为了更多的利益。但是，不管出于什么原因，背叛就是背叛，损害了鲁国的利益也是不争的事实。公孙宿听了子服何这番话，大概是很惭愧吧，说："说得好啊，我没有早听到您的话。"

陈恒到宾馆会见客人，转达了齐国新任国君齐平公的问候："寡人愿意侍奉君侯有如侍奉卫侯。"齐国和卫国近年来关系密切，和鲁国却多有龃龉甚至刀兵相见，是以齐平公有此一说。子服何向子贡作揖，示意子贡向陈恒作答。子贡便答道："那正是寡君的愿望。从前晋国人进攻卫国，齐国为了卫国而进攻晋国的冠氏，丧失战车五百乘。因为这件事而赠予卫国土地，自济水以西，禚、媚、杏三地以南，总计五百社之地。吴国人将动乱强加于敝国，齐国趁着敝国有难，攻取了谨地和阐地，寡君因此感到心寒。如果能够像卫侯那样侍奉君侯，那本来就是寡君的愿望。"

陈恒为此而愧疚，于是将成地归还鲁国。公孙宿放弃成邑，带着他手下的武士进入齐国的嬴地。从老左的这段记载来看，鲁国之所以能够顺利收回成地，完全得益于孔子的两位高徒——子路在前诱之以利，子贡在后从容应对。

卫孔圉取大子蒯聩之姊，生悝。孔氏之竖浑良夫长而美，孔文子卒，通于内。大子在戚，孔姬使之焉。大子与之言曰："苟使我入获国，服冕、乘轩，三死无与。"与之盟，为请于伯姬。

闰月，良夫与大子入，舍于孔氏之外圃。昏，二人蒙衣而乘，寺人罗御，如孔氏。孔氏之老栾宁问之，称姻妾以告，遂入，适伯姬氏。既食，孔伯姬杖戈而先，大子与五人介，舆豭从之。迫孔悝于厕，强盟之，遂劫以登台。栾宁将饮酒，炙未熟，闻乱，使告季子。召获驾乘车，行爵食炙，奉

卫侯辄来奔。

　　卫国的孔圉娶了卫灵公的世子蒯聩的胞姐（实际上也就是卫灵公的女儿，原文称为孔姬或孔伯姬），生了孔悝。孔氏的小臣浑良夫身材高大，容貌英俊。孔圉去世后，孔姬耐不住寂寞，与浑良夫私通。蒯聩在戚地，孔姬派浑良夫前去。蒯聩对浑良夫说："如果让我回去当上国君，你就可以当上大夫，赦免死罪三次。"浑良夫和蒯聩盟誓，回去之后便在孔姬面前为蒯聩说话。

　　对于孔姬来说，蒯聩是亲弟弟，浑良夫是情夫，没有理由不帮这两个人。于是这一年的闰十二月，浑良夫和蒯聩偷偷地进了城，住在孔府的外菜园子里。天黑之后，两人用头巾遮住脸，由寺人罗驾车，进入了孔府。孔氏家老栾宁问他们是谁，回答是姻亲家的小妾，就这样混进来，到了孔姬的住处。吃饱之后，孔姬手持长戈走在前面，蒯聩和五个人穿上衣甲，用车子拖上一只公猪，跟在后面。这一古怪的安排自有用处。他们将孔悝逼到墙角，强迫他结盟——盟誓要用到牲口，一时找不到牛，便用公猪替代了。可怜的孔悝，为自己的母亲、舅舅和家臣所逼，歃了公猪血，又被劫持到家里的高台上。栾宁当时正准备饮酒，肉还没烤熟，听到家里有人作乱，派人去通知子路；同时叫获（人名，当为孔氏小臣）驾车，栾宁坐上车，继续喝酒吃肉，保护着卫出公逃奔鲁国。

　　季子将入，遇子羔将出，曰："门已闭矣。"季子曰："吾姑至焉。"子羔曰："弗及，不践其难！"季子曰："食焉，不辟其难。"子羔遂出，子路入。及门，公孙敢门焉，曰："无入为也。"季子曰："是公孙也，求利焉，而逃其难。由不然，利其禄，必救其患。"有使者出，乃入，曰："大子焉用孔悝？虽杀之，必或继之。"且曰："大子无勇，若燔台，半，必舍孔叔。"大子闻之，惧，下石乞、盂黡敌子路，以戈击之，断缨。子路曰："君子死，冠不免。"结缨而死。孔子闻卫乱，曰："柴也其来，由也死矣。"

子路当时也是孔氏家臣，听到内乱的消息，急急忙忙从外地赶回来，正准备进城，遇到高柴（亦为孔子学生，字子羔）行色匆匆地出来，说："城门已经关上了。"子路说："我还是要去一下。"高柴说："来不及了，不要去跟他一起遭难。"子路说："吃了他们家的俸禄，不能逃避他们家的患难。"高柴于是出城，子路进城，二人擦肩而过。子路到了孔府门口，公孙敢在那里守门，在门背后说："不要进去干什么了。"子路辨得这声音，说："那是公孙吧，在这里谋求利益而逃避祸难，我不是这样，因他们的俸禄而获益，就一定要救援他们的患难。"正好有使者从门里出来，子路便闯了进去，说："世子哪里用得着孔悝帮忙，即使是杀了他，也找得到人接替他。"又说："世子没有勇气，如果放火烧台，烧到一半他就会放了孔悝。"蒯聩在台上听到就害怕，命令手下石乞、盂黡下来与子路搏斗，用长戈刺向子路，斩断了子路的帽缨。子路说："君子就算死了，也不脱掉帽子。"将帽缨重新结好，把帽子戴正，才倒地而死。

孔子听到卫国动乱的消息，只说了一句："高柴会逃回来，子路会死在那里。"又据《史记》记载，当子路的死讯传来，孔子泪如雨下，哀叹道："泰山崩了，梁柱断了，哲人枯萎了。"西狩获麟和子路之死，大概是让孔子晚年最为伤感的事吧。

孔悝立庄公。庄公害故政，欲尽去之，先谓司徒瞒成曰："寡人离病于外久矣，子请亦尝之。"归告褚师比，欲与之伐公，不果。

孔悝立蒯聩为君，是为卫庄公。

卫庄公认为过去的大臣都不可靠，想要将他们都除掉，先对司徒瞒成说："寡人在外遭遇患难已经很久了，也请您尝尝这滋味。"瞒成回来告诉褚师比，想和他一起造反，去攻打卫庄公，或因事情败露，未能付诸实施。

鲁哀公十六年

公元前 479 年，鲁哀公十六年。

十六年春，瞒成、褚师比出奔宋。

十六年春天，齐国的瞒成、褚师比逃奔宋国。

卫侯使鄢武子告于周曰："蒯聩得罪于君父、君母，逋窜于晋。晋以王室之故，不弃兄弟，置诸河上。天诱其衷，获嗣守封焉。使下臣肸敢告执事。"王使单平公对曰："肸以嘉命来告余一人，往谓叔父：余嘉乃成世，复尔禄次。敬之哉！方天之休。弗敬弗休，悔其可追？"

卫庄公派大夫鄢肸（谥武）向王室报告："蒯聩得罪了君父君母（指卫灵公和南子），逃窜到了晋国。晋国因为王室的缘故，不抛弃兄弟，将我安置在黄河边上（指戚地）。上天开恩，得以继承和保守封国，特派下臣前来，谨向办事人员禀告。"周敬王派单平公应对："鄢肸带着好消息来告诉我。回去告诉叔父（指卫庄公），我赞许他继承国家，恢复他的禄位。要恭敬啊！这样方能得到上天的赐福，不恭敬就没有赐福，追悔莫及。"

夏四月己丑，孔丘卒。公诔之曰："旻天不吊，不憗遗一老。俾屏余一人以在位，茕茕余在疚。呜呼哀哉尼父！无自律。"

子赣曰："君其不没于鲁乎！夫子之言曰：'礼失则昏，名失则愆。'失志为昏，失所为愆。生不能用，死而诔之，非礼也；称一人，非名也。君两失之。"

四月十一日，孔子去世了。

据《史记》记载，孔子去世前，曾经对子贡说："天下无道已经很多年了，却没有人听从我的主张。夏人死了，灵柩停在东面的台阶上；周人死了，灵柩停在西面的台阶上；殷人死了，灵柩停在两根柱子之间。昨天晚上，我梦见自己坐在两根柱子之间——我可不就是殷人的后代嘛！"

鲁哀公给孔子致悼词，说道："上天不仁，不肯暂且留下这样一位老人，让他保护我居于君位，使我孤零零地忧郁成疾。呜呼哀哉！尼父，从此没有人引导和规劝我了。"

鲁哀公这段悼词，看似简单，实则引用了《诗经》中多首诗的诗句："旻天不吊"是"不吊昊天"的转用，取自《节南山》；"不憖遗一老"取自《十月之交》；"茕茕余在疚"则是《闵予小子》中"嬛嬛在疚"的转用。子贡却以为：鲁哀公恐怕是不能在鲁国善终了。孔子曾经说过："丧失礼仪就要昏暗，丧失名分就有过失。"失去意志就是昏暗，失去名位就是过失。孔子活着的时候，鲁哀公不能重用他，死去了却这样致悼词，这是不合于礼的。而且鲁哀公自称"余一人"，也不合身份，因为那是天子的自称。鲁哀公这段悼词，可谓是既失礼又失身份了。

另外值得一提的是，孔子修订的《春秋》，于鲁哀公十四年戛然而止。流传下来的《春秋》，却写到了鲁哀公十六年，据说是孔子的学生仿照老师的笔墨续修而成。之所以要续修这两年，是为了将孔子之死写进历史。《春秋》至此终结，《左传》仍未结束，一直写到了鲁哀公二十七年，也就是鲁哀公在位的最后一年。

六月，卫侯饮孔悝酒于平阳，重酬之。大夫皆有纳焉。醉而送之，夜半而遣之。载伯姬于平阳而行，及西门，使贰车反祏于西圃。子伯季子初为孔氏臣，新登于公，请追之，遇载祏者，杀而乘其车。许公为反祏，遇之，曰："与不仁人争明，无不胜。"必使先射，射三发，皆远许为。许为射之，殪。或以其车从，得祏于橐中。孔悝出奔宋。

> 卫庄公过河拆桥。六月，卫庄公在平阳请孔悝饮酒，席间给予重酬，在座的大夫也都有馈赠。孔悝喝醉了，派人去送他，夜半时分将他遣送出国。孔悝在平阳用车载上母亲孔姬出行，到了平阳的西门，才想起没带祖宗的神主，于是派副车回到西圃的宗庙去取"祏"，也就是存放神主的石匣。
>
> 有个叫作子伯季子的家伙，原本是孔氏家臣。卫庄公即位后，将其提拔到自己身边做事。此人立功心切，主动请缨去追杀孔悝，路上遇到了孔悝的副车，杀了车上的人，抢了副车自己坐上。孔悝大概是意识到出了问题，又派家臣许公为回去迎接石匣，正好遇到子伯季子。许公为说："与不仁之人争高下，没有不胜的。"一定要让子伯季子先射箭。说来也是神奇，子伯季子射了三次，箭都远离许公为。许公为只射了一箭，就将子伯季子射死了。有人坐着子伯季子的车跟上去，在行李袋中找到了石匣。孔悝逃奔宋国。

楚大子建之遇谗也，自城父奔宋；又辟华氏之乱于郑。郑人甚善之。又适晋，与晋人谋袭郑，乃求复焉。郑人复之如初。晋人使谍于子木，请行而期焉。子木暴虐于其私邑，邑人诉之。郑人省之，得晋谍焉，遂杀子木。其子曰胜，在吴，子西欲召之，叶公曰："吾闻胜也诈而乱，无乃害乎？"子西曰："吾闻胜也信而勇，不为不利。舍诸边竟，使卫藩焉。"叶公曰："周仁之谓信，率义之谓勇。吾闻胜也好复言，而求死士，殆有私乎！复言，非信也；期死，非勇也。子必悔之。"弗从。召之，使处吴竟，为白公。请伐郑，子西曰："楚未节也。不然，吾不忘也。"他日，又请，许之，未起师。晋人伐郑，楚救之，与之盟。胜怒，曰："郑人在此，仇不远矣。"

回想鲁昭公十九年，楚国的太子建（字子木）因为费无极向楚平王进谗，被迫从城父逃奔宋国，后来又为了躲避华氏之乱迁居郑国。郑国人对太子建很好，但是太子建并不甘于在郑国当一辈子寓公，又私自离开郑国，前往晋国寻求帮助。他和晋国人谋划的复国大计，第一步却是袭击郑国，先把郑国控制住，再谋求楚国的王位。事情商量好后，太子建便请求再回到郑国居住，郑国人又如从前一般接纳了他。晋国人派间谍来到郑国找太子建，对接了相关细节，间谍请求回去，并约定了袭击郑国的时间。

一个人纵使有一万种理由，也不应该对帮助过自己的人动歪脑筋。太子建为了复国而采取的行动，让人难免觉得，当年费无极向楚平王说他的坏话也许并没有错，他本来就是个不择手段的忘恩负义之徒，如果让他当了国君，将是楚国的灾难。而且，大概是因为遭受不公平的待遇而产生了人性的扭曲，太子建在郑国人给他的封邑内表现得相当残暴。当地人受不了这样一个外来的破落户骑在他们头上作威作福，向朝廷告发了太子建和晋国人的阴谋。郑国派人来调查，抓获了晋国的间谍，于是处死了太子建。这个故事本来应该至此结束，节外生枝的是太子建有个儿子，名叫胜，流亡到了吴国，令尹公子宜申顾念亲情，想把公孙胜召回楚国。

这个想法听起来也没什么大问题，无论怎么说，公孙胜都是楚国王室的一员，原本还是王位的合法继承人，就算是为了安抚人心，也应该给予关照。但是叶公沈诸梁对此表示担忧，说："我听说公孙胜为人狡诈而好作乱，将他召回来难道不是祸害吗？"公子宜申说："我听说公孙胜守信而勇敢，没有做什么坏事。可以将他安置在边境上，让他保卫国家。"叶公说："凡事出于仁心叫作信，循义而为叫作勇。我听说公孙胜言出必行,到处寻找死士,大概是有私心吧！不管什么话都要兑现,这不是信;不管什么事都不怕死,这不是勇。您一定会后悔的。"

现代人可能难以理解,言出必行难道有错吗？当然没错,关键在于说什么话。举个简单的例子,父母答应小孩:"明天带你去海边玩。"到了第二天,突然刮台风,政府发布天气警报,那还去不去？是不是一定要言出必行,一家人去冒险？相信绝大部分人会做出正确的选择:不去了,跟小孩解释清楚就行了。由此可知,任何事情都言出必行,不管合不合理,甚至不管合不合法,这个人至少是脑子有问题的,所以孔子说:"言必信,行必果,硁硁然小人哉!"只有小人才会片面地追求言出必行,以此获得存在感。那么,什么时候要做到言出必行？《论语》里也有交代:"信近于义,言可复也。"守信接近于义,不违背道德、法律,这种情况下兑现诺言,理所当然,而且义不容辞。

公子宜申没有接受沈诸梁的意见,还是将公子胜召回了楚国,让他待在吴、楚边境,当了白县的县公,所以又叫作白公胜。楚国的一个县,差不多也就是一个小诸侯国了。白公胜回到楚国马上向公子宜申提出要讨伐郑国,为他的父亲太子建报仇。公子宜申拒绝了,说:"楚国还没有治理好,不然的话,我不会忘记这件事。"过了些日子,白公胜又提出请求,公子宜申答应了,还没有起兵,晋国人先进攻郑国。敌人的敌人就是朋友,楚国转而救援郑国,并与郑国结了盟。这种做法,本是春秋时期的常事,在白公胜看来却是不守信用,愤怒地说道:"郑国人就在这里,仇人不远了。"意思是,杀父仇人远在郑国,近在眼前,就是公子宜申。

不用做亲子鉴定,白公胜一定是太子建的亲儿子,忘恩负义的基因写在他的思维中了。

胜自厉剑,子期之子平见之,曰:"王孙何自厉也?"曰:"胜以直闻,不告女,庸为直乎? 将以杀尔父。"平以告子西。子西曰:"胜如卵,余翼而长之。楚国,第我死,令尹、司马,非胜而谁?"胜闻之,曰:"令尹之狂也!

白公
勝作
亂

得死，乃非我。"子西不悛。胜谓石乞曰："王与二卿士，皆五百人当之，则可矣。"乞曰："不可得也。"曰："市南有熊宜僚者，若得之，可以当五百人矣。"乃从白公而见之，与之言，说。告之故，辞。承之以剑，不动。胜曰："不为利谄、不为威惕、不泄人言以求媚者，去之。"

　　白公胜自己磨剑，公子结的儿子公孙平看到了就问："王孙为什么要自己磨剑啊？"白公胜说："我以直率而闻名，如果不告诉你的话，岂能称为直率？我想要杀了你父亲。"公子宜申为令尹，公子结为司马，在楚国都是既德高望重又位高权重的人物，也可以说是吴军入郢后安定楚国的两根柱石。白公胜仇恨公子宜申，连带仇恨公子结，公孙平回去将将这件事告诉了公子宜申。公子宜申还不相信，说："他就像是一颗鸟蛋，在我的羽翼下长大。在楚国，等我死之后，令尹、司马不是他还有谁？"公子宜申本能地以为，白公胜只是想上位，绝对没有想到他会将自己当作杀父仇人（谁也想不到），所以有此一说。白公胜得知，说："令尹太狂妄了！他要是得到好死，我就不是我了。"这是何等扭曲的心态？公子宜申还是没有觉察，因此也不加防备。

　　白公胜抓紧谋划叛乱，对家臣石乞说："大王与两位卿士（指令尹和司马），有五百个人对付就可以了。"石乞说："没有这么多人。"又说："市场的南边有个叫熊宜僚的，如果找到他，可以当五百个人用。"于是跟随白公胜去找熊宜僚。这就有点像当年公子光找专诸对付吴王僚的路数了。三个人见面说话，很高兴。石乞就把要办的事告诉熊宜僚，熊宜僚拒绝了。把剑架在熊宜僚的脖子上，他也一动不动。白公胜说："这是个不为利诱、不受威逼、不会泄露别人的话去讨好谁的人，走吧。"

　　吴人伐慎，白公败之。请以战备献，许之，遂作乱。秋七月，杀子西、子期于朝，而劫惠王。子西以袂掩面而死。子期曰："昔者吾以力事君，不可以弗终。"抉豫章以杀人而后死。石乞曰："焚库、弑王，不然，不济。"

白公曰：“不可。弑王，不祥；焚库，无聚，将何以守矣？”乞曰：“有楚国而治其民，以敬事神，可以得祥，且有聚矣，何患？”弗从。

叶公在蔡，方城之外皆曰：“可以入矣。”子高曰：“吾闻之，以险侥幸者，其求无餍，偏重必离。”闻其杀齐管修也，而后入。

白公欲以子闾为王，子闾不可，遂劫以兵。子闾曰：“王孙若安靖楚国，匡正王室，而后庇焉，启之愿也，敢不听从？若将专利以倾王室，不顾楚国，有死不能。”遂杀之，而以王如高府。石乞尹门。圉公阳穴宫，负王以如昭夫人之宫。

叶公亦至，及北门，或遇之，曰：“君胡不胄？国人望君如望慈父母焉，盗贼之矢若伤君，是绝民望也，若之何不胄？”乃胄而进。又遇一人曰：“君胡胄？国人望君如望岁焉，日日以几，若见君面，是得艾也。民知不死，其亦夫有奋心，犹将旌君以徇于国；而反掩面以绝民望，不亦甚乎！”乃免胄而进。遇箴尹固帅其属，将与白公。子高曰：“微二子者，楚不国矣。弃德从贼，其可保乎？”乃从叶公。使与国人以攻白公，白公奔山而缢。其徒微之。生拘石乞而问白公之死焉。对曰：“余知其死所，而长者使余勿言。”曰：“不言，将烹。”乞曰：“此事克则为卿，不克则烹，固其所也，何害？”乃烹石乞。王孙燕奔頯黄氏。

沈诸梁兼二事，国宁，乃使宁为令尹，使宽为司马，而老于叶。

　　　吴军进攻楚国的慎地，白公胜打败吴军之后，请求将得到的武器装备献到郢都。楚惠王同意了，白公胜于是趁机作乱。七月，在朝堂上杀了公子宜申和公子结，劫持了楚惠王。公子宜申后悔没有听沈诸梁的话，用衣袂遮住脸而死。公子结说：“从前我凭借勇力侍奉大王，不可以有始无终。”倒拔起一棵樟树击杀敌人，然后死去。石乞建议：“烧掉府库，杀死大王。不这样的话，事情不能成功。”白公胜说：“不行。杀死大王,不吉祥;烧掉府库,没有积聚,拿什么来守住权力?"石乞说:"拥有了楚国而治理它的百姓,用恭敬的态度侍奉神明,就可以得到吉祥,而且也有积聚,怕什么?"白公胜不听。

当时叶公沈诸梁在蔡地,听到郢都动乱的消息,方城山之外的楚国人都说:"可以进入郢都了。"希望他带兵回郢都平叛。沈诸梁说:"我听说,通过冒险而侥幸成功的人,他的欲望不会满足,办事不公正,必然与百姓离心离德。"听到白公胜杀了大夫管修(管仲的后代,自齐国投奔楚国),沈诸梁这才出兵向郢都进发。

面对沈诸梁强大的军事压力,白公胜想立公子启(字子闾)为王。公子启是楚昭王的弟弟、楚惠王的叔叔。回想鲁哀公六年,楚昭王救援陈国之前,占卜不吉,曾经想要让位于公子启,公子启五次推辞,假意答应,楚昭王一死便立楚惠王为君。这样一个人,怎么可能听从白公胜摆布呢?公子启不答应,白公胜便用武力劫持他。公子启说:"王孙如果想要安定楚国,匡扶王室,然后对我加以庇护,这是我的愿望,岂敢不听从命令?如果打算专权谋私来颠覆王室,置楚国于不顾,那么我是宁死不从的。"白公胜是那种废话不多的人,于是杀了公子启,带着楚惠王来到郢都城内的高府,命石乞守门。大夫圉公阳在高府的围墙上挖开一个洞,偷偷进去将楚惠王背出来,送到了楚昭王夫人,也就是楚惠王的母亲的宫里。

这时候沈诸梁也到郢都了,抵达北门,有人看到他,说:"您为什么不戴上头盔?国人盼望您有如盼望慈祥的父母,贼人的箭矢如果伤到了您,那就断绝老百姓的希望了,怎么能够不戴头盔呢?"沈诸梁于是戴上头盔进城。又遇到一个人说:"您为什么戴上头盔呢?国人盼望您有如盼望一年的丰收,每天都希望您快点来,如果见到您的容貌,那就安心了。老百姓知道不会死了,人人都有奋战之心,还打算将您的名字标在旗帜上在都城里巡行,您却遮掩面容来断绝老百姓的希望,不也是很过分吗?"沈诸梁只好又将头盔除下向前进。路上遇到箴尹固带着手下准备去帮助白公胜,沈诸梁说:"如果不是因为令尹和司马他们两位,楚国已经不存在了。抛弃德义，跟从叛贼，岂能自保？"箴尹固便跟从了沈诸梁。沈诸梁派他和郢都的居民一道攻打白公胜。白公胜逃到山上自缢而死，他的党羽将他的尸体藏起来。石乞被活捉，人们问他白公胜的尸体在哪，他回答："我知道在哪儿，可是白公胜让我别说。"人们说："不说出来就烹了你。"石乞回答："做这种事，成则为卿，不成则烹，本来就是这样，有什么好说的？"于是就烹了石乞。白公胜的弟弟公孙燕逃到吴国，投靠了颛黄氏。

平叛之后，沈诸梁暂时身兼令尹和司马二职。等到国家安宁，又让公子宜申的儿子公孙宁当了令尹，让公子结的儿子公孙宽当了司马，自己回到叶地去养老，可谓功成身退，福慧双修。

卫侯占梦，嬖人求酒于大叔僖子，不得，与卜人比，而告公曰："君有大臣在西南隅，弗去，惧害。"乃逐大叔遗。遗奔晋。

卫庄公做了一个梦，醒来后占卜。他的一位不知名的宠臣向太叔遗（僖子）要酒，没有得到，就和卜人勾结，告诉卫庄公："国君有大臣在西南方，不要去那里，恐怕他害您。"太叔遗住的地方，当在公宫西南。卫庄公于是驱逐太叔遗。太叔遗逃往晋国。

卫侯谓浑良夫曰："吾继先君而不得其器，若之何？"良夫代执火者而言，曰："疾与亡君，皆君之子也，召之而择材焉可也。若不材，器可得也。"竖告大子。大子使五人舆猭从己，劫公而强盟之，且请杀良夫。公曰："其盟免三死。"曰："请三之后有罪杀之。"公曰："诺哉！"

卫庄公对浑良夫说："我继承了先君的国家，却没有得到他的宝器，怎么办？"卫国的宝器，大概是在卫出公逃亡的时候被带出国了吧。

当时是晚上，浑良夫让举着烛火的侍者退下，自己举着，说："现在的世子疾和逃亡的那位国君(即卫出公)都是您的儿子。召他回来,可以量才选择其中一位当继承人。如果他不才,不用他就是了,宝器也就可以到手了。"这件事还是被卫庄公身边的小臣听到了。小臣向世子疾告密。世子疾让五个人抬着公猪跟随自己进宫,劫持了卫庄公,强行和他盟誓,要他立自己为嗣君,而且要杀掉浑良夫。卫庄公说:"我和他有誓言在先,免除他三次死罪。"世子疾说:"那就等他三次有罪之后再杀他。"卫庄公答应了。

鲁哀公十七年

公元前 478 年,鲁哀公十七年。从这一年开始,就没有《春秋》的记录了,只有《左传》。

十七年春,卫侯为虎幄于藉圃,成,求令名者而与之始食焉。大子请使良夫。良夫乘衷甸两牡,紫衣狐裘。至,袒裘,不释剑而食。大子使牵以退,数之以三罪而杀之。

十七年春天,卫庄公在藉圃(地名)修建了一座漆有虎形纹路的木屋。建成之后,要找一个名声好的人和他一起在木屋里共同用餐。世子疾请求让浑良夫去。浑良夫不知死活,乘坐着两匹公马拉的"衷甸"(卿乘坐的马车),穿着紫色的衣服(国君专用服色)和狐皮袍子前来。到了之后,敞开袍子,也不解下佩剑就吃饭。世子疾派人将他牵出来,数落了他的三条罪状:坐衷甸,穿紫衣,不解剑就和国君吃饭。然后杀掉了他。

三月，越子伐吴，吴子御之笠泽，夹水而陈。越子为左右句卒，使夜或左或右，鼓噪而进。吴师分以御之。越子以三军潜涉，当吴中军而鼓之，吴师大乱，遂败之。

三月，越王句践讨伐吴国，吴王夫差在笠泽迎战，双方隔河布阵。句践设立左右两支部队，命他们在夜里或左或右，击鼓呐喊前进，袭扰吴军。吴军不知深浅，只能分兵抵御。句践亲自率领三军偷偷渡河，直冲吴国中军发起冲锋，吴军大乱，全线崩溃。

晋赵鞅使告于卫曰："君之在晋也，志父为主。请君若大子来，以免志父。不然，寡君其曰志父之为也。"卫侯辞以难，大子又使椓之。

夏六月，赵鞅围卫。齐国观、陈瓘救卫，得晋人之致师者。子玉使服而见之，曰："国子实执齐柄，而命瓘曰：'无辟晋师！'岂敢废命？子又何辱？"简子曰："我卜伐卫，未卜与齐战。"乃还。

晋国的赵鞅派使者对卫庄公说："君侯在晋国避难的时候，我是负责招待的主人家。现在请君侯或者世子前来晋国，以免除我的罪责。不然的话，寡君恐怕会说是我授意这么做的。"

卫庄公从戚地潜回帝丘，夺取卫国的君位，并未与晋国通气，所以赵鞅要派人问罪。卫庄公以国内有祸难为由，拒绝前往晋国。世子疾则抓住机会，派人在使者那里说卫庄公的坏话。于是这一年六月，赵鞅带兵进攻卫国。

齐国派国观、陈瓘救援卫国。晋军派人致师，也就是驾一辆战车前来挑战，被齐军俘虏。陈瓘让俘虏脱掉囚服，穿回自己的衣服相见，说："国子掌握齐国的大权，命令我不要逃避晋军，我岂敢废弃命令？其实哪里用得着劳您大驾前来呢?"掌握齐国大权的当然不是国氏而是陈氏,带兵出战的主将也不是国观而是陈瓘。陈瓘这么说纯属谦虚,也是给足晋国人面子,希望晋军知难而退。果然,将俘虏释放回去,赵鞅便说:"我只为讨伐卫国而占卜,没有为和齐国开战而占卜。"班师回朝了。

楚白公之乱,陈人恃其聚而侵楚。楚既宁,将取陈麦。楚子问帅于大师子谷与叶公诸梁,子谷曰:"右领差车与左史老皆相令尹、司马以伐陈,其可使也。"子高曰:"率贱,民慢之,惧不用命焉。"子谷曰:"观丁父,鄀俘也,武王以为军率,是以克州、蓼,服随、唐,大启群蛮。彭仲爽,申俘也,文王以为令尹,实县申、息,朝陈、蔡,封畛于汝。唯其任也,何贱之有?"子高曰:"天命不谄。令尹有憾于陈,天若亡之,其必令尹之子是与,君盍舍焉? 臣惧右领与左史有二俘之贱而无其令德也。"王卜之,武城尹吉。使帅师取陈麦。陈人御之,败,遂围陈。秋七月己卯,楚公孙朝帅师灭陈。

王与叶公枚卜子良以为令尹。沈尹朱曰:"吉。过于其志。"叶公曰:"王子而相国,过将何为!"他日,改卜子国而使为令尹。

楚国白公胜作乱的时候,陈国仗着自己颇有积聚而入侵楚国。楚国平定了叛乱,将要夺取陈国的粮食作为报复。楚惠王问太师子谷和叶公沈诸梁,谁可以出任这次军事行动的统帅。子谷说:"右领差车和左史老都曾经辅佐令尹、司马讨伐陈国,应该可以派他们去。"沈诸梁反对,认为右领和左史都是地位低贱的官吏,百姓看不起他们,恐怕战士们不肯为他们卖命。子谷说:"当年观丁父是鄀国的俘虏,楚武王让他当了军率(官名),所以能够攻克州国、蓼国,降服随国、唐国,让各部蛮人大受震动。彭仲爽是申国的俘虏,武文王让他做了令尹,让申国、息国成为楚国的两个县,令陈国、蔡国前来朝见,为楚国开疆拓土达到汝水。只要他们能够胜任工作,哪里有什么低贱的?"沈诸梁说:"天命不容怀疑。令尹对陈国有遗恨,上天如果要灭亡陈国,一定会保佑他的儿子去完成,您何不任命他呢?我害怕右领、左史有您说的那位俘虏的低贱而没有他们的美德。"

令尹即已经去世的公子宜申,他的儿子公孙朝时任武城尹。楚惠王命人占卜,得了个吉兆,于是派公孙朝带兵去抢陈国的粮食。陈国起兵抵抗,被公孙朝打败。七月八日,楚军在公孙朝的率领下消灭了陈国。

楚惠王与沈诸梁就子良出任令尹进行占卜。沈尹朱说:"吉,超过了他的期望。"子良是楚惠王的弟弟。沈诸梁说:"身为王子而辅佐君王,超过这个将会是什么?"过了几天,改为公孙宁占卜,任命他做了令尹。

卫侯梦于北宫,见人登昆吾之观,被发北面而噪曰:"登此昆吾之虚,绵绵生之瓜。余为浑良夫,叫天无辜。"公亲筮之,胥弥赦占之,曰:"不害。"与之邑,置之而逃,奔宋。卫侯贞卜,其繇曰:"如鱼赪尾,衡流而方羊。裔焉大国,灭之,将亡。阖门塞窦,乃自后逾。"

冬十月,晋复伐卫,入其郛。将入城,简子曰:"止!叔向有言曰:'怙乱灭国者无后。'"卫人出庄公而与晋平。晋立襄公之孙般师而还。

卫庄公在北宫做了一个梦,梦见一个人登上宫中的昆吾之观,披头散发,朝着北方叫嚷:"登上这昆吾之墟,瓜熟瓜落绵绵不绝。我是浑良夫,让老天知道我无辜。"卫庄公亲自占筮,大夫胥弥赦占卜,说:"没有害处。"卫庄公一高兴,要赏给胥弥赦封地,没想到这家伙不敢接受,逃到宋国去了。卫庄公心下狐疑,又占卜,爻辞为:"像一条红尾巴鱼,穿过急流而犹豫徜徉。靠近大国,将要被灭亡。关门堵洞,从后面越过围墙。"

十月,晋国再次出兵攻打卫国,进入帝丘外城,将要攻入内城。赵鞅说:"就到这里吧。叔向(羊舌肸)曾经说过,趁着动乱而灭亡他国的人没有后代。"卫国人自发起来赶走了卫庄公,与晋国媾和。晋国人立了卫襄公的孙子般师为卫国国君,然后回国。

十一月,卫侯自鄄入,般师出。

初,公登城以望,见戎州。问之,以告。公曰:"我,姬姓也,何戎之有焉?"翦之。公使匠久。公欲逐石圃,未及而难作。辛巳,石圃因匠氏攻公。公阖门而请,弗许。逾于北方而队,折股。戎州人攻之,大子疾、公子青逾从公,戎州人杀之。公入于戎州己氏。初,公自城上见己氏之妻发美,使髡之,以为吕姜髢。既入焉,而示之璧,曰:"活我,吾与女璧。"己氏曰:"杀女,璧其焉往?"遂杀之,而取其璧。卫人复公孙般师而立之。十二月,齐人伐卫,卫人请平,立公子起,执般师以归,舍诸潞。

十一月,晋国人前脚刚刚撤兵,卫庄公后脚便从齐国的鄄地进入卫国。公孙般师被迫出逃。

当初,卫庄公登上帝丘的城墙张望,看到城外有戎州人活动。他不相信自己的眼睛,问身边的人,回答是肯定的。卫庄公说:"我是姬姓诸侯,哪里有什么戎人子民?"派人去消灭这些戎州人。卫庄公命令宫里的匠人干活,没完没了,不给人家休息。卫庄公想驱逐上卿石圃,还没动手,祸难已发生。十二日,石圃利用匠人进攻卫庄公。卫庄公命人关上宫门,请求谈判,遭到拒绝。情急之下,卫庄公翻过北边的宫墙逃跑,不慎跌落,造成大腿骨折。戎州人趁机报仇,也进攻卫庄公。世子疾和公子青跟着卫庄公翻墙,被戎州人杀死。卫庄公慌不择路,逃到了己氏家中。

己氏也是戎州人。当初,卫庄公在城墙上看到己氏的老婆头发秀美,便派人去将她的头发剪下来,给自己的夫人吕姜做了一头假发。当他逃到己氏家中,发现不对路,拿出一块玉璧,说:"让我活下去,我把这块璧给你。"己氏说:"杀掉你,玉璧还能去到哪里?"于是杀了他,拿走了那块玉璧。

卫国人又将公孙般师接回来立为国君。但是好景不长,十二月,齐国人入侵卫国。卫国人请求媾和,改立卫灵公的儿子公子起为君。齐国人抓了公孙般师回去,让他住在潞地。

公会齐侯盟于蒙,孟武伯相。齐侯稽首,公拜。齐人怒,武伯曰:"非天子,寡君无所稽首。"武伯问于高柴曰:"诸侯盟,谁执牛耳?"季羔曰:"鄫衍之役,吴公子姑曹;发阳之役,卫石魋。"武伯曰:"然则彘也。"

鲁哀公与齐平公会面,在蒙地结盟,仲孙彘为相礼大臣。齐平公向鲁哀公稽首致敬,鲁哀公则报以弯腰作揖。齐国人大怒,仲孙彘说:"不是天子,寡君就不用稽首。"言下之意,齐侯不知礼是他的事,反正鲁侯是不会违背礼仪,向诸侯稽首的。

守礼当然没有错。问题是鲁国人并不像自己标榜的那样不亢不卑。据《左传》记载,鲁襄公二年,年仅七岁的鲁襄公前往晋国朝见,相礼大臣教他向晋悼公稽首,连晋国人都看不下去,说:"上有天子在,君侯屈尊叩首,寡君害怕啊!"这位相礼大臣不是别人,正是仲孙彘的祖先仲孙蔑。

仲孙彘问齐国大夫高柴(字季羔):"诸侯结盟,谁执牛耳?"高柴回答:"鄫衍之盟,是吴国的公子姑曹;发阳之盟,是卫国的石魋。"前面说过,诸侯结盟,一人执牛耳,一人先歃血。先歃血者为盟主,所以大国和小国结盟,执牛耳者一般是小国的卿大夫。仲孙彘倒也知趣,说:"那就是我来执牛耳了。"

宋皇瑗之子麇有友曰田丙,而夺其兄劓般邑以与之。劓般慍而行,告桓司马之臣子仪克。子仪克适宋,告夫人曰:"麇将纳桓氏。"公问诸子仲。初,子仲将以杞姒之子非我为子。麇曰:"必立伯也,是良材。"子仲怒,弗从,故对曰:"右师则老矣,不识麇也。"公执之。皇瑗奔晋,召之。

宋国右师皇瑗的儿子皇麇有位朋友叫田丙。皇麇为了讨好田丙，竟然抢夺了自己的兄长剽般的封邑送给他。剽般愤而出走，告诉了向魋的家臣子仪克。子仪克前往宋国首都睢阳，告诉宋元公夫人（宋景公的母亲），说："皇麇将要接纳桓氏回国。"

当初，皇野（字子仲）打算把杞姒生的儿子非我立为嫡子。皇麇说："必须立皇伯啊，他是个人才。"皇野大怒，不同意，而且一直怀恨在心。当宋景公问他皇麇是不是有二心的时候，皇野回答："右师老了，对皇麇不了解。"宋景公便下令抓了皇麇。皇瑗逃奔晋国，宋景公又派人去召他回国。

鲁哀公十八年

公元前 477 年，鲁哀公十八年。

十八年春，宋杀皇瑗。公闻其情，复皇氏之族，使皇缓为右师。

十八年春，宋国杀死皇瑗。后来宋景公听说皇瑗是被冤枉的，又恢复了皇氏家族，命皇缓（皇瑗的侄子）当了右师。

巴人伐楚，围鄾。初，右司马子国之卜也，观瞻曰："如志。"故命之。及巴师至，将卜帅。王曰："宁如志，何卜焉？"使帅师而行。请承，王曰："寝尹、工尹勤先君者也。"三月，楚公孙宁、吴由于、蘧固败巴师于鄾，故

封子国于析。

君子曰："惠王知志。《夏书》曰：'官占唯能蔽志，昆命于元龟。'其是之谓乎！《志》曰'圣人不烦卜筮'，惠王其有焉！"

巴人讨伐楚国，包围鄾地。

当初，楚国为公孙宁担任右司马占卜，大夫观瞻说："如其所愿。"所以获得任命。等到巴人入侵，将要通过占卜来选择统帅，楚惠王说："公孙宁如其所愿，还用得着占卜吗？"这时候公孙宁已经是令尹了，就命他带兵出发与巴人作战。公孙宁请楚惠王派人担任副手，楚惠王说："寝尹、工尹都是为先君出过力的人。"三月，楚国令尹公孙宁、寝尹吴由于、工尹薳固在鄾地打败巴人，所以将析地封给了公孙宁。

君子以为楚惠王了解人的意愿。《夏书》上说："占卜的官员只有先了解人的意愿，然后才告卜于龟甲。"说的就是这个。《志》上说："圣人不需要卜筮。"楚惠王可以说是这样了。

夏，卫石圃逐其君起，起奔齐。卫侯辄自齐复归，逐石圃，而复石魋与大叔遗。

夏天，卫国的石圃驱逐了国君公子起。公子起逃奔齐国。卫出公又从齐国回来，驱逐了石圃，让石魋和太叔遗官复原位。

鲁哀公十九年

公元前 476 年，鲁哀公十九年。

十九年春,越人侵楚,以误吴也。夏,楚公子庆、公孙宽追越师,至冥,不及,乃还。

　　十九年春天,越国人入侵楚国,这是为了欺骗吴国,让吴国不防备越国的进攻。夏天,楚国的公子庆、公孙宽带兵追击越军,抵达冥地,没有追上,于是回来。

秋,楚沈诸梁伐东夷,三夷男女及楚师盟于敖。

　　秋天,楚国沈诸梁讨伐东夷部落,三个地方的夷人与楚军在敖地结盟。

冬,叔青如京师,敬王崩故也。

　　冬天,鲁国大夫叔青前往京师,那是因为周敬王驾崩了。

鲁哀公二十年

　　公元前475年,鲁哀公二十年。

二十年春,齐人来征会。夏,会于廪丘。为郑故,谋伐晋。郑人辞诸侯。秋,师还。

二十年春天,齐国派人到鲁国,要求鲁哀公前去参加齐国组织的诸侯大会。夏天,诸侯在廪丘相会。为了郑国的缘故,商量讨伐晋国。郑国人辞谢诸侯。秋天,军队回国。

吴公子庆忌骤谏吴子,曰:"不改,必亡。"弗听。出居于艾,遂适楚。闻越将伐吴,冬,请归平越,遂归。欲除不忠者以说于越。吴人杀之。

吴国的公子庆忌几次劝谏吴王夫差,说:"您再不改变的话,吴国必定灭亡。"夫差不听。公子庆忌便离开姑苏,住在艾地,后来又去了楚国。这一年冬天,因为听到越国要攻打吴国,公子庆忌请求回国与越国和谈,于是回国了。回到吴国,公子庆忌想除掉那些不忠的人来取悦越国,吴国人杀了他。

十一月,越围吴,赵孟降于丧食。楚隆曰:"三年之丧,亲昵之极也,主又降之,无乃有故乎?"赵孟曰:"黄池之役,先主与吴王有质,曰'好恶同之'。今越围吴,嗣子不废旧业而敌之,非晋之所能及也,吾是以为降。"楚隆曰:"若使吴王知之,若何?"赵孟曰:"可乎?"隆曰:"请尝之。"乃往,先造于越军,曰:"吴犯间上国多矣,闻君亲讨焉,诸夏之人莫不欣喜,唯恐君志之不从,请入视之。"许之。告于吴王曰:"寡君之老无恤使陪臣隆,敢展谢其不共。黄池之役,君之先臣志父得承齐盟,曰:'好恶同之。'今君在难,无恤不敢惮劳,非晋国之所能及也,使陪臣敢展布之。"王拜稽首曰:"寡人不佞,不能事越,以为大夫忧,拜命之辱。"与之一箪珠,使问赵孟,曰:"句践将生忧寡人,寡人死之不得矣。"王曰:"溺人必笑,吾将有问也。史黯何以得为君子?"对曰:"黯也进不见恶,退无谤言。"王曰:"宜哉。"

十一月,越军包围吴国首都姑苏。晋国的赵鞅刚刚去世,其子赵无恤(谥襄)正在守丧。听到越国攻打吴国的消息,将自己的饮食标准降到比守丧规定的还低。家臣楚隆说:"守三年之丧,是表示亲人关系到了极点。您又降低饮食标准,难道有其他的原因?"赵无恤说:"黄池会盟的时候,先父与吴王有约定,说:'同好同恶。'现在越国围攻吴国,我作为继承人不想废弃过去的誓言而帮助吴国,但这又不是晋国力所能及的,因此只能降低饮食标准。"楚隆说:"如果让吴王知道您的心意,怎么样?"赵无恤说:"可以吗?"楚隆说:"请让我试一下。"

楚隆于是前往江南,先造访越军大营,对越王句践说:"吴国多次冒犯越国,听说大王亲自讨伐吴国,华夏之人没有不高兴的,唯恐大王的意愿不能实现,请让我进去看看吴国的动静。"这简直是哄小孩,句践竟然答应了。楚隆进入姑苏,对吴王夫差说:"寡君的国老无恤派陪臣楚隆前来,谨敢为他的不恭敬而谢罪。黄池会盟的时候,寡君的先臣志父(赵鞅)得以参加,发誓说:'同好同恶。'现在大王处于危难之中,无恤不敢害怕辛劳来救援,但又不是晋国力所能及的,谨派我前来报告。"夫差下拜叩首说:"寡人没有才能,不能侍奉越国而让大夫操心,谨此拜谢。"给了楚隆一小竹筒珍珠,让他带给赵无恤,说:"句践要让寡人不能好好活着,寡人怕是不得好死了。"又私下对楚隆说:"快淹死的人必然强颜欢笑,我有件事情要问您,史黯(即史墨)为什么能够称为君子?"楚隆说:"他啊,做官的时候没有人讨厌他,退休之后也没有人诽谤他。"夫差说:"那是应该称为君子了。"

鲁哀公二十一年

公元前 474 年,鲁哀公二十一年。

二十一年夏五月,越人始来。

二十一年五月,越国第一次派人访问鲁国。

秋八月,公及齐侯、邾子盟于顾。齐人责稽首,因歌之曰:"鲁人之皋,数年不觉,使我高蹈。唯其儒书,以为二国忧。"

是行也,公先至于阳谷。齐闾丘息曰:"君辱举玉趾,以在寡君之军,群臣将传遽以告寡君。比其复也,君无乃勤?为仆人之未次,请除馆于舟道。"辞曰:"敢勤仆人?"

八月,鲁哀公和齐平公、邾子在顾地会盟。齐国人还记得四年前齐平公和鲁哀公相见,齐平公行稽首之礼,鲁哀公仅作揖为答,责备鲁国人不懂礼貌,因而唱歌说:"鲁国人的罪过,几年了还不自觉,让我们暴跳发怒。正是因为他们迷信儒书,造成了两国的忧患。"

这一次会见,鲁哀公先到阳谷。齐国大夫闾丘息说:"有劳君侯亲自前来,慰劳寡君的军队。群臣将用传车赶快报告寡君,得到他们回来,君侯就要劳累了。由于仆人没有准备好宾馆,请在舟道(地名)休息。"鲁哀公说:"岂敢劳累贵国的仆人?"

说句题外话,自打《春秋》的记录结束,《左传》的叙事水准大为下降,读起来味同嚼蜡,颇有狗尾续貂之嫌。

鲁哀公二十二年

公元前 473 年,鲁哀公二十二年。

二十二年夏四月,邾隐公自齐奔越,曰:"吴为无道,执父立子。"越人归之,大子革奔越。

二十二年四月,邾隐公从齐国逃奔越国,说:"吴国大逆不道,抓了父亲,立子为君。"邾隐公被吴国囚禁,发生在鲁哀公八年,后来他逃到鲁国,又逃到齐国。他不在邾国的时候,世子革代理国政。现在看到越国强大,邾隐公转而向越国求助。越国人将他送回邾国,世子革又逃到了越国。

冬十一月丁卯,越灭吴,请使吴王居甬东。辞曰:"孤老矣,焉能事君?"乃缢。越人以归。

十一月二十七日,越国灭亡吴国,请吴王夫差居住到甬东,也就是流放加监视居住。夫差辞谢,说:"孤已经老了,哪里还能够侍奉大王?"于是上吊自杀。越国人将他的尸体送了回去。

鲁哀公二十三年

公元前 472 年,鲁哀公二十三年。

二十三年春,宋景曹卒。季康子使冉有吊,且送葬,曰:"敝邑有社稷之事,使肥与有职竞焉,是以不得助执绋,使求从舆人,曰:'以肥之得备弥甥也,有不腆先人之产马,使求荐诸夫人之宰,其可以称旌繁乎!'"

二十三年春,宋元公夫人景曹去世。季孙肥作为景曹的外孙,派冉求前去吊唁,而且为景曹送葬,说:"敝国有国家大事,使得季孙肥事务繁忙,所以不能前来执绋,特派冉求来跟在舆人后面,说:'我有幸成为远房外孙,有不多的几匹先人的马,派冉求奉献于夫人的宰臣之前,也许能够和夫人的马匹相称吧!'"

夏六月,晋荀瑶伐齐,高无丕帅师御之。知伯视齐师,马骇,遂驱之,曰:"齐人知余旗,其谓余畏而反也。"乃垒而还。

将战,长武子请卜。知伯曰:"君告于天子,而卜之以守龟于宗祧,吉矣,吾又何卜焉?且齐人取我英丘,君命瑶,非敢耀武也,治英丘也。以辞伐罪足矣,何必卜?"壬辰,战于犁丘,齐师败绩。知伯亲禽颜庚。

六月,晋国的荀瑶攻打齐国,齐国派高无丕带兵抵御。荀瑶出来打探齐军虚实,战马受惊,干脆驱马向前,说:"齐国人已经看到我的旗帜,如果不前去的话,会说我害怕而回去了。"一直到了齐军的营垒前边才返回。

将要开战的时候,大夫长张(谥武)请求占卜。荀瑶说:"国君向天子报告,而且在宗庙里用大龟占卜,已经获得吉兆,我为什么还要占卜呢?而且齐国人夺取了我国的英丘,国君派我前来,不是为了炫耀武力,而是为了讨还公道。用正当的理由讨伐罪人就够了,哪里用得着占卜?"

二十六日,两军在犁丘开战,齐军大败。荀瑶亲自俘虏了齐将颜庚。

秋八月,叔青如越,始使越也。越诸鞅来聘,报叔青也。

八月,鲁国大夫叔青前往越国,这是鲁国第一次派使者到越国。越国派诸鞅来访问,以回报叔青之行。

鲁哀公二十四年

公元前 471 年,鲁哀公二十四年。

二十四年夏四月,晋侯将伐齐,使来乞师,曰:"昔臧文仲以楚师伐齐,取谷;宣叔以晋师伐齐,取汶阳。寡君欲徼福于周公,愿乞灵于臧氏。"臧石帅师会之,取廪丘。军吏令缮,将进。莱章曰:"君卑、政暴,往岁克敌,今又胜都,天奉多矣,又焉能进?是躗言也。役将班矣。"晋师乃还。饩臧石牛,大史谢之,曰:"以寡君之在行,牢礼不度,敢展谢之。"

二十四年四月,晋出公将要讨伐齐国,派人到鲁国请求出兵相助,说:"当年臧文仲(臧孙辰)带着楚军讨伐齐国,攻取谷城。臧宣叔(臧孙许)带着晋军讨伐齐国,攻取汶阳。寡君想向周公祈福,也向臧氏祈福。"鲁国于是派臧石带兵和晋军会师,攻取廪丘。晋军的军吏传令做好战前准备,将要继续进军。鲁国大夫莱章说:"晋国国君卑微,政治残暴,去年战胜颜庚,今年又攻占汶阳,上天的赏赐已经够多了,还哪里能够前进?这是在说大话,军队将要回去啦。"晋军果然班师回朝。回去之前,将牛送给臧石,并派太史致歉说:"因为寡君出行在外,使用的牲口不够规定的标准,谨敢表示歉意。"

邾子又无道,越人执之以归,而立公子何。何亦无道。

邾隐公回国复位,又行无道之事,越国人将他抓了回去,改立公子何为君。公子何也同样无道。

公子荆之母嬖,将以为夫人,使宗人衅夏献其礼。对曰:"无之。"公怒曰:"女为宗司,立夫人,国之大礼也,何故无之?"对曰:"周公及武公娶于薛,孝、惠娶于商,自桓以下娶于齐,此礼也则有。若以妾为夫人,则固无其礼也。"公卒立之,而以荆为大子,国人始恶之。

闰月,公如越,得大子适郢,将妻公而多与之地。公孙有山使告于季孙,季孙惧。使因大宰嚭而纳赂焉,乃止。

公子荆是鲁哀公的庶子,他的母亲受到鲁哀公宠爱。鲁哀公准备立其为夫人,命宗人衅夏献上立夫人的礼品。衅夏说:"没有这个礼。"鲁哀公发怒,说:"你掌管宗室事务,立夫人是国家的大礼,为什么没有?"衅夏回答:"当年周公和鲁武公娶妻于薛国,鲁孝公和鲁惠公娶妻于宋国,自鲁桓公以下娶妻于齐国,这样的礼仪是有的。如果要让小妾成为夫人,则本来就没有这样的礼仪。"鲁哀公最终还是立了那个女人,又立公子荆为世子,国人因此而开始讨厌鲁哀公。

闰十月,鲁哀公前往越国,与越王句践的太子适郢相处融洽。太子适郢甚至打算将女儿嫁给鲁哀公,而且给他一大片土地。公孙有山派人向季孙肥报告。季孙肥一听就怕了:鲁哀公如果得到越国的支持,那就不好控制了。他赶紧派使者前往越国,向伯嚭(据此记录,则吴国灭亡之后,伯嚭又在越国为臣,而且受到宠信)送上钱财,这件事才不了了之。

鲁哀公二十五年

公元前470年,鲁哀公二十五年。

二十五年夏五月庚辰,卫侯出奔宋。

卫侯为灵台于藉圃,与诸大夫饮酒焉,褚师声子袜而登席,公怒。辞曰:"臣有疾,异于人;若见之,君将殼之,是以不敢。"公愈怒。大夫辞之,不可。褚师出。公戟其手,曰:"必断而足。"闻之,褚师与司寇亥乘,曰:"今日幸而后亡。"

卫国的国君如同走马灯一般轮换。二十五年五月二十五日,卫出公再度出国,逃往宋国。

卫出公在藉圃修筑了一座灵台,与诸位大夫在台上饮酒。大夫褚师比穿着袜子入席,卫出公一看就生气。褚师比解释:"下臣得了脚病,和别人不一样。如果露出脚来，国君看了都想吐，所以不敢。"这个解释很合理，卫出公却不接受，反而更加生气，诸位大夫都来相劝，他还是不解恨。褚师比退了席，卫出公还又着腰在那里数落："一定要砍断你的脚！"褚师比与司寇亥坐同一辆车，听到这句话便说："今天的事情，能够逃出来已经是万幸了。"

公之入也，夺南氏邑，而夺司寇亥政。公使侍人纳公文懿子之车于池。初，卫人翦夏丁氏，以其帑赐彭封弥子。弥子饮公酒，纳夏戊之女，嬖，以为夫人。其弟期，大叔疾之从孙甥也，少畜于公，以为司徒。夫人宠衰，期得罪。公使三匠久。公使优狡盟拳弥，而甚近信之。故褚师比、公孙弥牟、公文要、司寇亥、司徒期因三匠与拳弥以作乱，皆执利兵，无者执斤。使拳弥入于公宫，而自大子疾之宫噪以攻公。鄟子士请御之，弥援其手，曰："子则勇矣，将若君何？不见先君乎？君何所不逞欲？且君尝在外矣，岂必不反？当今不可，众怒难犯。休而易间也。"乃出。将适蒲，弥曰："晋无信，不可。"将适鄟，弥曰："齐、晋争我，不可。"将适泠，弥曰："鲁不足与。请适城鉏，以钩越。越有君。"乃适城鉏。弥曰："卫盗不可知也，请速，自我始。"乃载宝以归。

卫出公回国的时候，没收了南氏的封邑，撤了司寇亥的官职。他还命内侍将公文要（懿子）的车丢到池子里。鲁哀公十一年，卫国人消灭夏戊（即夏丁），将夏戊的家产赐给彭封弥子。弥子请卫出公饮酒，将夏戊的女儿进献给卫出公。这个女人受到宠爱，被封为夫人。她的弟弟夏期，也就是太叔疾的从外孙，从小在公宫中养大，也当上了司徒。后来，卫出公对夫人的宠爱衰减，夏期也就有了罪过。卫出公役使三种匠人干活而不让他们休息。卫出公让优狡和大夫拳弥结盟，而又很亲近信任拳弥——容我再多一句嘴，这几年的《左传》叙事，就是这样颠三倒四，难免让人怀疑和前面的作者老左是不是同一个人，各位将就着读吧——所以褚师比、公孙弥牟（即南氏，其父公子郢字子南，故以南为氏）、公文要、司寇亥、司徒期利用宫中匠人和拳弥作乱，都手持利刃，没有兵器的就拿着斧头。派拳弥先进宫去当内应，褚师比等人则从世子疾的宫殿鼓噪进攻。卫出公方面，大夫鄞子士请求出去抵抗，拳弥拉着他的手说："您确实是勇敢，假如不幸战死的话，国君怎么办？您没有看到先君的事吗？（卫出公遇乱不赶紧逃，以致被杀）国君到哪儿不能快意？而且国君曾经在外流亡，难道就一定不能再回来？现在不能那么冲动，众怒难犯。等到局势稳定了，反而易于离间他们。"

卫出公于是出逃，准备前往靠近晋国的蒲地，拳弥说："晋国不守信义，不能去。"准备前往靠近齐国的鄄地，拳弥说："齐国和晋国在争夺我们，不能去。"准备前往靠近鲁国的泠地，拳弥说："鲁国不足以依靠，请去城鉏，与越国取得联系，越国有能干的国君。"卫出公于是来到城鉏。拳弥又说："卫国的反贼不知道会不会追杀过来，请赶紧离开，从我开始。"于是自己带着财宝回到了卫国。

公为支离之卒，因祝史挥以侵卫。卫人病之。懿子知之，见子之，请逐挥。文子曰："无罪。"懿子曰："彼好专利而妄，夫见君之入也，将先道焉。若逐之，必出于南门，而适君所。夫越新得诸侯，将必请师焉。"挥在朝，使史遣诸其室。挥出，信，弗内。五日，乃馆诸外里，遂有宠，使如越请师。

卫出公在城鉏，将步兵分为几支，依靠大夫祝史挥作为内应侵袭帝丘。卫国人因此而担心。公文要知道内情，去见公孙弥牟（字子之，谥文），请求驱逐祝史挥。公孙弥牟说："他没有罪啊。"公文要说："他喜欢专权而且狂妄自大，如果看到国君有回来的迹象，将要在前面引路。如果赶走他，他一定会出南门逃到国君那里。越国新近征服诸侯，他们一定会要求越国出兵的。"当时祝史挥正在朝中,公孙弥牟派官吏等他回家后,将他遣送出城。祝史挥在城外住了两晚,表示自己与卫出公没有勾结,但还是不让他回城。过了五天,才住到卫出公所在的外里(地名)。卫出公于是宠信他,派他到越国请求援兵。

六月,公至自越,季康子、孟武伯逆于五梧。郭重仆,见二子,曰:"恶言多矣,君请尽之。"公宴于五梧,武伯为祝,恶郭重,曰:"何肥也?"季孙曰:"请饮彘也! 以鲁国之密迩仇雠,臣是以不获从君,克免于大行,又谓重也肥?"公曰:"是食言多矣,能无肥乎?"饮酒不乐,公与大夫始有恶。

鲁哀公于上年闰十月到越国,今年六月才回来。季孙肥、仲孙彘前往五梧迎接。郭重为鲁哀公管理车马事务,先见到他们,回来对鲁哀公说:"他们的坏话多着呢,请您明察。"鲁哀公在五梧设宴,仲孙彘大概是听到了什么,向鲁哀公祝酒,对郭重恶言相向,说:"你为什么那么肥?"季孙肥赶紧出来打圆场,说:"罚孟孙一杯! 因为鲁国与仇敌靠得太近,所以为臣不能跟随国君,得以免于远行,还说什么郭重太肥?"鲁哀公说:"吃自己的话吃多了,能不肥吗?"所谓食言而肥,意思是不守诺言,不讲信义。鲁哀公这句话,自然是指桑骂槐,讥讽"三桓"等大臣只顾自己的利益,不管国君的死活。这一场酒喝得难免尴尬,每个人都不开心,鲁哀公从此和大夫们都互相讨厌。

鲁哀公二十六年

公元前 469 年,鲁哀公二十六年。

二十六年夏五月,叔孙舒帅师会越皋如、舌庸、宋乐茷纳卫侯,文子欲纳之。懿子曰:"君愎而虐,少待之,必毒于民,乃睦于子矣。"师侵外州,大获。出御之,大败。掘褚师定子之墓,焚之于平庄之上。

文子使王孙齐私于皋如,曰:"子将大灭卫乎? 抑纳君而已乎?"皋如曰:"寡君之命无他,纳卫君而已。"文子致众而问焉,曰:"君以蛮夷伐国,国几亡矣,请纳之。"众曰:"勿纳。"曰:"弥牟亡而有益,请自北门出。"众曰:"勿出。"重赂越人,申开、守陴而纳公,公不敢入。师还,立悼公,南氏相之。以城鉏与越人。公曰:"期则为此。"令苟有怨于夫人者报之。司徒期聘于越,公攻而夺之币。期告王,王命取之,期以众取之。公怒,杀期之甥之为大子者,遂卒于越。

二十六年五月,鲁国的叔孙舒(即叔孙文子,叔孙州仇之子)带兵与越国的皋如、舌庸及宋国的乐茷会师,帮助卫出公复国。面对越国强大的军事压力,公孙弥牟想要接纳卫出公进城,公文要说:"国君刚愎自用而且暴虐,稍等一阵,必定毒害百姓,百姓就会亲附于您了。"诸侯联军侵袭卫国外州,大肆劫掠。卫军出城迎战,大败而归。卫出公挖了褚师定子(褚师比之父)的坟墓,在平庄(山名)上焚烧了他的尸骨。

公孙弥牟派大夫王孙齐私下去见皋如,说:"您是想彻底消灭卫国呢,还是只想让国君回来就算了呢?"皋如说:"寡君的命令没有其他,就是送卫侯回国。"公孙弥牟得到这句话,心里便有数了,召集大伙征求意见,说:"国君带着蛮夷之人来攻打卫国,国家几乎就要灭亡了,请大家接纳他。"大伙都说:"不接受。"公孙弥牟说:"如果我逃亡对国家有益的话,请让我从北门出去。"大伙都说:"不要出去。"公孙弥牟以重礼贿赂越国人,大开城门迎接卫出公,卫出公却不敢进城。

越军撤退之后,卫国人立卫出公的叔父公子黔为君,是为卫悼公,公孙弥牟辅佐他,将城鉏给了越国人。卫出公说:"那是司徒夏期干的好事。"下令如果对自己的夫人(即夏期的姐姐)有抱怨的可以报复。夏期受卫悼公之命到越国访问,卫出公带人在半路攻击他并抢走了全部财礼。夏期向越王句践报告,句践命他抢回来。夏期带着一伙人,果然将财礼抢了回来。卫出公大怒,杀了夏期的外甥,也就是自己的世子。后来卫出公就死在了越国。

宋景公无子,取公孙周之子得与启畜诸公宫,未有立焉。于是皇缓为右师,皇非我为大司马,皇怀为司徒,灵不缓为左师,乐茷为司城,乐朱鉏为大司寇,六卿三族降听政,因大尹以达。大尹常不告,而以其欲称君命以令。国人恶之。司城欲去大尹,左师曰:"纵之,使盈其罪。重而无基,能无敝乎?"

宋景公没有儿子,将公孙周(宋元公之孙,字子高)的儿子得与启两兄弟收养在宫中,但是没有确定立谁为嗣君。当时皇缓为右师,皇非我为大司马,皇怀为司徒,灵不缓为左师,乐茷为司城,乐朱鉏为大司寇。六卿按照皇氏、灵氏、乐氏排序,共同治理政事,通过大尹向宋景公汇报工作。

大尹是谁?史上没有定论,只能说是宋景公的近臣吧。大尹地位不高,却是国君身边的红人,而且掌握了上传下达的大权,难免产生自己的心思,常常不向宋景公报告,反过来按照自己的意图假借君命发号施令。国人都讨厌大尹。司城乐茷想要除掉大尹,左师灵不缓说:"随他去,让他恶贯满盈。权重而没有根基,能够不败亡吗?"

冬十月,公游于空泽,辛巳,卒于连中。大尹兴空泽之士千甲,奉公自空桐入如沃宫,使召六子,曰:"闻下有师,君请六子画。"六子至,以甲劫之曰:"君有疾病,请二三子盟。"乃盟于少寝之庭,曰:"无为公室不利!"大尹立启,奉丧殡于大宫,三日而后国人知之。司城茷使宣言于国曰:"大尹惑蛊其君,而专其利,今君无疾而死,死又匿之,是无他矣,大尹之罪也。"

十月,宋景公在空泽游玩。十月四日,宋景公死于连中。大尹带着空泽的甲士千人,带着宋景公的尸体回到首都睢阳的沃宫,派人宣召六卿进宫,说:"听说下邑有敌军,国君请六卿一起商量。"六卿来到,则命甲士将他们绑架,说:"国君病重,请你们几位来盟誓。"于是在国君小憩的庭院里盟誓,说:"不要对公室不利!"大尹这才发丧,立启为新君,将宋景公的灵柩安放在宗庙里,三天后国人才知道宋景公已经去世了。司城乐茷派人在国内宣称:"大尹蛊惑他的国君,专权获利,现在国君无疾而终,死后又隐瞒消息,这就没什么好说的了,就是大尹谋害了国君。"

得梦启北首而寝于卢门之外,己为鸟而集于其上,咮加于南门,尾加于桐门。曰:"余梦美,必立。"

大尹谋曰:"我不在盟,无乃逐我?复盟之乎!"使祝为载书。六子在唐盂,将盟之。祝襄以载书告皇非我。皇非我因子潞、门尹得、左师谋曰:"民与我,逐之乎!"皆归授甲,使徇于国曰:"大尹惑蛊其君,以陵虐公室;与我者,救君者也。"众曰:"与之!"大尹徇曰:"戴氏、皇氏将不利公室,与我者,无忧不富。"众曰:"无别。"戴氏、皇氏欲伐公,乐得曰:"不可。彼以陵公有罪;我伐公,则甚焉。"使国人施于大尹,大尹奉启以奔楚,乃立得。司城为上卿,盟曰:"三族共政,无相害也!"

得做了一个梦,梦见启睡在卢门(睢阳南门)之外,头冲着北方。自己则变成了一只超级大乌鸦停在启身上,嘴巴搁在南门,尾巴拖到了桐门(睢阳北门)。得醒来后便说:"我这个梦很美,一定会被立为国君。"

大尹跟亲信商量,说:"盟誓的时候我不在其中,恐怕会赶走我,还得再跟他们盟誓。"命太祝制作盟书。六卿当时在唐盂,准备和他盟誓。祝襄(祝官名襄)将盟书的内容告诉了皇非我。皇非我与乐茷(即子潞)、门尹得(即乐得)、灵不缓商量道:"百姓支持我们,将这家伙赶走吧!"回去都给自己的族兵发放武器盔甲,让他们在睢阳城内巡告:"大尹蛊惑国君,欺凌虐待公室,和我们站在一边的,都是救援国君的。"大伙说:"在一起,在一起!"这种情况下,大尹也到处拉票,说:"戴氏、皇氏将不利于公室,和我站在一边的,不要担心不富裕。"大伙说:"你和他们没有区别。"戴氏、皇氏想要讨伐国君,也就是启。门尹得说:"不可以这样。他因为欺凌公室而获罪,我们讨伐国君,那就比他更坏了。"让国人将罪责算到大尹头上。大尹见势不妙,带着启逃亡到楚国。宋国人于是立得做了国君,也就是宋昭公。司城乐茷做了上卿,盟誓说:"三族共治宋国,不要互相伤害!"

卫出公自城鉏使以弓问子赣,且曰:"吾其入乎?"子赣稽首受弓,对曰:"臣不识也。"私于使者曰:"昔成公孙于陈,宁武子、孙庄子为宛濮之盟而君入。献公孙于齐,子鲜、子展为夷仪之盟而君入。今君再在孙矣,内不闻献之亲,外不闻成之卿,则赐不识所由入也。《诗》曰:'无竞惟人,四方其顺之。'若得其人,四方以为主,而国于何有?"

卫出公从城鉏派使者将弓送给子贡,而且问他:"我还能回国吗?"诸
侯赠弓予人,有招揽做官之意。子贡稽首,接受了弓,回答道:"下臣不知
道。"私下对使者说:"从前卫成公避居陈国,宁武子(宁俞)、孙庄子(孙
纥)在宛濮结盟,然后卫成公回国。卫献公避居齐国,子鲜(公子鱄)、子
展在夷仪结盟,然后卫献公回国。而今君侯已经两次避居在外了,在国
内没听说有卫献公手下那样的亲信,在国外没有听说有卫成公手下那样
的大臣,那我就不知道他要怎么回国了。《诗》上说:得到人才能够强大,
四方都会臣服。如果得到这样的人,四方都将他当作主人,复国有何难
哉?"委婉地拒绝了卫出公的邀请。

鲁哀公二十七年

公元前 468 年,鲁哀公二十七年。

二十七年春,越子使舌庸来聘,且言邾田,封于骀上。
二月,盟于平阳,三子皆从。康子病之,言及子赣,曰:"若在此,吾不
及此夫!"武伯曰:"然。何不召?"曰:"固将召之。"文子曰:"他日请念。"

二十七年春,越王句践派舌庸访问鲁国,并且说起邾国的土地,将骀
上作为鲁国和邾国的分界。
二月,在平阳结盟,季孙肥、叔孙舒、仲孙彘都跟随鲁哀公。季孙肥

为此感到羞辱——越国派个大夫和鲁侯结盟，地位本来就不对等；而且"三桓"全部出动，显得鲁国过于殷勤了——这个时候就想起了子贡，说："如果他在这里，我们就不会这样了。"仲孙彘说："是的，为什么不召他来？"季孙肥说："我一直想召他来呢。"叔孙舒说："过些日子再念叨他吧。"言下之意，你平时没想到人家，有困难才念起人家的好，这也太那个了吧！

夏四月己亥，季康子卒。公吊焉，降礼。

四月二十五日，季孙肥去世。鲁哀公前去吊唁，但是降低了礼仪的规格。

晋荀瑶帅师伐郑，次于桐丘。郑驷弘请救于齐。齐师将兴，陈成子属孤子三日朝。设乘车两马，系五色焉。召颜涿聚之子晋，曰："隰之役，而父死焉。以国之多难，未女恤也。今君命女以是邑也，服车而朝，毋废前劳！"乃救郑。及留舒，违谷七里，谷人不知。及濮，雨，不涉。子思曰："大国在敝邑之宇下，是以告急。今师不行，恐无及也。"成子衣制、杖戈，立于阪上，马不出者，助之鞭之。知伯闻之，乃还，曰："我卜伐郑，不卜敌齐。"使谓成子曰："大夫陈子，陈之自出。陈之不祀，郑之罪也，故寡君使瑶察陈衷焉，谓大夫其恤陈乎？若利本之颠，瑶何有焉？"成子怒曰："多陵人者皆不在，知伯其能久乎！"

中行文子告成子曰："有自晋师告寅者，将为轻车千乘以厌齐师之门，则可尽也。"成子曰："寡君命恒曰：'无及寡，无畏众。'虽过千乘，敢辟之乎？将以子之命告寡君。"文子曰："吾乃今知所以亡。君子之谋也，始、衷、终皆举之，而后入焉。今我三不知而入之，不亦难乎！"

晋国的荀瑶(知氏,谥襄,史称知襄子或智襄子)带兵讨伐郑国,驻军于桐丘。郑国的驷弘向齐国求救。齐军将要出动,陈恒将为国战死者的遗孤召集起来,分别于三天之内接见他们。安排了两匹马拉的车,将册书放在五个口袋里。召见颜涿聚(即颜庚)的儿子颜晋,说:"隰之战,你的父亲死在那里。因为国家多有患难,还没有抚恤你。现在国君命令把这个城邑给你,驾着马车去朝见,不要废弃了先人的功劳!"于是出兵救援郑国。

齐军抵达留舒,离谷地七里,谷地人竟然没有发觉。到达濮地,天下大雨,军队不肯渡河。郑国的国参(字子思)说:"晋国的军队就在敝国的屋檐下,因此告急。现在军队不肯前进,恐怕要来不及了。"陈恒披着雨衣,以戈为杖,站在山坡上督促部队前进。马不肯向前的,就拉着它走或者用鞭子抽打。荀瑶听到后,就收兵回去,说:"我为攻打郑国而占卜过,没有为和齐国作战占卜。"派人对陈恒说:"大夫陈子,您家是从陈国出来的。陈国被灭亡,是郑国的罪过(这是瞎扯,陈国是楚国灭亡的,与郑国无关),所以寡君派我来体察陈国被灭亡的内情,还要问问您是否体恤陈国。如果您认为母国颠覆对您有利的话,那和我有什么关系?"陈恒大怒,说:"经常欺负人的都没有好结果,知伯能够长久吗?"

荀寅(中行氏,谥文,于鲁哀公四年流亡齐国)对陈恒说:"有从晋军中来的人告诉我说,晋国打算出动轻车一千乘进逼齐军的营门,以为那样可以全歼齐军。"陈恒说:"寡君命令我不要追赶零散的敌军,不要害怕大批的敌人。晋军的战车虽然超过一千乘,岂敢躲避?我将要把您的话报告寡君。"荀寅说:"我到今天才知道自己为什么会逃亡了。君子谋划一件事,对开始、过程、结果都要考虑到,而今我什么都不知道就向上报告,不是很难堪吗?"

公患三桓之侈也,欲以诸侯去之;三桓亦患公之妄也,故君臣多间。公游于陵阪,遇孟武伯于孟氏之衢,曰:"请有问于子:余及死乎?"对曰:

"臣无由知之。"三问，卒辞不对。公欲以越伐鲁而去三桓。秋八月甲戌，公如公孙有陉氏。因孙于邾，乃遂如越。国人施公孙有山氏。

　　鲁哀公担心三桓的威胁，想借诸侯之力除掉他们。三桓也担心鲁哀公的胆大妄为，所以君臣之间颇多龃龉。鲁哀公在陵阪游玩的时候，在孟氏之衢遇到仲孙彘（孟武伯），说："请问您，我能够得以寿终吗？"仲孙彘说："下臣无法得知。"鲁哀公三次追问，仲孙彘都推辞不答。鲁哀公想利用越国除掉三桓。八月初一日，鲁哀公到了公孙有陉（即公孙有山）家里，乘机去了邾国，然后又到了越国。鲁国人追讨公孙有山的责任，拘捕了他。

　　关于鲁哀公的结局，《左传》没有交代。《史记》则写道：后来鲁国人又将鲁哀公接回国，死在公孙有山家里。此时在位的是鲁哀公的儿子鲁悼公。

　　悼之四年，晋荀瑶帅师围郑，未至，郑驷弘曰："知伯愎而好胜，早下之，则可行也。"乃先保南里以待之。知伯入南里，门于桔柣之门。郑人俘酅魁垒，赂之以知政，闭其口而死。将门，知伯谓赵孟："入之！"对曰："主在此。"知伯曰："恶而无勇，何以为子？"对曰："以能忍耻，庶无害赵宗乎！"知伯不悛，赵襄子由是惎知伯，遂丧之。知伯贪而愎，故韩、魏反而丧之。

　　《左传》的最后一条记录，可以说是预告了——
　　鲁悼公四年，晋国荀瑶（知伯）再次带兵进攻郑国。晋军未至，郑国的驷弘说："知伯刚愎自用而且好胜心强，早点向他屈服，他们就会退兵了。"于是先守在新郑城外的南里，等待晋军前来。荀瑶进入南里，向桔柣之门发动进攻。郑国人俘虏了酅魁垒，用卿的地位来引诱他投降，遭到拒绝,于是将他的嘴巴塞住,杀死了他。

　　将要进攻城门的时候,荀瑶命令赵无恤(赵孟)亲自冲锋进城。这道命令可以说是匪夷所思:冲锋陷阵自有中下级军官去做,以赵无恤的地位,怎么可能去冒这个险呢? 赵无恤当场撑回去:"有主将在此。"意思是,你是主将你去冲锋,我不敢争先。荀瑶便骂道:"你长得丑还没有勇气,为什么还能成为赵氏的继承人?"赵无恤回答:"那是因为我能忍受耻辱,也许对赵氏宗族没有害处吧!"荀瑶不肯悔改。当时的晋国众卿中,知氏的力量一股独大,荀瑶掌握晋国大权,根本没将赵、魏、韩三家放在眼里。赵无恤因为这件事而深恨荀瑶,荀瑶也打主意要消灭赵无恤。荀瑶贪婪而固执,所以最终是赵、魏、韩三家反过来消灭了他。

（2021 年 8 月 1 日,第四卷初稿）

（2021 年 8 月 8 日,第四卷初改）

（2021 年 9 月 19 日,第四卷定稿）